U0515983

权威·前沿·原创

皮书系列为
"十二五""十三五"国家重点图书出版规划项目

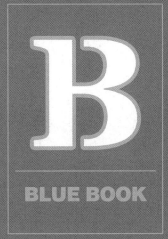

BLUE BOOK

智库成果出版与传播平台

法治蓝皮书

BLUE BOOK OF
RULE OF LAW

珠海法治发展报告
No.2（2020）

ANNUAL REPORT ON RULE OF LAW IN ZHUHAI
No.2 (2020)

主　　编／陈　甦　张　强　田　禾
执行主编／吕艳滨
副 主 编／王祎茗

社会科学文献出版社
SOCIAL SCIENCES ACADEMIC PRESS（CHINA）

图书在版编目（CIP）数据

珠海法治发展报告 . No. 2, 2020 / 陈甦, 张强, 田
禾主编 . -- 北京：社会科学文献出版社, 2020. 5
（法治蓝皮书）
ISBN 978 - 7 - 5201 - 6483 - 2

Ⅰ . ①珠… Ⅱ . ①陈… ②张… ③田… Ⅲ . ①社会主
义法制 - 研究报告 - 珠海 - 2020 Ⅳ . ①D927. 653

中国版本图书馆 CIP 数据核字（2020）第 054597 号

法治蓝皮书

珠海法治发展报告 No. 2（2020）

主　　编／陈　甦　张　强　田　禾
执行主编／吕艳滨
副 主 编／王祎茗

出 版 人／谢寿光
组稿编辑／曹长香
责任编辑／曹长香

出　　版／社会科学文献出版社·联合出版中心（010）59367162
　　　　　　地址：北京市北三环中路甲 29 号院华龙大厦　邮编：100029
　　　　　　网址：www. ssap. com. cn
发　　行／市场营销中心（010）59367081　59367083
印　　装／天津千鹤文化传播有限公司

规　　格／开 本：787mm × 1092mm　1/16
　　　　　　印 张：22.25　字 数：332 千字
版　　次／2020 年 5 月第 1 版　2020 年 5 月第 1 次印刷
书　　号／ISBN 978 - 7 - 5201 - 6483 - 2
定　　价／128.00 元

本书如有印装质量问题，请与读者服务中心（010 - 59367028）联系

顾晨瀚　候素枝　郭楚滢

撰　稿　人（按姓氏笔画排序）

丁莹莹	丁焕松	王　振	王先东	王建军
王爱宇	王梦辉	王铭扬	王智斌	贝辉军
牛岩军	文　才	田庆野	史　伟	史月迎
吕红珍	向少良	刘　堃	刘洁琳	孙　莹
许雪妮	杜　娟	李　飞	李孝平	李国斌
李佳仪	杨　柳	杨卫平	杨文龙	杨铠榕
肖　杰	肖卫红	吴学艇	邱伟生	张小川
张社会	张梦颖	陈　磊	陈　晖	陈海宁
邵珠倩	武永岗	范登殿	范慧军	林　桃
林碧娜	林燕新	欧健成	罗　成	罗　波
罗维雄	周首南	郑仲超	郑剑辉	郑雅颖
胡　昆	胡冬梅	胡保红	饶　伟	姜铁均
贺晓明	莫应裕	莫若飞	莫锦玲	贾　雷
贾艳琛	夏四海	柴宏亮	徐永富	徐秀洁
高良成	唐　畅	唐龙影	海　玉	黄立明
章　婉	梁诗韵	梁翠乔	彭志斌	程　怡
傅智谋	曾　鹏	曾幸娟	曾命辉	曾维明
湛福祥	温玉发	蔡涌杰	裴　涛	管会珩
廖新星	潘国照			

官 方 微 博　@法治蓝皮书（新浪）

官方微信　法治蓝皮书（lawbluebook）　法治指数（lawindex）

官方小程序　　　　　法治指数

主要编撰者简介

主 编 陈 甦

中国社会科学院学部委员、法学研究所所长、研究员。

主要研究领域：民商法、经济法。

主 编 张 强

中共珠海市委常委、政法委书记，市委全面依法治市委员会办公室主任。

主 编 田 禾

中国社会科学院国家法治指数研究中心主任，法学研究所研究员。

主要研究领域：刑法学、司法制度、实证法学。

执行主编 吕艳滨

中国社会科学院法学研究所法治国情调研室主任、国家法治指数研究中心主任，研究员。

主要研究领域：行政法、信息法、实证法学。

副主编 王祎茗

中国社会科学院法学研究所助理研究员。

主要研究领域：实证法学。

摘　要

2019 年，珠海牢牢把握粤港澳大湾区建设和港珠澳大桥通车带来的历史性机遇，围绕粤港澳大湾区建设布局，紧扣区位特点，抓住珠海特色，在法治建设中坚持党的全面领导，以法治引领制度创新，在社会治理中全面融入港澳元素，将珠海建设成一个宜居宜业宜游的生态之城、平安之城和健康之城。

2019 年，横琴自贸区借鉴港澳国际化营商经验，形成与国际通行的规则相衔接的制度体系和监管模式，逐步形成与港澳营商环境对接、经济发展协同的合作体系；在"互联网＋"等科技支撑下，珠海政务环境更加高效、廉洁；在支持创新、鼓励开放的政策法规体系引领下，市场环境更加规范、开放；在共建共治共享社会治理格局的探索中，努力打造新时代"枫桥经验"珠海版，在数字城管、物业城市、社区治理、乡村振兴等方面形成了一批具有引领示范意义的社会治理创新经验；司法机关在跨域法制合作方面大胆创新，在调解、仲裁以及律师服务中融入港澳元素，为粤港澳大湾区高质量融合发展和提升区域整体竞争力提供优质、高效、便捷的法律服务和保障。

本卷蓝皮书分析了珠海 2019 年法治发展总体情况，并从人大立法、司法保障、粤港澳大湾区建设与营商环境法治保障、平安建设以及基层治理法治化角度对珠海法治发展进行了全面总结分析，对未来珠海在"中国之治"的 13 项制度指导下，积极探索粤港澳大湾区内协同并进的法律治理之路进行了分析展望。

目 录

Ⅳ 粤港澳大湾区建设与营商环境法治保障

Ⅴ 平安建设

VI 基层治理法治化

皮书数据库阅读**使用指南**

总 报 告

General Report

B.1

2019年珠海法治发展与2020年展望

法治珠海课题组*

摘　要：　2019年，珠海牢牢把握粤港澳大湾区建设和港珠澳大桥通车带来的历史性机遇，围绕粤港澳大湾区建设布局，紧扣区位特点，抓住珠海特色，在法治建设中坚持党的全面领导，以法治引领制度创新，在社会治理中全面融入港澳元素，将珠海建设成一个宜居宜业宜游的生态之城、平安之城和健康之城。未来，珠海将充分发挥"中国之治"十三项制度优势，以法治为核心价值观寻求共识，发挥横琴的

* 课题组负责人：张强，中共珠海市委常委、政法委书记，市委全面依法治市委员会办公室主任；田禾，中国社会科学院国家法治指数研究中心主任、研究员。课题组成员：王小梅、王祎茗、吕艳滨、刘卫兵、刘雁鹏、李元、李红平、陈晖、郝湘军、胡昌明、饶宏忠、栗燕杰、温杰（按姓氏笔画排序）。执笔人：王祎茗，中国社会科学院法学研究所助理研究员；李元，珠海市公安局法制支队一大队四级警长；陈晖，法学博士、副教授、硕士研究生导师，暨南大学"一带一路"与粤港澳大湾区研究院研究员。

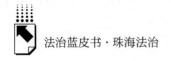
重要载体和平台作用，进一步促进大湾区制度型建设与开放，推动珠港澳三地规则衔接，建设大湾区社会治理和法律服务共同体，推进珠港澳公共产品跨境跨城供给，积极探索粤港澳大湾区内协同并进的法律治理之路，为"中国之治"贡献珠海力量。

关键词： 珠海法治　制度创新　协同并进

一　2019年珠海法治概况

2019 年是全面建成小康社会关键之年，是澳门回归 20 周年、珠海建市 40 周年，也是《粤港澳大湾区发展规划纲要》实施第一年，粤港澳大湾区建设迈进快车道，习近平总书记对广东重要讲话和对珠海工作的重要指示，为珠海经济特区新时代改革开放指明了前进方向。党的十九届四中全会对坚持和完善中国特色社会主义制度、推进国家治理体系和治理能力现代化作出重大战略部署。珠海牢牢把握粤港澳大湾区建设和港珠澳大桥通车带来的历史性机遇，切实肩负起新时代的新使命，在 2019 年的新起点上再出发，围绕粤港澳大湾区建设布局，紧扣区位特点，抓住珠海特色，践行法治，奋勇前行，以己所长服务湾区并趁势转型，努力成为粤港澳深度合作的极点城市。在 2017、2018 年度法治广东建设考评中，珠海均以全省总分第二名的优异成绩进入"优秀"等次。2019 年，珠海法治建设呈现以下特点。

（一）坚持和完善党的全面领导

党的领导是中国特色社会主义法治之魂。坚持党的领导，要发挥党总揽全局、协调各方的领导核心作用，把党的领导贯彻到依法治国全过程，落实到国家治理各领域各方面各环节。2019 年，珠海市委高度重视法治建设，健全党领导法治建设的体制机制，加强党对全面依法治市的领导，法治珠海建设提速。坚持把法治建设作为"一把手"工程来抓，把法治建设履职情况作为各区党政领导班子和全市处级干部年度考核的重要内容。努力健全完善党委依法决策机制，严格执行领导班子议事规则和决策程序，凡是涉及全市重大发展战略、重大改革事项、重大民生问题以及党的建设方面的重大事项，都要由市委常委会会议或全体会议讨论决定，并进行合法性审查，切实做到科学决策、民主决策、依法决策。2019年，是珠海市委全面依法治市委员会成立后全面推进法治建设的开局之年。市委依法治市办在市委和市委依法治市委员会的领导下，积极发挥总揽全局、协调各方的职能作用，建立健全市委员会、协调小组和办公室工作程序，制定"一规则两细则"，统筹协调法治工作的"四梁八柱"基本形成并逐步夯实；全市率先召开两次市委全面依法治市委员会会议，四个协调小组全部召开第一次会议，不定期召开办公室主任会议和扩大会议，建立起党领导法治建设的新格局。珠海市人大常委会把贯彻落实党委的决策部署作为人大监督工作的重中之重，围绕党委中心工作确立人大监督计划，使人大监督真正助力全局工作；司法机关坚持党的绝对领导，坚持以人民为中心的发展思想，公正司法，满足人民群众对多元司法日益增长的新需求新期待；在基层治理中，全面贯彻落实《珠海市加强党的基层组织建设三年行动计划实施方案（2018～2020年）》的要求，树立"大党建"理念，探索基层党建网格化管理新模式，推动基层党组织有效覆盖社会经济各领域、各方面，继续大力推行"红色业委会""社区党建网格化""社区党委领导下的议事协商"项目，基本实现"红色物业"全覆盖，业主委员会全部实现党的组织和工作覆盖，聚焦居民所关心的热点难题，发挥党建对基层社会治理的引领作用，确保党的路线方针政策和各项决策部署贯彻落实到位。

（二）服务和保障大湾区建设

珠海紧邻澳门，作为最早的经济特区之一，也是湾区重要节点城市。珠海市坚定落实中央有关港澳工作的各项方针政策，坚守"一国"之本，善用"两制"之利，提高政治站位，促进港澳全面融入国家发展大局。两地政府签署《促进横琴支持澳门产业多元发展 加快澳珠极点建设的合作备忘录》，珠澳深度合作机制取得新突破。推动粤港澳大湾区交通互联互通、珠澳发展极融入国家铁路网，青茂口岸、横琴新口岸、湾仔口岸重建等跨境基础设施建设如火如荼。口岸通关便利化取得新进展，澳门莲花口岸整体搬迁至横琴口岸，"合作查验、一次放行"新模式可向大湾区其他城市推广。深化产业融合，举办珠澳合作发展论坛，粤澳跨境金融合作（珠海）示范区正式挂牌，打造区域性国际贸易分中心，与港澳经贸合作迈上新台阶。支持横琴新区发挥"粤港澳深度合作示范区"和国家自贸试验区的平台优势，全方位推进与港澳各领域深度合作，建设澳门产学研一体化国际研究院，粤澳合作产业园、粤澳合作中医药科技产业园、澳门青年创业谷发展迅速，已经成为珠澳合作的重要平台。"放管服"改革在珠海深入推进，优化营商环境取得了切实成效，完善激励创新的产权制度和促进科技成果转化机制，保障区域经济公平竞争，使合作规划在法治框架下得到有效实施，"政府智能化监管服务新模式""企业专属网页政务服务新模式"两个案例获评商务部全国自贸试验区"最佳实践案例"。加强珠澳社会民生领域合作，制定出台多项如市民待遇、个人所得税优惠政策、港澳人才发展支持计划、"粤菜师傅"工程、港澳青年创新创业平台等便利港澳居民在珠发展的措施，横琴"澳门青年创业谷"被粤澳两地政府授予全省首批"粤澳青年创新创业基地"。

（三）提升和创新社会治理能力

珠海市努力提升社会治理现代化水平，开创性地提出"基层党建、民本理念、法治思维、社会组织、现代科技"珠海社会治理"五个要素"①，深化对"大司法"概念下司法主体及其社会功能的认识，把司法治理贯穿于营造共建共治共享社会治理格局的各方面和全过程，积极探索具有"时代特征、区位特点、珠海特色"的社会治理新模式，确保珠海社会治理在

---

① 张强：《"五个要素"破解社会治理难题》，《法制日报》2018 年 12 月 26 日版，求是网转载，http://www.qstheory.cn/zhuanqu/bkjx/2018－12/26/c_ 1123906911.htm。

深刻变革中既生机勃勃又井然有序。

以法治搭建社会治理创新平台，完善民主协商、社会协同、公众参与的制度安排，发挥社会力量的作用，社区协商由试点向全面铺开，并走向规范化、程序化，及时总结协商共治的成功经验，将社会治理过程的各环节纳入法治轨道；在治理手段和方式上，立体化的社会治安防控体系、基层技防村居加快建立，维护法治秩序和社会稳定，有效预防和解决矛盾纠纷，运用法治、自治、德治以及科技手段，体现新时代"枫桥经验"的精髓。实现互联网思维领先一步、治理效能领跑一路，变中求新、新中求进，开社会治理之先河，发布珠海"平安＋"市域社会治理指数，使互联网这个"最大变量"成为促进国家治理体系和治理能力现代化的"最大增量"。社会治理与公共服务中更多地融入港澳元素，打造趋同港澳的法治氛围，营造良好的法治环境，对接港澳共享共通，与港澳协同创新、协同发展的法治实践开启了法治珠海建设的新篇章。"法治珠海"的理念不断深入人心，法治思维与法治方式逐渐成为市民的自觉习惯。

二 依靠法治建设宜居宜业宜游优质生活圈

（一）依靠法治建设生态之城

《粤港澳大湾区发展规划纲要》明确提出"共建人文湾区""构筑休闲湾区"，并将"宜居宜业宜游的优质生活圈"确定为五大战略定位之一。建设世界级湾区，需要世界级的环境质量支撑，优质的生态环境条件也更利于吸引创新要素集聚，事关粤港澳大湾区人民的生活水平和幸福指数，集中体现了以人民为中心的发展思想。粤港澳大湾区处于陆海交接地带，辐射环大亚湾、环珠江口湾和大广海湾三大湾区，海岸线长、腹地广，也是生态环境敏感、脆弱的区域，珠三角近岸海域、主要河口污染较为严重，海洋生态环境不容乐观，粤港澳大湾区建设绝不能走"先污染后治理"的老路，推动大湾区绿色发展尤为关键。

1. 立法保障、制度创新，促进生态文明建设

最严密的法治、最严格的制度，才是生态文明建设的可靠保障。珠海是珠三角海洋面积最大、岛屿最多、海岸线最长的城市，生态宜居早已成为珠海的城市品牌。生态安全、环境优美是其重要发展目标，也是一项综合性的系统工程，涉及多个相关产业、行业部门，需要一系列制度来加以保障，其中法律保障最具权威性。珠海市一直致力于完善生态环境保护法规体系，2019 年，又相继修订或实施五部生态立法，为生态文明建设提供刚性保障。2019 年 1 月，珠海市人大常委会对两项地方性法规进行修订，《珠海经济特区前山河流域管理条例》（2016 年）针对前山河流域属地行政首长负责制，增加了市级河长的职责；《珠海经济特区生态文明建设促进条例》（2014年）进一步明确对企业事业单位和其他生产经营者排污超标的处罚措施。珠海市人大常委会还公布了《珠海经济特区海域海岛保护条例》《珠海经济特区无居民海岛开发利用管理规定》两部地方性法规，于 2019 年 5 月 1 日起正式施行。这是珠海运用特区立法权，首次就海岛保护及开发利用制定专门法规，对于保护珠海市海域海岛生态环境、促进海洋经济发展具有十分重要的意义。其中，《珠海经济特区海域海岛保护条例》全面梳理了涉海规划，完善了海域保护、海岛保护措施，创设海洋特殊保护区域制度，明确了政府部门监管职责，并加大涉海违法行为处罚力度；《珠海经济特区无居民海岛开发利用管理规定》明确了开发准入门槛，对开发利用无居民海岛的依据、不动产权属登记、开发建设实施方案审核与批准机制等进行了一系列创新性规定，填补了法律空白。2019 年 9 月，根据生态文明建设最新理念及实践，制定《珠海经济特区园林绿化条例》，将园林绿化定位为城市基础设施和政府公共服务的重要组成部分、公益事业和民生工程，明确发展园林绿化事业，建设生态园林城市，实现人与自然和谐共生，满足人民群众日益增长的优美生态环境需要。截至目前，珠海以生态文明建设为核心的法规共22 件，占珠海市人大常委会通过法规及有关法规问题的决定总数的 33%。这些立法体现了统一规划、统一管理的生态管理理念、环保优先的发展理念，明确了"以人为本"和"权利型立法"理念，将国际化视野和港澳经

验体现在立法中。拥有"双重立法权"的珠海不断努力破解生态文明建设的体制机制障碍，让生态保护在法治轨道上行稳致远，走出了一条不以牺牲环境为代价的绿色发展路径，把这座原本落后的边陲小镇建设成为人与自然和谐共生的现代化花园式海滨城市，彰显了法治的引领和保护作用。

在立法基础上，珠海着力进行环保制度改革，推动立法付诸实践。2019年，先后颁布《珠海市打赢蓝天保卫战实施方案（2019～2020年）》《珠海市生态环境损害赔偿制度改革实施方案》，进一步推动全市环境空气质量持续改善，全市绿色空间超过陆地面积的70%，绿化覆盖、空气质量等指标在全国名列前茅；生态环境损害赔偿范围、责任主体及解决途径等进一步细化，建立反映生态系统成本和修复效益的损害责任追究制度，加强统筹协调，形成工作合力，加快推进珠海生态文明建设，体现"环境有价，损害担责"的理念，逐步形成绿色低碳的发展模式。

2. 人大监督、司法保护，构筑生态安全屏障

在立法保护环境的同时，珠海市人大常委会坚持问题导向，更好地发挥人大职能作用，同步将生态建设和环境保护作为人大监督工作的重点之一，开展生态宜居美丽乡村建设情况专项督查，推动资金、政策、监管等落实到位；听取和审议关于环境保护情况的专项报告，通过组织代表视察、部门座谈、现场调研、问卷调查、摸底暗访等创新方式，开展执法检查，持续关注环保突出问题的解决；通过联动监督、专项监督以及各级代表挂点监督的方式，将全市17条国家、省重点监督平台的黑臭水体纳入重点监督范围，积极推动全市形成水污染防治工作方案；关注"大湾区跨界生态文明建设"，按照系统治理、源头治污的治水理念，携手澳门、中山共同加强鸭河涌和前山河流域控源截污和长效管护的监督工作。对监督检查中的问题以"解剖麻雀"的方式深入分析，并提出针对性意见和建议，加快法律制度落实，推动珠海打好污染防治攻坚战、打赢蓝天保卫战。

珠海司法部门更加注重运用司法力量保护生态环境、推动绿色发展。2019年，金湾区法院依托审判执行职能，探索生态恢复性司法，在广东省首推环保禁止令，可以提前介入，立即停止环境违法行为对生态的持续破

坏，弥补了传统环境行政执法事后补救的不足；珠海市检察机关根据法律授权为生态环境和资源保护提供司法保障，截至 2019 年 12 月，珠海市检察机关在整治黑臭水体、打击非法排污、清理生活垃圾、守护海洋环境、保护生态资源方面办理了一批生态环境和资源保护的公益诉讼案 84 件，督促有关部门清理垃圾 7 万余吨、治理排污点 23 处、关停污染企业 7 家，让污染环境者付出了沉重代价，更有力震慑了潜在的污染者。斗门区人民检察院在履职中发现辖区的环境污染线索，依法快速启动诉前调查程序，并向环保部门发出诉前检察建议，督促其依法正确履职，并持续跟进监督至整改落实完成，实现双赢多赢共赢的环境治理法治效能。珠海市检察院服务生态文明建设的经验做法再次被环保部、中国法学会评为全国"生态环境法治保障"制度创新优秀事例，打造了珠海"生态检察"品牌。

珠海通过立法，对生态目标和措施加以引领和固化，给自然生态以必要的人文关怀，使自然生产力逐步得以恢复；通过执法和司法，统筹考虑生产、生活和资源环境需求，促进生态系统步入良性循环轨道，保证青山绿水、碧海蓝天的自然风貌，珠海成为名副其实的"生态文明试验田"。

（二）依靠法治建设平安之城

1. 升级加固社会治安防控体系

新时代担当平安建设新使命。2014 年"平安指数"横空出世，珠海就已成为全国首个每日发布镇街平安状况量化指数的城市，人民获得感、安全感和满意度稳步增强。在"平安指数"发布五周年之际，珠海立足粤港澳大湾区"平安湾区"建设现实需求，开社会治理先河，把市域社会治理作为社会治理现代化的切入点，以优化升级平安指数为突破口，2019 年 11 月 27 日正式发布珠海"平安 +"市域社会治理指数（具有平安加、平安嘉、平安家、平安佳等"四个 JIA"的内涵）。

推进信息化社会治安防控体系建设。社会发展不断涌现新问题、新矛盾，城市平安建设是重中之重的民生工程。2019 年，珠海市始终保持对违法犯罪活动的严打高压态势，部署"法治公安行动计划"，纵深推进"飓风

2019"专项行动，命案现案破案率连续5年保持100%，"飓风行动"总体成效位列全省优秀等次，其中，"利剑"专项排名全省第一。高位推进扫黑除恶专项斗争，坚持扫黑务净、除恶务尽，通过深挖彻查、依法严惩，打掉一批黑恶团伙，同时"边扫""边治""边建"，推动扫黑除恶专项斗争纵深发展，取得阶段性明显成效。围绕"十类打击重点"，扎实落实打防管控各项工作措施，做到严格规范公正文明执法，针对国庆期间全市举行的多场大型庆祝活动，逐一制订安保方案，完善高效灵敏的应急处突和指挥调度体系，把打击犯罪同保障人权、追求效率同实现公正、执法目的同执法形式有机统一。2019年以来，全市接报违法犯罪警情同比上年下降19.33%，全市刑事立案同比上年下降8.7%。交通事故宗数、死亡人数、受伤人数同比上年分别下降14.47%、25%和13.31%，全面提升人民群众安全感。

推进立体化智感安防村居建设。在2018年完成全省首个省、市、县、镇、村五级互联互通"综治视联网"的基础上，珠海大力推动综治信息系统、综治视联网和"雪亮工程"深度融合，积极研发综治一体机，在全省率先实现"三网"融合，加强基层综治部门信息技术力量，推进基层技防村居建设，开展"治安视频＋村联防队"建设和"住宅单元智能门禁＋视频"工程建设，夯实平安建设基层基础；高新区成立了"数字高新"指挥中心，组建网格化社会治理队伍，建立基础数据信息库，形成以综治中心为依托、以综治信息系统为支撑、以综治网格为基本单元、以综治力量为主导的"中心＋网格化＋信息化"管理架构，并逐步建立"数字"网格化综合服务管理新模式，珠海城市安全感持续位居广东省前列。

2. 创建平安细胞工程

大力推进"智慧新警务"战略。公安机关以派出所建设被列为全市"十大民生实事"为契机，以强基工程和智慧新警务建设为牵引，统筹推进派出所基础建设、智慧建设和规范建设，推广"值班助手""执法办案区智能管家"等信息系统应用，以科技手段、信息化技术提升派出所打击、防控能力和便民服务效能，筑牢公安工作根基；应用"大数据＋警务"，探索新型社区警务模式，强化与政府有关职能部门共享智能感知数据资源，进行信息共享与分工协作，将试点中的社区警务室设为"警民议事厅"，创造了新型的社区警务室3.0版，对社区警务室硬件配备、功能分区、群众服务及信息拓展等进行全面升级，打造智慧新警务模式，全面推进基层平安创建活动。

专业化婚姻家庭纠纷调解开启新机制。珠海市婚姻家庭纠纷调解委员会经过2018年运行一年已基本形成"市级引领、区级联动、分层管理、有序推进"的婚姻家庭纠纷调解工作模式，形成市、区、镇（街道）、社区四级婚姻家庭纠纷调解室多层面、立体化的纠纷化解组织网络。2019年，珠海市婚姻家庭纠纷调解委员会进一步完善建立婚姻家庭纠纷调解长效机制，调解成功率由2018年的86%提高到2019年的95%，诉调对接案件由2018年的1宗增加到2019年的49宗，诉调对接婚姻家庭纠纷取得巨大突破。2019年9月，由珠海市委政法委牵头，珠海市妇联、市司法局、市公安局、市民政局、市中级人民法院六部门制定《珠海市预防和制止家庭暴力工作联动机制》，加大"平安家庭"创建和"民转刑"命案防控工作力度，对家暴接处、案件转介、分析研判等逐项细化，珠海特色的专业化婚姻家庭纠纷调解开启新一轮创新实践。

（三）依靠法治建设健康之城

1. 深入开展健康城市建设

健康与安全，关系粤港澳居民的日常生活和切身利益，是构建粤港澳大湾区优质生活圈必不可少的条件。作为全国健康城市试点，也是广东省湾区城市中唯一的健康城市试点，珠海市自2014年以来稳步推进"健康城市"行动计划，2019年继续"将健康融入所有政策"，倡导"让健康成为一种习惯"，将"实施'健康珠海2030规划'，加强重点人群健康服务"列入市政府重点工作任务，把健康细胞单元创建作为省健康促进区创建的基础，将健康生态、健康生活和健康保障列为三大重点，持续提升居民健康水平，重点实施对妇幼、老年人、残疾人、流动人口、低收入人群的针对性干预措施，开展母婴安康、学校健康、医养结合、残疾人康复服务和职工健康促进行动。同时，通过"培育示范、以点带面、逐年扩大、全面达标"，对 11 类健康细胞单元实行星级评定及动态管理，实行"以奖代补"，对被评为三星级至五星级的单位给予经费补助。全市有效形成"10 分钟医疗圈""10 分钟急救圈"以及主城区"10 分钟文体休闲生活圈"，全民健康氛围日益浓厚。全市人均期望寿命已达 82.60 岁，超过全国、全省平均水平；全市婴儿出生缺陷发生率连续多年控制在较低水平，婴儿死亡率、5 岁以下儿童死亡率、孕产妇死亡率分别为 2.45‰、2.84‰、9.79/10 万，人民健康与经济社会和生态文明协调发展。2019 年 10 月 29 日，中国社会科学院城市发展与环境研究所、社会科学文献出版社在北京共同发布城市蓝皮书《中国城市发展报告 No.12》，对 288 座地级及以上城市的健康发展情况进行了综合评价，珠海列"城市健康发展指数"综合排名第 3 位。

2. 全面铺开社会心理服务体系建设

除了健康的身体，珠海也重视心理健康建设。珠海市作为广东省社会心理服务体系建设试点，在全省率先出台了《关于推进珠海市社会心理服务体系建设的意见》，统筹推进社会心理服务体系建设，培育自尊自信、理性平和、积极向上的社会心态。经过 2018 年的试点工作，珠海于 2019 年 6 月在全市全面铺开社会心理服务体系建设工作，作为推动全市心理健康事业发展的有利契机，依托区、镇街、社区三级综治中心建设心理咨询室和心理辅导室，鼓励社会组织和社会工作者、心理咨询师入驻开展心理知识普及、心理疏导及干预，形成纵向到底、横向到边的全市社会心理服务网络，基本实现社区心理服务工作室的全覆盖；组建了珠海市突发事件心理危机干预救援队和珠海、澳门心理危机干预服务队，加强心理服务疏导和危机干预管理；加强以青少年学生、严重精神障碍者及其家属、社区戒毒人员、涉法涉诉信访人员等重点人群为主要对象的心理健康服务，促进社会不稳定因素的源头化解和有效预防，减少极端案件发生。万山区还探索建立全覆盖、多层次、重特色的"海岛模式"社会心理服务体系，为海岛干部群众提供优质高效的心理健康服务，以社会心理服务体系建设提升社会治理能力。2019 年 11 月，珠海市成立精神心理卫生协会，为精神心理工作者提供交流与合作的平

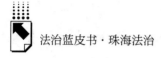

台，通过提升专业水平、树立行业标准、建立协会标杆，为珠海市民的全面健康发挥应有的作用。

3. 重点救治救助严重精神障碍患者

精神卫生问题既是重大的公共卫生问题，又是突出的社会问题。珠海市坚持以人民为中心理念，建立严重精神障碍患者管理治疗三级网络，加强严重精神障碍患者救治救助工作的整体合力与综合保障。香洲区拱北街道岭南社区卫生服务站心宁日间照护中心依托社区卫生服务站，按照各种康复流程，为辖区内精神障碍患者提供生活技能训练及各种康复服务项目，开展针对服务对象的家访、精神疾病宣传和讲座、沙龙活动，不仅给社区其他居民的平安带来了保障，也让这个特殊群体得到了关注与关爱、有效治疗，让他们回归家庭、服务社会，体现了共建共治共享的社会治理理念，也为创新社区治理提供了一个可资借鉴的新思路和新方向。

三 依靠法治打造便利化、国际化的营商环境

经济社会发展的动力、高端要素资源的流向与集聚，源于市场主体的活力和社会创造力，在很大程度上取决于营商环境。营商环境是发展的体制性、制度性安排，横琴自贸区借鉴港澳国际化营商经验，形成与国际通行规则衔接的制度体系和监管模式，有效利用外资，进一步优化和提升营商环境，打造便利化的投资环境，以及与港澳营商环境对接、经济发展协同的合作体系。

（一）构建高效、廉洁、透明的政务环境

政务环境是代表一个城市文明程度的"第一环境"，是推动城市文明进步的关键所在。政务环境的核心要素是审批制度、政务服务和政务公开。简政放权、放管结合、优化服务改革是一场重塑政府和市场关系、刀刃向内的政府自身革命。在新一轮的营商环境竞争中，良好的政务服务环境是取胜的首要因素。

1. 持续简政放权，释放制度红利

珠海市全面开展证明事项清理，对地方性法规、市政府规章、市区政府规范性文件和部门规范性文件自行设定的证明事项进行了两轮清理，共取消134项证明事项。在全省率先开发运行"权责清单管理系统"，在政府门户网站公布市直部门和区、镇权责清单，并建立市、区权责清单动态调整机制，将审批事项（主项）从开展行政审批制度改革前的1264项减少到332项，精简率达73.7%。全面清理取消非行政许可审批事项，根据各区自然条件和功能定位，分四批次"差异化"针对性下放390项市级行政管理事权。以社会需求为导向，将77项职能向社会转移，使政府集中精力更好地履行其核心职能，提高公共服务质量，为珠海经济社会发展创造良好的环境。

2. 加快监管创新，建设信用珠海

持续深化"放管服"改革。2019年，珠海市加快政府职能转变，把更多行政资源从事前审批转到加强事中事后监管上来，建立了副市长为召集人、市政府副秘书长和市场监管局局长为副召集人、共34个市场监管领域相关部门负责人为成员的珠海市"双随机、一公开"监管工作联席会议制度，全面推进全市"双随机、一公开"监管工作。"珠海市'双随机、一公开'综合监管平台"在优化升级之后也于8月初正式上线运行，实现跨部门联合抽查，探索协同监管、精准监管。截至2019年11月，已通过"市级平台"随机抽取了全市14085家商事主体，通过随机匹配执法人员后进行行政检查，并把结果在市、省、国家三级公示系统公示。

强化"证照分离"配套改革。落实"双告知一承诺"，对群众高度关注的行业、领域、市场以及特殊产品进行风险评估，对市场主体进行信用评估；开展行政许可、行政处罚信息"双公示"；推进相关审批部门业务信息系统与区商事主体信用信息共享平台数据对接，实现公示"双反馈"；对商事主体的信用信息进行大数据管理，将日常监管、违规处罚、失廉失信等信息及时发送给有关部门，实施联合惩戒，形成"一处失信，处处受限"的信用监管格局。目前，横琴新区推送商事主体登记信息已超过6万条，已完成企业智能服务平台一期软件开发，实现了对所有登记准入情况的跟踪（共2447单）和部分准营情况的跟踪（共359单）。

有序开展行业领域专项监管。2019年，珠海市制定了《珠海市食品药品安全"红黑名单"管理制度》，对食品药品安全实行"红黑名单"管理，保障人民群众"舌尖上的安全"；大力推进校园食品安全科技工程实施，学校食堂量化分级全部达到了B级以上，其中A级占比36.95%，高于全省平均水平，以"互联网＋明厨亮灶"、"移动监督＋阳光厨房"等方式，实现监控端与手机端的对接，让每一位家长通过手机端均可实时、直观了解食堂后厨情况，实现远程监督，参与校园食品安全共建共治；对特设危化品等涉及群众生命安全、社会高度关注的领域更是实行全主体、全品种、全链条的严格监管，实施专项整治，狠抓隐患问题整改，提升监管的公平性、规范性和有效性。

3.推行"互联网＋"，打造高效政府

加快推进"数字政府"常态化建设。2019年，珠海市政府办公室下发《珠海市"数字政府"建设工作要点（2019～2020年)》，建立大数据驱动的政务信息化新模式，促进政务信息共享共用和业务流程协同再造，大力提升政府的数字服务能力，打造方便快捷的服务型政府。目前全市8个区行政服务中心办事大厅、24个镇（街）、319个村（社区）均已完成公共服务平台建设，实现公共服务事项"一站式"办理、"一条龙"服务，市、区、镇（街道）三级面向自然人提供现场办理事项，即办比例总体超过四分之一。全市42458项政务服务事项已全部进驻广东政务服务网，提供"一次认证、全网通行"的"一网通办"服务，1302个政务服务事项实现"全城通办"。10月，市公安局涉企审批服务事项也集中进驻市行政服务中心二楼的公安专厅，共设6个前台服务窗口，进一步提升公安机关窗口服务水平。

有效提升政务服务智慧化水平。"粤省事·珠海"专版以及横琴企业专属网页"琴易办"App也分别于2019年7月、8月正式上线。"粤省事·珠海"专版已上线416项高频民生服务事项，包括电子身份证、社保卡、驾驶证、行驶证、通行证、护照等43种电子证照；"琴易办"App为企业提供政务服务掌上办理、工商电子档案申请、集中办公地址续期及横琴新区综合服务中心办事预约等线上便捷服务，为横琴登记注册的企业提供精准化、个性化、多元化的涉企政务服务；"网上中介服务超市"建设继续推进，目前已入驻172个项目业主、94个中介机构，录入153个中介服务事项，发布138个采购项目，政务服务信息化更上一层楼。

4. 规范公正文明执法，提升执法公信力

采取多点突破的方式规范行政权力运行。珠海市稳步推进综合执法体制改革，核准界定政府各部门行政执法职权，建立行政执法责任制、行政执法人员资格管理等制度。为约束权力，出台政务公开工作考评办法，将考核评估结果纳入政府考核依据，同时增强行政权力监督实效，提高监督质量和水平。2019年，市政府法制部门下发了《关于开展行政执法公示工作的通知》《关于全面推行行政执法公示制度 执法全过程记录制度 重大执法决定法制审核制度的通知》，进一步将"三项执法"工作落到实处，各级行政执法主体在门户网站建立行政执法公示专栏，公示行政执法事前、事后信息，全面对接广东省行政执法信息公示平台，推行行政执法全过程记录制度；对直接涉及人身自由、生命健康、重大财产权益的现场执法活动，进行全过程无间断音像记录；每年对全市行政执法部门的行政执法案卷进行评查，及时反馈问题，及时整改。截至2019年12月，珠海市已在广东省行政执法信息公示平台录入106个执法主体信息、6854份地方权责清单；录入611份随机抽查事项清单、419份行政执法全过程记录清单；录入2729份重大行政执法决定法制审核清单，让人民群众在每一次执法办案中感受到公平正义，实现执法形式与执法目的有机结合，实现法律效果和社会效果的有机统一。

5. 创建透明政务，防范廉洁风险

着力打造廉洁政务体系，推进权力规范阳光运行，横琴新区坚持先行先试，打破部门条块分割限制，成立纪检机构——横琴新区管理委员会廉政办公室，建立起纪检、监察、审计机关集中统一派驻，公安、检察机关沟通协调的体制机制，初步形成了"企业和群众办事不求人、不花钱、不费时、不劳神"的政务和公共服务体系；在廉政建设上积极借鉴国际经验，强化与港澳反腐败制度的规则对接，建立公务人员个人事项报告制度，修订《横琴新区公职人员利益冲突回避暂行办法（试行）》《横琴新区重大行政决策程序规定实施细则》《关于支持改革　创新鼓励担当有为　建立容错纠错机制的实施意见》，推进廉政制度建设向纵深发展；加强建设工程领域监督管理，再造社会投资类建设工程项目流程，建立建设工程廉情和效能预警评估系统，出台政府投资和国有资金投资项目工程变更管理制度等，有效防范廉政风险；围绕建设资金使用和工程质量两条主线开展全过程跟踪审计监督，并推广复制到总投资 100 多亿元的横琴新区科学城项目中。横琴新区人民检察院对政府及公共机构工作规程进行预防职务犯罪备案审查新机制，被省自贸办列为可复制可推广的经验。

审批更简、监管更强、服务更优，建立透明的政务公开体系，推动政府管理由事前审批向事中事后监管转变，努力打造服务效率最高、管理最规范、综合成本最低的营商环境高地。

（二）构建规范、开放、竞争的市场环境

珠海先后制定了涉及商事登记、商品交易市场管理、技术成果入股与提成、科技创新促进、人才开发促进等条例，初步形成支持创新、鼓励开放的政策法规体系，坚持以法治引领创新和开放发展。

1. 深入推进商事制度改革，提高市场运行效率

珠海优化营商环境继续向纵深发力。2019 年，横琴推出商事登记标准化暨网上审批中心，实现商事登记业务"一网通办""一趟不跑""一次办好"，融合推进商事登记智能化、标准化，对标国际先进营商规则，全力打造趋同港澳的市场准入制度，推动横琴新区商事登记服务更系统、更高效、更便利地服务港澳投资者适应内地并融入粤港澳大湾区。

为打通企业开办经营和投资建设两大重点领域的堵点，2019 年，珠海市政府连续发布两个加快社会投资项目和工程建设项目审批的实施方案，即《珠海市优化营商环境　深化社会投资项目审批改革　加快项目落地实施方案》《珠海市全面开展工程建设项目审批制度改革实施方案》，压缩审批时

限，全流程审批时限从98个工作日压缩至37个工作日以内，审批时间压减幅度达到62.2%以上，各类项目审批时间再压缩一半以上，其中行政确认类备案事项、技术审查后审批部门的程序性备案实行"马上办"，1个工作日办结；行政许可类事项、公共服务事项等政府审批时限压缩至法定期限的30%以内，5个工作日内办结，对行政审批时间的压缩处于国内领先水平。对社会投资项目立项、报建、验收阶段的审批事项进一步优化整合为53项，减少25%。对工程建设项目的审批实施"全流程、全覆盖"改革，实现"四统一"，即统一审批流程、统一信息数据平台、统一审批管理体系、统一监管方式，在全面落实优化审批事项、制定标准化审批流程的基础上初步建成工程建设项目审批制度框架和信息数据平台，大大节约了企业的时间成本和制度性交易成本，带动提高了市场运行效率。

2. 实施更大规模的减税降费，激发市场主体创新活力

实施更大规模的减税降费，确保减税降费落实到位，是2019年政府工作的重中之重。3月，珠海市政府常务会议审议并原则通过《珠海市落实减税降费政策措施总体工作方案》，这是广东省首个市级政府层面落实减税降费政策的工作方案。珠海在全省率先成立落实减税降费工作小组，集合全市27个责任部门的力量，保障减税降费工作能在各区落地生根。同时，全面落实税务办理首问责任制、限时办结、预约办税、延时服务、"最多跑一次"、业务通办等各项服务制度，2019年上半年全市新增减税53.14亿元，全市宏观税负由上年同期的37.5%下降至34.4%。其中深化增值税改革在2019年减税降费政策中占据首要地位，实施以来减税规模已超16.16亿元，小微企业普惠性政策新增减税4.26亿元，个人所得税改革新增减税16.93亿元。

全面清理行政事业性收费，减免不动产登记费等行政事业性收费等降费措施，建立政府性基金目录和行政事业性收费目录常态化公示制度和动态调整机制，上半年为企业减负1.9亿元。落实降低社会保险费率各项规定，减轻企业社会保险、失业保险、工伤保险等负担，使企业有更多的资金投入科技创新和新产品研发，提升企业技术力量，激发企业发展活力。营商环境的

优化，不仅促进了已有市场主体的发展，更持续激发市场活力，加速促进了市场主体发展。过去五年全市商事主体年均增长 14.7%，至 2019 年 11 月底，珠海市商事主体 357043 户，比上年同期增长 5.41%。

3. 加大知识产权保护力度，护航市场经济快速发展

珠海先后制定并实施了 20 多部与知识产权工作相关的法规、规章和规范性文件，建立起与经济社会发展相适应的知识产权创造、保护、运用的制度体系。根据 2019 年 3 月底的统计数据，全市专利授权量 83048 件，有效发明专利量 12633 件，同比增长 37.90%。自国家知识产权运营公共服务平台金融创新（横琴）试点平台落户珠海以来，坚持市场化运作，不断创新知识产权运营模式，逐步形成集社交、电商、金融、挂牌交易、大数据五大核心功能于一体的生态型知识产权交易平台，成为全国知识产权运营体系特色试点平台之一。目前已实现了知识产权质押贷款线上流程管理，形成知识产权质押融资珠海模式，成立了珠海市知识产权质押贷款服务联盟。2019年 5 月 8 日，珠海正式被国家知识产权局确定为"国家知识产权示范城市"，知识产权工作迈上新台阶。11 月，珠海市政府办公室印发《珠海市推进国家知识产权示范城市建设工作方案（2019~2022 年）》，立足粤港澳大湾区，推动全市知识产权创造质量、保护效果、运用效益、管理水平、服务能力的全面提升，为知识产权强市建设打下基础。

（三）构建和谐、稳定、智能的社会环境

珠海市始终坚持以人民为中心的发展思想，坚持"自治、法治、德治"相结合，推进"平安共创、依法共治、基层共建、民意共商、幸福共享"五大工程建设。积极在营造共建共治共享社会治理格局上率先探索，努力打造新时代"枫桥经验"珠海版，逐步总结形成了一批具有引领示范意义的社会治理创新经验。

1. 数字城管，精细治理

"数字城管"是珠海城市管理精细化的重要现实途径，长效提升城市管治水平的有效之策，也是建设智慧城市的核心项目之一。2019 年珠海"数

字城管"再次创新,在积分制巡查管理方式的基础上,实行每周专项巡查,将城市管理中的痛点、难点、热点问题"一网打尽",以点带面,巡查一项,解决一类,推动城市精细化管理再次实现从量变到质变的飞跃。5月,珠海"数字城管"在全国首先发布城管综合指数,通过大数据平台自动引入每日系统中的数据,由后台准确、快速生成指数,直观反映本年度区间内城市治理趋势,还可以通过对比上年城管综合指数平均值来反映当下城市治理情况的变化,实现了珠海城市管理质与量的最直观反馈。

2. 横琴新区,"物业城市"

横琴新区参照港澳人人参与社会治理方式,首创推出"物业城市"(原名"横琴管家")App,把一座城当作一个小区,把区内所有公共区域和各类资源整体作为一个"大物业",运用市场机制,借助"专业服务+智慧平台+行政力量"方式,对城市公共空间、公共资源、公共项目实行全流程的"管理+服务+运营",搭建城市治理、城市公益、志愿服务等市民参与城市治理的在线平台,实现模式设计初衷,即让每一位市民都有机会参与社会治理,真正成为城市主人。2019年9月20日,在该模式创建一周年发布会上,"物业城市"App正式升级上线3.0版。3.0版App的线上"一键上报"菜单中分列"一键上报、一键办事、一键服务、一键咨询、一键督办"等五大核心功能,市民通过"一键操作"积极参与解决城市治理问题;在线下,"物业城市"引入高水平物业公司,借鉴小区规范化管理经验,利用大数据技术平台,将城市公共空间与公共资源整体作为一个"大物业"进行管控,探索破解社会治理难题的新路径。横琴新区城市治理精细化水平得到大幅提升,全岛市政管养机械化率提升至75%,环卫、绿化、综合管廊等信息化系统陆续推进,目前,App实有注册用户达91002人,已处理社会治理相关问题超过1万件,像"绣花"一样,把横琴新区建设成粤港澳大湾区乃至全国最有序、最干净、最安全的城市治理样本。

3. 社区治理,乡村振兴

2019年,珠海连续出台三个规范性文件:《珠海市实施乡村振兴战略规划(2018~2022年)》《关于加强和完善城乡社区治理的实施方案》《珠海市城乡社区治理示范点建设工作方案》，形成了覆盖城乡社区治理领域的制度体系。

打造和谐友善的社区生活共同体。2019年初，市政府将"建设18处社区居家养老服务配餐试点"列入2019年十项民生实事，探索整合社区为老服务资源，将配餐服务与针对独居、空巢等特殊群体老年人的探访、关爱、精神慰藉等居家和社区养老服务有机结合。截至2019年底，18处长者饭堂均已建成并投入运营，促进社区居家养老服务质量快速提升，让社区治理充满人情味和获得感。

社区协商步入规范化建设。2019年，珠海市进一步深化2016年以来社区协商试点经验，按照全面铺开的节奏，继续选取不同的社区分片区整体推进，截至2019年9月底，珠海共建立城市社区协商示范点41个、农村社区协商示范点27个、村民议事平台147个，这些社区协商的特色品牌突出了协商共治、民事民办的原则，形成"区域有特色、镇街有品牌、社区有亮点"的格局，打造了一批可借鉴、可复制、可推广的社区治理和服务创新样板。香洲区还引入"公众参与式的社区治理"即"社区营造"的概念，并在全面总结4年试点经验的基础上制定出台了《珠海市香洲区社区协商操作指引》，为社区协商工作提供了政策依据、运行规范和操作指南，"香洲区社区协商实训基地""香洲区社区协商顾问平台"也应运而生，社区协商的治理创新更加规范化、法治化。

凝聚多方治理力量。珠海积极引导和广泛发动社会力量参与社会治理和服务，截至2019年9月，全市在册社会组织2459个，其中市级1249个、区级1210个，全市民办社工机构102家，持证社工2582人，万人持证率达到15.8，居全省前列，全市志愿服务组织及团体2426个，实名注册志愿者37.2万人。通过整合各种社会力量，引导和促进它们积极参与基层社会治理，实现"社区管理"向"社区治理"转型，推动珠海社区治理呈现多样化发展格局。会同社区作为珠海唐家湾镇著名的侨乡，通过自治为基、法治为本、德治为先的"三治"的良性互动和效应叠加，全面推进"社区综治中心＋网格化＋信息化"建设工作，引入港澳城市志愿服务、社会治理的先进经验，被列为全市18个乡村振兴战略样板村之一；万山海洋开发试验区紧贴海岛实际，突出海域特点，在"平台建设、法律服务、法治宣传、依法行政"四个方面建设法治海岛，有效提升新时代法治海岛建设水平，统一建设规范有序的公共法律服务平台，实现公共法律服务线上线下有效对接，提前达到省级法治创建标准，完成2020年全省达标的工作目标。社区治理从单兵作战转变为协同共治，为百岛之市珠海探索出一条法治海岛建设的经验路径。

四　依靠法治构建公开、透明的司法环境

司法作为维护社会公平正义的最后一道防线，在保障市场公平竞争、开放创新、构建法治化营商环境中发挥着不可或缺的重要作用。2019年，珠海法院通过深化司法改革，在强化审判职能、推动庭审规范化、解决执行难、深化多元化纠纷解决机制方面进行制度创新，提高司法公正与效率。截至2019年9月，全市法院共受理各类案件61921件，同比上升18.33%。珠海市检察机关在公益诉讼、认罪认罚从宽制度试点，探索精准化量刑以及检察建议方面顺利推进改革，并取得良好效果。为营造粤港澳大湾区良好的法治环境，珠海市司法机关进行了有益探索和积极尝试，自2018年底，横琴新区人民法院（以下简称"横琴新区法院"）首先出台《为粤港澳大湾区横琴自贸区建设提供更优司法保障的意见》之后，2019年初，珠海市中级人民法院（以下简称"珠海中院"）制定了《珠海法院服务粤港澳大湾区建设的实施意见》，提出21项服务举措；11月，珠海市检察院又制定了《关于充分发挥检察职能　服务保障粤港澳大湾区建设的意见》，为促进粤港澳大湾区高质量融合发展和提升区域整体竞争力提供司法保障。

（一）为大湾区发展提供有力的司法保障

1. 发挥破产审判职能，营造平等有序的市场竞争环境

2019年，珠海法院进一步完善市场主体救治和退出机制，为提升执行

转破产工作效率，珠海中院第一时间将涉案众多又缺乏清偿能力、无法合理安置员工的企业纳入破产审查程序，积极商请政府制定安置计划，通过对 6 个债务人采用执行转破产程序，消化了 800 余件执行案件，优先清偿劳动债权，优先保护劳动者合法权益；为高效出清"僵尸企业"，珠海中院建立绿色通道，采取"繁简分流、简案快审、繁案精审"模式，采用集中受理、集中公告、集中选定管理人、集中选定审计机构的方式，简化审理流程，提高出清效率；为完善破产管理人选拔和考核机制，2019 年 5 月，珠海法院评选出破产案件管理人 20 名，对无财产案件与有财产案件合并选定管理人，保障破产费用及管理人报酬，提升破产管理人积极性，协调破产案件专项资金，运用免交案件受理费等方法，突破企业破产难困境，通过债务人自营模式、创新债权人主席选任、双重推荐招募投资人等方式，促进危困企业再生，凸显了破产审判在深化供给侧结构性改革、优化营商环境、规范市场活动等方面的重大意义。

2. 创新知识产权审判机制，营造充满活力的创新环境

2019 年初，珠海中院与珠海民营企业家代表召开座谈会，就知识产权保护等问题进行讨论，以更好地维护民营企业合法财产权利，并多次深入开展产权冤错案件甄别纠错工作；继续积极推动知识产权司法和行政执法双轨保护，努力破解知识产权侵权成本低、维权成本高的实践难题，建立知识产权侵权行政处罚与民事赔偿衔接机制，显著提升知识产权侵权违法成本。4 月，香洲区人民法院（以下简称"香洲法院"）又发布《珠海市香洲区人民法院知识产权司法保护白皮书（2014～2018）》，根据"保护知识产权就是保护创新"理念，总结了"注重保护竞争""充分运用证据规则"等十大工作机制①，同时公布《香洲区法院知识产权审判典型案例》，突出商标侵权、

---

① "十大工作机制"分别如下。一是完善审判体制机制，发挥司法保护的综合效能。二是保护创新，服务粤港澳大湾区经济建设。三是注重保护竞争，加大知名品牌保护力度。四是充分运用证据规则，减轻权利人举证负担。五是加强诉讼保护措施运用，保障权利人合法权益实现。六是加大刑事司法保护力度，严厉惩治侵犯知识产权犯罪。七是实行繁简分流，健全多元化解机制。八是引入人民陪审员，弘扬知识产权保护理念。九是加强司法宣传，推进司法公开。十是加强队伍建设，提升知识产权审判能力现代化水平。

不正当竞争、侵犯著作权、商业秘密等典型案例的示范引导作用。

3. 打通对外司法服务壁垒

横琴新区法院进一步推进常态化实习审判辅助人员机制，2019 年招收了包括澳门大学在内全国各地知名高等院校的 7 名法学博士生和 3 名法学硕士生，作为实习法官助理在资深法官的带领下参与审判团队工作，承担司法体制创新研究和课题调研任务。目前已参与撰写各类法律文书 81 件，参与调研课题或司法改革创新研究项目 8 项，成为横琴新区法院加强审判力量和引进高层次人次、拓展人才储备的创新机制。

加强粤港澳司法界人士交流与培训，提高粤港澳大湾区司法服务质量。珠海法院与澳门法律业界建立了紧密联系，澳门司法实务界、学术界和社会团体多次到珠海考察访问，珠海中院曾组织两级法院法官赴澳门访问交流，两地法官互相了解学习对方法域的司法制度及法律体系制度框架的特点。横琴新区法院还与澳门科技大学签署合作协议，在教育培训、学术研究、法律人才培养等方面深化合作，并与澳门初级法院拟定了关于加强日常交流与协作的会议纪要，该纪要已报最高人民法院审批。

珠海法院继续推动"葡语国家及澳门特别行政区法律查明中心"（暂定）建设，提升域外法查明效率，为涉澳、涉葡语国家诉讼提供法律支持，为当事人诉讼提供便利，为"一带一路"建设提供有力的司法保障，继续完善中华司法研究会共建"中华司法研究会涉澳司法研究基地"，加强司法实证研究，提升涉澳审判专业化水平。

（二）建立跨域法制合作新机制

为推动建立共商、共建、共享的多元化纠纷解决机制，珠海努力推动多元调解与国际仲裁，充分发挥律师和公证的服务作用，2019 年，珠海在跨法域法制合作方面大胆创新，在调解、仲裁以及律师服务中融入港澳元素，为粤港澳大湾区建设提供优质、高效、便捷的法律服务和保障。

1. 探索将港澳元素融入专业化、多元化调解

2019 年，珠海市进一步推动多元纠纷解决机制改革研究与实践，构建

涉港澳纠纷化解工作机制，更好地促进粤港澳三地融合发展和维护社会和谐稳定。新的社会阶层人士联谊会组织发起成立了全国首个涉港澳纠纷人民调解委员会，为在珠海的港澳企业和港澳人士提供专业、快捷、便利的纠纷化解服务，推动人民调解工作向新的社会阶层领域延伸拓展，促进调解工作区域化、规范化、法治化发展；为进一步深化澳门与横琴跨境消费维权合作机制，澳门特区政府消费者委员会与横琴新区消费者协会在共同设立"跨境视频调解平台"的基础上，探索建立两地消费者组织跨境交流学习机制。澳门消费者委员会首次选派2名工作人员到横琴新区消费者协会进行为期一天的跨境交流学习，增进了解，加强工作协调，共同推动两地消费维权机制衔接及消费环境融合，为消费维权区域一体化建设提供样本和经验。

为推动诉调对接工作常态化，2019年6月，横琴新区法院、香洲法院分别与北京融商"一带一路"法律与商事服务中心暨"一带一路"国际商事调解中心签署《关于建立诉讼与调解相衔接的"一带一路"多元化纠纷解决机制之合作协议》，合作建立"一带一路"国际商事调解中心横琴法院调解室和香洲法院调解室，服务国家"一带一路"和"粤港澳大湾区"建设。

2. 发展金融仲裁与调解

随着珠海金融产业不断发展，金融交易量大幅增加，截至2019年11月30日，横琴新区金融类企业合计6555家，比年初增加56家，注册资本人民币10626.78亿元，比年初增加384.25亿元。金融交易增加的同时也催生大量金融类纠纷，为靠前服务金融企业，珠海仲裁委员会认真落实《珠海仲裁委金融仲裁案件特别规定》，为当事人提供快捷的仲裁解决金融纠纷途径；并依托珠海国际仲裁院，创设金融借贷快裁机制，对金融借款合同类案件提供快裁程序，以智能化批量快速处理互联网金融案件；"横琴新区国仲民商事调解中心"作为独立于珠海仲裁委员会的第三方法律服务机构，为金融消费者提供专业的调解服务，有效促进了金融调解与仲裁、司法的对接程序。2019年7月，粤澳地区金融纠纷调解合作框架协议在珠海签署，珠海与大湾区其他8个内地城市以及澳门世界贸易中心仲裁中心共同签署《粤澳地区金融纠纷调解合作框架协议》，建立调解合作联络机制、金融纠纷调解合作机制、金融纠纷调解合作研究机制等，推动建立在线调解平台，借鉴港澳及其他发达经济体先进的金融纠纷解决制度，构建共同认可的金融纠纷解决方式，有助于维护广大金融消费者的合法权益、提升大湾区金融服务便利化水平。

3. 涉外法律服务加快发展

截至2019年12月，珠海市律师事务所数量为108家，律师事务所平均年增长速度约为8%；市执业律师总数为1698名，平均年增长速度为16.8%。珠海律师在法治珠海建设中积极履行社会责任，参与立法、法规修订与论证工作，担任人大及政府的立法顾问，为政府提供法律咨询、出具法律意见书、参与重大事项及事件研究等。2019年，珠海市律协还分别组建了140名律师组成的民营企业律师服务团和96名律师组成的村居律师服务团，分别完成85家民营企业和220个村（社区）"一对一"的法治体检①，满足人民群众日益增长的法律服务需求。2019年4月12日，珠海市律师协会专门成立了"一带一路"及粤港澳大湾区法律工作委员会，负责"一带一路"及粤港澳大湾区相关法律服务工作，为粤港澳大湾区发展提供强有力的法律服务和保障。

（三）提升区域法治竞争力

1. 深化粤港澳警务合作

为维护区域社会稳定，珠海市主动策应"一国两制"实施，积极探索珠港澳跨区域执法司法合作新模式，在打击跨境犯罪方面，珠海警方协同澳门警方连续侦破多宗跨境违法犯罪案件，在上级部门的统筹指导下，成功侦破"9·30"跨国网络赌博专案，成为自2017年全国开展打击跨境网络赌博犯罪专项行动以来，中国警方在国外抓获涉赌犯罪嫌疑人数量最多的案件。港珠澳警方联动执法协作机制进一步完善，港珠澳三地政府推动建立"港珠澳大桥三地口岸执法联络协调工作机制"和"港珠澳警务、应急救援及应急交通管理合作协议框架"，正式启用运作港珠澳大桥珠海公路口岸派

---

① 上述数据统计截至2019年12月。

出所以及交警支队港珠澳大桥珠海公路口岸大队，经公安部批准成立国际警务合作办公室，建立与港澳警方直通联络机制和定期会晤与联络工作会议制度，设立24小时热线电话专线，开通港珠澳警方联络专邮专线，全面落实情报交流、行动配合、业务联系、会晤交流等工作制度。珠澳两地警方还共同创办了"澳门·珠海警务论坛"，以理论研讨推动警务合作的理念创新和机制创新，为全国全省创造了可复制、可借鉴的区域警务和法务合作新经验，实现对跨区域和互涉犯罪的精准打击。

2. 民商事司法互助取得突破

横琴新区法院于2016年在全国率先提出开辟司法互助便捷通道，广东省高级人民法院对横琴新区法院民商事司法互助的申请以线上审批代替线下报送，解决长期以来涉港澳案件送达、调查取证难的问题。2015～2019年6月，珠海法院向广东省高级人民法院请求委托澳门初级法院送达司法文书的民商事案件333件，委托香港特别行政区法院送达司法文书的民商事案件34件，委托澳门初级法院调查取证的民商事案件75件。在协助港澳法院送达和调查方面，2015～2019年6月，珠海法院协助澳门法院送达司法文书案件17件，协助澳门法院调查取证案件1件。2015～2019年6月，珠海中院受理认可和执行澳门法院民商事判决案件16件，受理认可和执行香港法院民商事判决案件3件。

五　展望：2020年珠海法治挑战与发展建议

从世界级湾区发展的经验来看，区域一体化不仅是经济一体化，更要有统一的法律规则、严格规范的执法、衡平的司法裁判和具有共识的法律信仰。大湾区建设虽然已经纳入中央的顶层设计，形成高度共识，但各个城市对具体的发展路径持不同意见，各自根据区域特点、优势以及国家政策进行探索并积累经验。从目前实践来看，粤港澳大湾区中广东省9个市的法治环境与港澳还有相当大的差距，加之城市之间存在的文化差异、法治失衡、行政分割等情况，三地法律冲突不仅表现在民商事规则方面，更延伸到立法、司法、行政与经济管理制度等更深层次。粤港澳深度合作仍然停留在以政府协议为主的政策导向型机制，缺乏立法先行的法治推进型合作方式，一些跨域探索仍存在概念层面或者只是初步形成组织框架，粤港澳共同参与的协调机制仍然缺乏，对民间平台的依赖远远高于政府之间的合作。随着粤港澳大湾区建设推进，各类涉港澳民商事纠纷必然剧增，跨境犯罪大量滋生，因地方利益倾向或者法制障碍导致地方司法保护现象的存在，粤港澳大湾区内司法协作力度还有待进一步加强，以有效解决三地纠纷。

党的十九届四中全会审议通过了《中共中央关于坚持和完善中国特色社会主义制度、推进国家治理体系和治理能力现代化若干重大问题的决定》，总结了"中国之治"的13项制度优势，成为支撑经济快速发展、维护社会长期稳定的基本制度安排，对坚持和完善中国特色社会主义制度、推进国家治理体系和治理能力现代化作出了全面、系统的部署。坚持依法治国、依法执政、依法行政共同推进，坚持法治国家、法治政府、法治社会一体建设，坚持"一国两制"，推进国家治理体系和治理能力现代化。大湾区必须在法治领域开创新思路、新技术、新制度、新标准，正视并允许区域之间存在的法治结构差异和发展水平差距，发挥各自所长，将大湾区城市群打造成区域性法治水平相当、法治能力一流、法治创新卓越的中国湾区法治典范，实现国家利益、社会利益和个人利益的多赢共生。

珠海与澳门形成大湾区三大极点之一，珠海有责任为国家治理体系和治理能力现代化进行积极探索，既要守护这些制度优势，更要推进改革创新，依靠法律思维和法治方式提升城市治理能力，提升依法行政水平，企业依法经营，依法管理社会组织，探索粤港澳大湾区内协同并进的法律治理之路，为"中国之治"贡献珠海力量。

（一）以法治为核心价值观寻求共识，发挥横琴的重要载体和平台作用

1. 培养大湾区人民共同的价值观和法律意识

"一个国家、两种制度、三个关税区"是粤港澳大湾区最大的特点，也是可以充分利用的比较优势。大湾区建设并非要消弭"两制"差异,而是要在坚持"一国两制"的基础上,坚持共同的理想信念、价值理念、道德观念,以共商、共建、共享和四通发达的交通运输网络,将粤港澳锻造成一个发展共同体,将主权一元化与经济一体化有机结合,将内地改革开放的独特经验与港澳国际化发展经验有机结合。要突破制约大湾区发展的思维定式,做到理念先行、观念先行,改变各自为政的状态。培育大湾区共同体意识,促进互利互惠,以制度融合降低各类主体适应和运行制度的成本,在竞争中寻找合作空间,在最低限度的价值目标中实现法治观念的最大公约数,使有关法律安排更加成熟和有效,推动粤港澳在经济、法治领域合作时的利益均衡与对等。

2. 建立综合性法律协商或协调机制

在大湾区建设背景下,促进各种体制优势和开放形态能够互补、形成合力,必须在国家层面构建一个政府主导、市场与社会协同参与的公共治理协作机制和对话框架,充分协调三地的经济、法治和社会建设,实现合作与争端解决。大湾区各个城市要共同对大湾区合作的战略方针和远景规划进行充分沟通,磋商与决策重大合作事项,推动落实既定合作项目,实现合作的规范化与契约化,同时保持区域规划和地方规划的一致性和连续性。在法治领域,建议设立一个由各法域相关机关代表和一些法学专家组成的综合性法律协商或协调机制,对大湾区法治建设做一些示范性的研究,协调区域法律问题,在协调中加强双方互信及对彼此法律的认知,减少分歧,并尽量在法律允许的范围内进行必要的变通,以示范性或引导性提出解决大湾区法律冲突的立法建议或解决实际问题的参考意见。

3. 发挥横琴在粤澳合作中的重要载体和平台作用

珠海应积极贯彻落实"一国两制"方针,以促进澳门经济适度多元发展为政治使命,扩展与港澳的经济合作发展空间,发挥自贸区的试验示范作用,继续聚焦跨境优势,依托港澳优质的制度资源和社会治理模式,寻求实现要素自由流动的路径,提升市场一体化水平,推动三地制度、机制和规则的互认、共生、融合和衔接。探索实行更加便捷高效的监管模式,建立与澳门趋同的金融监管和税负环境，推动横琴创新优势集成，打造具有大湾区特色的法治文化品牌。在现有创新的基础上总结经验推广创新成果，定期举办具有影响力的国际或国内法治论坛，共同探讨大湾区法治发展愿景，适时发布最新的研究成果，加大对大湾区建设的宣传力度，与澳门携手共建澳珠极点。

（二）促进大湾区制度型建设与开放，推动珠港澳三地规则衔接

制度化、规范化和法治化的立法引领和保障是实现粤港澳大湾区目标的客观需要，完善的区域法律体系赋予区域合作以法律效力，也是应对区域合作中各种问题最有效的办法。

1. 加强区域合作中的软法治理

"一国两制"三法域背景下粤港澳大湾区的法律框架具体设计，应当遵循中央主导下的粤港澳大湾区协同立法，依托顶层设计，针对具体法律问题形成多层次法律体系。但香港、澳门和珠三角 9 市分属不同的法系，在粤港澳合作正式法律制度供给不足的情况下，政府之间经过充分沟通与协商一致，签署了一系列的宣言、协议、规划等各种形式的文件。这些文件内容带有建设性与原则性，强调自律互律，虽然并未明确双方的权利或责任，但各方政府根据共同协议，将资源在地区之间共享、交换或重新分配组合，制定本行政区域内有效的法律文件和具体举措，从而实现共同协议、各自立法、规则趋同、推动双方合作的新进程。这种合作治理方式具有较大的社会实效性与可操作性，在一定程度上摆脱了传统行政体制的束缚，为双方合作提供了相对自由的空间，得到内地与港澳高度认可，这些文件事实上作为一种软法约束力成为粤港澳合作的"行为准则"。

2. 推动珠港澳规则的相互衔接

港珠澳大桥通车，珠海与香港、澳门硬连接的优势为珠海在大湾区内率先探索珠港澳制度衔接提供了条件。珠海在投资管理、贸易监管、金融开放和事中事后监管等领域，进行制度创新为核心的改革探索，与新时代制度型开放的总体要求高度一致，对制度型开放的引领作用进一步增强。

珠海应全面系统梳理和了解实践中与港澳规则衔接的状况、取得的成

效，厘清存在的规则障碍与不足，比较借鉴其他城市的经验，发挥横琴新区港澳法律问题专家小组以及珠海经济特区法治协同创新中心的研创优势，建立同国际投资和贸易通行规则相衔接的制度体系，发挥制度创新的示范作用，在市场准入、金融科技、产权保护、营商环境、政务服务、法律服务、社会民生等方面进行与港澳规则衔接的系统研究。推进粤港澳营商规则互认和统一标准，在企业注册登记、许可证授予、融资、跨境交易、投资者保护等方面实现与港澳对接和制度优化。随着跨境电商的开放与深入推进，横琴要建立与之相适应的粤港澳三地海关监管、检验检疫、征（退）税、跨境支付、物流等电子商务支撑系统。

珠海应充分利用双重立法权，适时将实践经验上升为法律制度，构建更加宽泛的促进粤港澳大湾区一体化发展的创新制度，形成推动区域合作的实施机制，保障发展中的协同性和包容性，减少同质化竞争和资源错配现象。

（三）建设大湾区社会治理共同体，推进珠港澳公共产品跨境跨城供给

十九届四中全会提出，社会治理是国家治理的重要方面，加强和创新社会治理，完善党委领导、政府负责、民主协商、社会协同、公众参与、法治保障、科技支撑的社会治理体系，建设人人有责、人人尽责、人人享有的社会治理共同体，确保人民安居乐业、社会安定有序，是实现共建共治共享社会治理格局的方向和路径。

1. 推进大湾区公共服务均等化、协同化

加强设施"硬联通"和机制"软联通"。珠海在跨境办公、跨境金融、港澳人员子女内地入学、澳门医师内地执业、澳门居民试点购买内地社保、跨境法律服务等方面已取得先行先试的经验。中央政府又推出新政，大湾区内地城市放开对港澳居民的购房门槛，这符合大湾区建设互联互通的要求，大湾区建设正在努力形成一个发展共同体。下一步，珠海将继续以改善湾区社会民生、增进人民福祉为目标，探索建立统一、新型的公共服务建设标准及评估体系，打破公共服务政策差别壁垒，建立覆盖不同制度区域的公共服

务，在社会福利、医疗卫生、教育和住房、劳动力就业等方面实现优化融合。探索实施港澳居民回乡证与内地居民身份证功能"同步"，为三地居民自由迁徙、自由就业提供更加便利的条件，以"国民待遇＋负面清单"为思维导向，推进大湾区公共服务均等化，建立基本公共服务协同机制，有助于湾区共同体建设。

2. 探索搭建政务服务大数据共享平台

建立政务数据开放更新常态机制，与港澳协调共同的数据存储与跨境数据转移规则，实现珠海与港澳人员、企业、产业、物流、交通、贸易等信息共享。通过大数据分析，更好地对标制定优化营商环境的相关政策，促进港澳人士所持有的会计、律师、医生、建筑、咨询等服务业专业资质能够在珠海获得认可，促进制度型建设和开放这一目标，为资源要素的流通和社会融合发展提供保障，打造合作共赢的制度环境。

3. 推动以民间合作为基础的多元沟通机制

跨域公共事务的处理需要政府不同层面的有机合作，更需要政府、企业、公众在区域层面实现共治。既要发挥中央政府、特区政府以及地方政府的作用，也要积极探索政府间合作、公私合作及私人合作的新型治理模式，尽量消除制度及行政区划的藩篱，探索行政资源运用与市场力量的整合，提高区域治理水平。例如，横琴与澳门两地的消费者协会利用"跨境视频调解平台"解决跨境消费纠纷，充分表明了双方合作的最大推动力来自民间，正是两地民间强烈的合作意愿，因势利导完善激励机制，有效应对了"一国两制"三法域等重大现实性制度障碍。2019年11月，澳门街坊会联合总会广东办事处横琴综合服务中心在横琴成立，13名澳门街坊总会的资深员工对居住在横琴的澳门居民以及横琴本地居民提供服务，并直接引入澳门社工人才、服务项目和服务理念，对促进珠海与澳门在社会服务和社会治理领域的协调发展，促进两地民心相通、增进两地人民福祉等具有重要意义，体现了非政府组织和民间社会的积极参与。同样，粤港澳地区商会、协会、咨询机构和智库等社会组织，法官协会、检察官协会、律师界、学术界等都可以发挥主观能动性，协商形成自律规则或者跨境服务章程等，不仅在社会组织内部形成良性互动循环，更可以在粤港澳政府与各自的社会组织之间搭建双向协作机制，并纳入跨区域协调治理和政策决策，实现沟通机制的有效衔接，共同促进大湾区法治创新发展。

（四）打造大湾区法律服务共同体，加强珠港澳司法保障与司法服务

1. 共建珠港澳统一协调的商事争议解决机制

十九届四中全会提出，要完善包括律师、公证、法律援助、司法鉴定、仲裁、人民调解等在内的公共法律服务体系，方便人民群众得到法律服务，夯实依法治国群众基础。珠海在调解、仲裁和司法实践中，一直在努力融入港澳元素，并取得一定进展，未来要进一步加强与港澳地区司法机构、仲裁机构及调解组织的交流合作，传递法律职业共同体的理念，通过深化合作与信息共享，推动建立诉讼、调解和仲裁顺畅衔接、标准统一、平等保护、共同接受的区际多元化解纠纷机制，全面提升法律保障能力，为粤港澳大湾区企业的高质量发展奠定基础。

在珠港澳商事争议联合调解中心的基础上，利用横琴平台建设国际法律服务和商事争议解决中心，在更多领域探索跨境调解之法。在调解规则方面与国际调解实践接轨；在调解机构设置、调解程序、调解标准、组织人员等方面充分体现各地的参与度和话语权；完善调解员名册，增强调解员的区域流动性，建立统一的调解员资质认证制度和职业水平评价制度等。

横琴国际仲裁院要为粤港澳法律人士共同打造开放性仲裁平台，充分发挥港澳仲裁员在各自法域的专业优势，通过运行不同法系的仲裁模式，突破内地与港澳适用不同法律体系的障碍，为当事人提供专业、高效且熟悉的仲裁服务；及时总结横琴国际仲裁院金融调解的经验，进一步整合商事仲裁和调解资源，为珠港澳经济贸易提供仲裁及调解服务。

推进港澳与内地法律服务的对接。进一步开放法律服务市场，为法律人才的自由流动提供便利，将港澳律师纳入大湾区法律服务体系的整体架构，建立粤港澳三地律师资格互认制度。及时总结现有联营律师事务所在联营过

程中的经验与不足，逐步放宽联营律师事务所的执业范围，鼓励成立更多联营律师事务所。完善派驻律师的执业手续，满足内地企业在香港上市以及赴港澳设立公司的需要，帮助企业进行合规管理和风险控制以及高质量发展，助力企业跨越法律制度的壁垒进行跨区域法律合作。

2. 构建更加高效权威的涉港澳商事审判机制

在司法理念、裁判规则等方面全面对接国际经贸规则，学习借鉴港澳有益的司法制度和司法经验，在涉港澳商事案件中进行探索，健全涉外民商事案件诉讼机制，推动司法进一步规范、透明和便利。与国际化司法规则接轨，准确适用内地与港澳两地法律、国际条约和国际惯例，提高法律服务的效率、质量和可信度，逐步推动粤港澳大湾区法治的趋同与统一性。进一步完善港澳籍陪审员制度，扩大选任范围，吸收具有专业技术背景的港澳人士加入陪审员队伍，增进港澳法律人才对内地司法制度的了解、国家归属感和民族认同感。

在当前域外法委托查明机制的基础上，珠海要加深与高校及相关研究机构在域外法查明方面的合作，建立并完善"域外法律查明中心"。建立域外法查明专家库，增加合作的专业查明机构数量，拓宽域外法查明途径；建设域外法查明案例库，健全域外法律查明专家出庭质证的程序、对专家查明意见的采用机制等，增强域外法查明的能力和公信力。在政府规范化指导下，充分利用互联网和大数据优优服务，实现司法案例、法律法规等信息的互联互通，积极推出法律产品并对外宣传。

3. 建设粤港澳大湾区司法协作示范区

内地与港澳签署的一系列民商事司法协作的"安排"适用于内地，也是大湾区司法协作的重要法律依据，直接决定着大湾区司法协作的形式、内容和途径。大湾区有责任担当起司法协作领域改革"试验田"的使命，扩大协商的范围，在现有法律文件、条例、"安排"的框架下，逐渐在司法协作的重要领域和关键环节取得突破，不仅为内地其他地区与港澳开展司法协作时给予参照指导，又可以为内地与港澳签署区际司法协作"安排"提供实践素材或可供参考的范本，为中国区际司法协作的规范化与常态化进程作

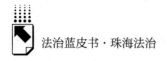

出示范，推动我国区际司法协作的发展。

横琴新区检察院可以在个案协查的基础上，推动设立粤港、粤澳检察机关合作交流办公室，开辟大湾区司法交流的新窗口。探索"一国两制"三法域环境下反腐败执法合作的制度创新，先行先试搭建粤港澳三地反腐败执法合作框架，为内地与港澳签订反腐败执法合作框架协议、刑事司法协作"安排"提供可复制可推广的经验。

横琴新区法院继续发挥自贸区法院对外司法交流的窗口作用，及时回应大湾区建设中商事主体的司法需求，推动建立统一的大湾区知识产权保护法律体系和协同保护机制，对未纳入内地与港澳协作安排的事项，遵照互惠原则，探索互惠措施，为进一步完善司法协作机制营造良好的氛围。

4. 培养具有大湾区意识的法律人才

加强三地法学研究力量的整合。继续探索粤港澳跨境引智机制，推进更具特色、行之有效的大湾区法学人才高地建设，搭建跨区域法学人才交流平台，做到"聚天下法学英才而用之"，吸引更多的国际化、复合型法学人才向珠海集聚。珠海要充分利用驻珠高校优势，与港澳高校、科研机构开展法治建设合作研究。珠海市内高校与港澳高校要在人才培养、学分、学历方面探索互认机制，培养有大湾区意识的法律人才。继续推进港澳的法律大学生到珠海法院实习计划，建立以法官为导师的实习工作机制，在尊重两地司法制度、法治文化等差异的基础上，更好地凝聚法治共识，为法治大湾区建设储备人才力量。

人 大 立 法

The Legislation of the People's Congress

B.2

用立法引领推动保障生态文明建设

珠海市人民代表大会常务委员会法制工作委员会课题组*

摘　要： 珠海以良好的生态环境闻名于世，这一成就的取得离不开立法的保障。珠海利用"经济特区立法权"和"设区的市立法权"，先行先试，充分发挥"立法试验田"的作用，完善生态立法体制、规范生态立法工作机制，在珠海生态文明建设及立法的理念、制度方面取得成效，成为珠海地方立法的一大特色，其立法经验对地方立法具有示范意义。

关键词： 生态文明　地方立法　环境保护

---

* 课题组负责人：雍灵，珠海市人民代表大会常务委员会法制工作委员会主任。课题组成员：贾雷、陆尚乾、吴尚儒、游宇婷。执笔人：贾雷，珠海市人民代表大会常务委员会法制工作委员会二级主任科员；陆尚乾，北京理工大学珠海学院民商法律学院副院长、副教授；吴尚儒，北京理工大学珠海学院民商法律学院助理教授；游宇婷，北京理工大学珠海学院国际交流合作处外事干事。

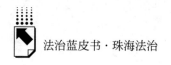

一　引言

生态文明城市首先应当是一个环境友好、经济高质量、社会和谐、可持续发展的人类居住区。其次，从价值取向上看，生态文明城市的本质是实现人与自然的和谐发展。

珠海向来以良好的生态环境著称，坚持经济发展与环境保护共赢，空气质量始终保持在全国重点城市前列，绿色空间超过陆地面积的70%，绿化覆盖率等指标在全国名列前茅，曾获得全国首批"国家环境保护模范城市"、首个联合国"国际改善居住环境最佳范例奖"、全国首批"生态文明建设试点城市"等奖项；2015年珠海市还荣获国家环保部和中国法学会联合评选的"全国生态环境法治保障制度创新最佳事例奖"。

珠海在20多年的立法实践中，利用"经济特区立法权"和"设区的市立法权"，充分发挥"立法试验田"的作用，先行先试，制定了以环保条例、生态文明建设促进条例、城乡规划条例为核心的环保生态法规体系。在立法实践中始终贯穿生态环保理念，以立法引领推动保障生态文明建设取得成效，逐渐形成珠海地方立法的一大特色。

二　珠海生态文明建设和立法成效

（一）立法沿革概况

珠海生态文明建设的立法沿革，可分为以下三个阶段。

1. 第一阶段（1996～2000）

这一时期珠海共制定法规26件，制定了土地、规划、环保、人口规划、道路交通等五大基础性立法，确定了环保优先、规划优先的发展思路，确定了坚持走绿色、可持续发展道路，为珠海经济特区的环境建设提供了法律依据。《珠海市土地管理条例》《珠海市道路交通管理条例》《珠海市环境保护条例》均在这期间首次出台，后经多次增删、废旧立新等。

2. 第二阶段（2000~2010）

这一时期珠海以较大的市立法为主，共制定法规40件。立法关注的焦点从搭建基础法规框架转向在细分领域推进生态文明建设和环境保护等内容，如2002年制定的《珠海市防治船舶污染水域条例》，2005年制定的《珠海市服务业环境管理条例》，2009年制定的《珠海市排水条例》。

3. 第三阶段（2010年至今）

这一时期共制定法规35件，主要内容是对政府管理、公共设施与公共服务、社会管理、公共安全、经济发展、环境保护与公共卫生服务以及与生态文明建设等领域的法规进行清理和修订。例如，2015年制定《珠海经济特区养犬管理条例》，2016年制定《珠海经济特区前山河流域管理条例》，2018年制定《珠海经济特区海域海岛保护条例》《珠海经济特区无居民海岛开发利用管理规定》，2019年制定《珠海经济特区园林绿化条例》。

截至2019年12月，珠海市人大及其常委会共通过法规及有关法规问题的决定141件，制定法规101件，废止33件，现行有效68件（含经济特区法规48件、设区的市法规20件）。以生态文明建设为核心的法规共11件，占比达16%①。

（二）立法实践成效

1. 城市规划立法——引导城市有序发展

1998年，市人大常委会在特区建设过程中开创的规划工作"八个统一"的基础上，制定了《珠海市城市规划条例》。除了规定统一划分功能区、统

---

① 以《珠海市环境保护条例》为中心，再加上《珠海经济特区城乡规划条例》《珠海市排水条例》《珠海市供水用水管理条例》《珠海市森林防火条例》《珠海市防治船舶污染水域条例》《珠海市地下管线管理条例》《珠海经济特区生态文明建设促进条例》《珠海经济特区行政执法与刑事司法衔接工作条例》《珠海经济特区物业管理条例》《珠海经济特区市容和环境卫生管理条例》《珠海经济特区道路交通安全管理条例》《珠海市旅游条例》《珠海经济特区政府投资项目管理条例》《珠海经济特区前山河流域管理条例》《珠海经济特区土地管理条例》《珠海经济特区地下综合管廊管理条例》《城市概念性空间发展规划》《珠海经济特区户外广告设施与招牌设置管理条例》《珠海经济特区养犬管理条例》《珠海经济特区相对集中行政处罚条例》，一共21件。参见钟小凯《珠海生态环境保护地方立法路径研究》，《一国两制研究》2017年第4期，第173~177页。

一基础设施规划等重大内容外，立法还对海拔 25 米等高线以上、沿河沿海纵深 60 ~ 100 米范围内禁止兴建公共建筑物，每条机动车道路幅宽 4 米，全市绿地率及各类建设项目的绿地比例，建筑物退离道路红线距离等诸多具体规划标准与准则作出了规定。

2006 年，市人大常委会重新制定规划条例。新条例不仅坚持"八个统一"，在保持山海特色城市风貌方面与第一版规划条例一脉相承，同时侧重加强了对规划编制、审批、调整程序的规范。

2013 年，市人大常委会根据《城乡规划法》和珠海市城市建设发展需要，制定了第三版规划条例——《珠海经济特区城乡规划条例》。2013 年条例保留了珠海市规划立法"实体 + 程序"的特点，按照"基本原则—绿线管理—蓝线管理—黄线管理—紫线管理—建筑风貌管理"的框架，对体现珠海市规划建设特色的刚性要求作了系统规定。

前后三部规划条例的制定和实施，为珠海城市规划建设和管理提供了有力的法治支撑，对形成和保持珠海特色城市风貌起到了积极的促进和保障作用。对海拔 25 米等高线以上山体和沿河纵深 80 米、沿海纵深 120 米范围内进行严格保护等规定，在珠海市历次规划立法中得到坚持和完善，成为珠海城市建设与发展的基本规则。

2. 土地管理立法——把握城市发展命脉

1998 年，珠海市人大常委会制定了《珠海市土地管理条例》。条例秉承"五个统一"的土地管理理念，每个统一环节都用专章予以详细规定，强调了土地资源的可持续发展。其后，市人大常委会又于 2006 年和 2015 年先后重新制定土地管理条例，为珠海土地管理提供法治保障。以该条例的实施为标志，珠海的国土资源自此走上了依法管理的轨道，集约管理的长效机制得以真正建立。

3. 环境保护立法——捍卫"绿色财富"

1998 年 5 月，珠海市人大常委会制定了《珠海市环境保护条例》。其核心理念是"八不准"，即对八类影响环境保护的做法严厉禁止，尤其强调产业结构选择问题，市区只发展有利于环境、有高附加值的高科技产业，不准兴办电镀、造纸、制革、冶炼、漂染、石油化工等高污染项目，拒绝污染企业落户珠海。

2008 年，环境保护条例重新制定，在一脉相承的环境保护理念基础上明确了"四个百分百"行动举措，即新增工业项目百分百进入园区、裸露山体百分百恢复绿化、污水垃圾百分百达标处理、节能减排百分百实现目标。

2017 年珠海市人大对《珠海市环境保护条例》进行修订，大幅提高环境污染违法成本，强化生产者保护环境的法律责任。对于环境噪声污染，产生有毒有害烟尘、恶臭物质的环境违法行为，由城市管理行政执法部门执法，解决了该类环境违法行为多头管理、执法难的问题。前后两部环保法规，一以贯之地体现了珠海发展绿色经济、循环经济、低碳经济的理念，吸引了一大批注重环保的优秀企业扎根珠海发展。珠海良好的生态环境已成为吸引投资的重要砝码，对生态环境的"严防死守"并没有阻滞经济发展，反而让广大市民在拥有"绿色财富"的同时，也给珠海赢得了绿色发展的空间。

4. 执法行为立法——为生态文明保驾护航

在政府管理体制改革领域，制定了相对集中行政处罚权、行政执法与刑事司法衔接两部条例，《珠海经济特区相对集中行政处罚权条例》将市容环卫管理、城市规划管理、城市绿化管理、市政管理等 13 个方面全部或部分行政处罚权集中到珠海市城市管理和综合执法局，为环境保护执法工作提供了很好的制度支撑；2014 年制定的《珠海经济特区行政执法与刑事司法衔接工作条例》为规范环境执法中存在的以罚代刑、有罪不究、渎职违纪等行为提供了很好的制度保障，有效解决了环境执法机构和司法机关信息沟通不畅、案件移送不及时、协作配合不规范等问题。

三　珠海立法中保护生态环境的主要理念

（一）统一规划、统一管理的生态理念

率先构建以生态文明建设为核心的法规体系，以《珠海经济特区城乡规划条例》和《珠海市环境保护条例》为主干，配套制定《珠海市防治船舶污染水域条例》《珠海经济特区市容和环境卫生管理条例》《珠海市服务业

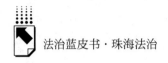

环境管理条例》《珠海经济特区海域海岛保护条例》等相应地方性法规，对生态城市规划、生态环境保护、水域、市容环境卫生、服务业环境卫生、海域海岛保护、生态旅游、绿色交通等作出具体规定，构建生态文明法规体系。

（二）环保优先的发展理念

一方面，在产业结构选择上，珠海市不准兴办高污染的产业项目，拒绝污染企业落户；另一方面，配套实行最严格的环境保护执法制度。通过制定《珠海经济特区相对集中行政处罚权条例》《珠海经济特区行政执法与刑事司法衔接工作条例》，为依法严厉打击环境违法行为提供制度保障，明确了具体执法主体，落实了执法主体责任。例如，《珠海市环境保护条例》规定的环境噪音污染、产生有毒有害烟尘、恶臭物质等环境违法行为，确定由城市管理行政执法部门执法，解决了该类环境违法行为多头管理、执法难的问题。

（三）立足以人为本与权利型立法的理念

珠海生态文明立法宗旨更加重视以人为本。《珠海市环境保护条例》明确，该条例立法宗旨在于保护和改善珠海居民的生活环境，突出强调了环保立法是为人服务的，一切单位和个人都有享受良好环境的权利，以规范政府行为、保护管理相对人合法权益为准则，由"管理型立法"向"权利型立法"转型；《珠海经济特区生态文明建设促进条例》也着重规定了公众的生态文明建设知情权、参与权、表达权和监督权，从根本上保障公众对公共管理和服务的参与。

（四）注重国际化视野，借鉴港澳地区经验的理念

在珠海市规划、环境保护等立法中借鉴了香港及国外的立法经验。2008年对《珠海市环境保护条例》进行修改时，借鉴欧美发达国家经验，规定在住宅、学校、机关、医院、停车场、旅游景点等环境敏感区域停候的机动车应当熄火，避免排放废气和噪声；《珠海经济特区城乡规划条例》规定，住宅底层不宜设置商铺，居住小区的商业服务设施应集中独立布置；《珠海

经济特区养犬管理条例》的不得遗弃和虐待犬只、给犬只设立电子身份标识等规定，均是借鉴港澳地区先进的治理经验、对标国际准则的制度措施。

（五）强调精准立法的理念

在立法形式上，一事一法，更注重立法质量，遵循"少而精、抓重点、求实效"的立法理念。针对有限范围内的单一事项进行立法，突出地方特色，聚焦本地区特有具体问题。《珠海市人民代表大会常务委员会关于珠海城市概念性空间发展规划的决定》《珠海经济特区户外广告设施和招牌设置管理条例》《珠海经济特区前山河流域管理条例》《珠海市防治船舶污染水域条例》等，均是对社会管理领域的单一事项进行针对性立法，针对关键问题和薄弱环节创新具体制度，精细设计条款内容，增强法规的可操作性，确保法规实用，尽量消除适用弹性和执法的自由裁量空间。

四　不足与因应

珠海虽在生态文明立法上取得了一定成效，但与发达地区相比，无论是在立法方面，还是在行政执法和司法保护方面，仍存在一些不足①。

（一）立法中原则性和提倡性规定多，约束性条款少

立法的原则性与灵活性相结合是我国立法的一项基本指导原则，但目前珠海部分立法仍然存在原则性较多、约束性条款较少的现象。例如，《珠海经济特区生态文明建设促进条例》对领导干部失职后承担何种责任的规定，受限于该部分非地方立法权限，地方性法规设定的处罚条款责任形式较少。有的法规处罚的自由裁量权过大，如《珠海市环境保护条例》规定，"限期整改期间排污者违反整改决定规定的排放要求的，由环境保护主管部门责令限产或者停产，

---

① 周盛盈：《生态文明城市法治保障路径研究——基于珠海生态文明示范市建设实证分析》，《中共珠海市委党校珠海市行政学院学报》2015年第2期。

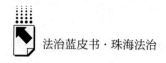
并可处以一万元以上十万元以下的罚款"，给行政执法人员随意、选择性执法提供了很大空间。其他有关珠海市土壤污染、化学物质污染、农村生活用水污染等方面尚存在立法空白，需要尽快出台相关法规予以完善。

（二）生态文明执法方式与质量有待提升

目前，珠海市在生态文明建议方面的执法机构主要有市城市管理行政执法局、市自然资源局、市生态环境局等行政执法机构；行政执法方式较为单一，执法质量有待提升。对有关土壤污染、化学物质污染、空气污染、农村生活用水污染等缺乏应有的设备和技术条件，较难在短期内对违法行为的损害程度和危害结果进行量化评估，为行政执法提供有效依据，存在调查难、取证难等问题。

（三）生态文明的司法保护机制尚不完善

目前，环境管理仍然重行政救济而忽视司法机关保护。据初步调查，珠海市民遇到噪声、污染等生态环境问题时，绝大部分市民仍然选择通过向环保部门投诉寻求行政救济途径解决。生态环境公益诉讼机制还处在探索阶段，市民还缺乏寻求司法机关救济的意识，这也在一定程度上影响了生态环境司法保护制度功能的实现。

在地方立法权限范围内，珠海市未来将深入开展科学立法、民主立法、依法立法，注重以科学理性的精神和规范严谨的程序保障立法质量。

五　发展粤港澳大湾区背景下，探索珠海生态文明的未来立法方向

（一）贯彻习近平同志生态文明思想的发展理念

1. 习近平生态文明思想的核心

"良好的生态环境是最公平的公共产品，是最普惠的民生福祉。"[1] 习近

---

[1]　中央文献研究室、中国外文局：《习近平谈治国理政》，外文出版社，2014，第208页。

平总书记突出强调生态环境保护的重要性，要求务必做到"两个清醒认识"，既要对生态文明建设的重要性有清醒认识，又要对保护与治理生态环境有清醒认识。要以高度的责任感，下定决心把人民群众关心的环境问题彻底治理好，建设好生态环境①。"两个清醒认识"从深层次分析了我国严峻的生态环境建设形势，以及解决生态环境问题的迫切性、现实性与重要性。

2018 年 5 月 18 日，习近平在全国生态环境保护大会上提出，新时代推进生态文明建设，必须用最严格的制度、最严密的法治保护生态环境，共谋全球生态文明建设等②。

2. 贯彻习近平生态文明思想的制度保障

（1）建立健全生态文明相关制度

"建设生态文明，必须依靠制度和法治。"③ 二者相互融合，进而推动生态文明走向法治化道路。将生态文明制度运用于实践，接受实践的检验，使制度真正落实。

（2）完善经济社会发展考核评价体系

"要在经济社会发展评价体系中纳入生态效益等重要因素。"探索完善生态文明建设的机制保障，建立健全生态文明建设考核体系，推动生态文明建设走向法治化道路。要进一步建立健全相关考核指标，加大执法力度，加强对生态环境的执法监督。

（3）建立责任追究制度

"资源环境是公共产品，对其造成损害和破坏必须追究责任。"④ 实现生态环境"硬约束"的前提是明确责权。责任追究制度的关键是建立对领导干部的责任追究制度。对生态文明建设而言，责任追究制度的保障性、决定性作用更加突显。

---

① 中央文献研究室、中国外文局：《习近平谈治国理政》，外文出版社，2014，第208页。
② 《全国人民代表大会常务委员会关于全面加强生态环境保护 依法推动打好污染防治攻坚战的决议》，《人民日报》2018 年 7 月 11 日。
③ 《习近平总书记系列重要讲话读本》，学习出版社、人民出版社，2016。
④ 《习近平总书记系列重要讲话读本》，学习出版社、人民出版社，2016。

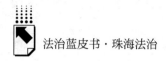

（4）实行资源有偿使用制度和生态补偿制度

逐步建立资源有偿使用制度和生态补偿制度，实现生态环境真正意义上的公平，通过利益导向的设置，不断推动生态文明建设朝正确的方向发展①。

（5）健全生态环境保护管理体制

"我国生态环境保护中存在的一些问题，一定程度上与体制不健全有关。"要继续坚持标本兼治与专项治理相结合的方式，加强对生态环境的管理、治理与保护的合作机制建设②。

（二）呼应粤港澳大湾区建设的时代主题③

为贯彻实施《粤港澳大湾区发展规划纲要》，2019 年 7 月，广东省委、省政府印发《中共广东省委　广东省人民政府关于贯彻落实〈粤港澳大湾区发展规划纲要〉的实施意见》。

在呼应持续推进生态文明建设方面，2019 年 9 月，珠海市第九届人民代表大会常务委员会第二十三次会议通过《珠海经济特区园林绿化条例》，

---

① 习近平：《干在实处走在前列：推进浙江新发展的思考与实践》，中共中央党校出版社，2013。

② 马俊峰、王鹏：《习近平生态文明思想的三个维度解析》，《学术交流》2019 年第 7 期。

③ 《粤港澳大湾区发展规划纲要》第七章"推进生态文明建设"涉及的领域有三：一是打造生态防护屏障，二是加强环境保护和治理，三是创新绿色低碳发展模式。（1）大力推进生态文明建设，树立绿色发展理念，实行严格的生态环境保护制度，推动形成绿色低碳的生产生活方式和城市建设运营模式，促进大湾区可持续发展。（2）践行生态文明理念，充分利用现代信息技术，实现城市群智能管理，提高大湾区民众生活便利化水平，提升居民生活质量，建设生态安全、环境优美、社会安定、文化繁荣的美丽湾区。（3）粤港澳合作更加深入广泛，区域内发展动力进一步提升，发展活力充沛、创新能力突出、产业结构优化、要素流动顺畅、生态环境优美的国际一流湾区和世界级城市群框架基本形成。（4）强化区域大气污染联防联控，实施更严格的清洁航运政策，实施多污染物协同减排，统筹防治臭氧和细颗粒物（PM2.5）污染。（5）加强粤港澳生态环境保护合作，共同改善生态环境系统，加强湿地保护修复。打造生态防护屏障，加强绿色山体和蓝色海湾保护，建设森林生态屏障和海洋生态防护带。（6）加强海洋资源环境保护，开展珠江河口区域水资源、水环境及涉水项目管理合作。积极推进受污染土壤的治理与修复示范。（7）培育壮大新能源、节能环保、新能源汽车等产业，形成以节能环保技术研发和总部基地为核心的产业集聚带。生态文明绿色城市规划的目的是改善生活质量、解决发展中的环境问题。

2020年1月1日起施行。这是首次以立法的形式，明确了珠海城市建成区绿化覆盖率不低于40%、绿地率不低于35%、人均公园绿地面积不低于15平方米，并对破坏园林绿化的违法行为设定了严格的法律责任。

珠海未来将持续从"打造生态防护屏障""加强环境保护与治理""创新绿色低碳发展模式"三方面协同建设粤港澳大湾区高质量生态文明评价体系，构建粤港澳大湾区高质量生态空间格局与绿色产业格局，推进粤港澳大湾区环境污染联防联治，建立大湾区一体化的生态环境质量监测联动体系与大湾区高质量生态文明建设的法律法规体系。在大湾区保持先进、特色立法优势，成为引领其他大湾区城市的示范，持续擦亮珠海绿色城市的特色名片。

（三）立足珠海借鉴国际都市制度

21世纪是"城市、区域间的竞争"，找到对标城市，不失为"他山之石，可以攻玉"的捷径。近年来，澳门特别行政区政府亦致力于推动各项环保工作，为构建绿色生态城市创设有利条件。澳门的许多措施值得紧邻澳门的珠海借鉴，并可充分发挥与澳门在大湾区中的协同作用。其具体措施主要是按序开展一系列改善空气质量及减废回收的政策措施。以处理不断攀升的大量固体废弃物为例，这是城市管理的当务之急，澳门特区政府推出回收胶樽、铝罐、铁罐以及纸类、废旧电池和电脑及通信设备等多项回收计划，在社区设置多个回收点，为居民实践减废、回收等环保行为创设更便利的条件，同时持续扩大厨余回收网络，收集酒店、机构、学校、家庭及食肆的厨余，加大向社会推广厨余回收力度，推动社会落实源头减废。此外，特区政府亦于2018年底完成编制《澳门固体废物资源管理计划（2017～2026)》，制定了澳门固体废物处理的短期、中期及长远规划。绿色发展、循环发展、低碳发展是建设生态城市的基本途径，上述措施均值得珠海参考借鉴。

新加坡是现代化花园式滨海城市，气候、地理位置均与珠海相似，新加坡的城市生态环境保护工作成就卓越：健全的环保法规体系、严格的绿化管理标准；生态城市规划与土地利用规划融合协调，健全的监测机制与严格的执法尺度；普及环保教育，提升市民环保意识，新加坡已连续十年成为亚洲最适合人居住的城市。新加坡成功的关键在于建立了预防、执法、监督、教育为一体的系统模式，体现在机构设置、法规体系、两规融合、产业转型、绿化行动、环境基础设施建设、自然资源保护、执法和监测、教育和宣传、政企合作等方面。

珠海立足既有生态文明建设基础，目前可借鉴新加坡的如下经验。

1. 理顺管理体制

新加坡将环境基础设施建设和环境保护职能同时置于环境及水源部，这一架构设置是新加坡生态环境保护和建设工作成功的基础。珠海可以在国家制度框架下，以环境基础设施建设和环境保护职能整合为目标，推进机构调整，优化整合环保、城建、城管、水利等部门职能，减少政府职能部门间的协调环节、协调成本，真正实现经济建设和环境保护的有效协同。

2. 持续完善法规体系，强化执法力度

研究制定具有可操作性的工作标准，使环境保护工作有法可依，同时加大监督力度，严格执法，是新加坡在环境建设与保护工作中最为成功的经验。在立法方面，珠海可以持续利用经济特区立法权和设区的市立法权，在国家相关法律法规框架下，力争使本地的生态环保法规更详尽、更具备可操作性。

新加坡的生态文明立法一直对标国际公约，2018 年新加坡气候行动年就以落实《联合国气候变化框架公约》通过的《巴黎协定》为内涵，同时立法鼓励科技创新进一步推动节能减排。新加坡也是少数把绿色建筑要求纳入立法的国家。除此之外，新加坡推动的《新加坡蓝色计划（2018）》旨在扩大生态海洋保护区，配合国际珊瑚礁年将多个外岛潮汐线下的海岸划定为海洋生物多样性保护区。新加坡对"绿色城市"与"蓝色海洋"美好愿景的擘画，值得珠海借鉴。

六　结论

以立法引领推动保障生态文明建设，珠海将持续聚焦构建以生态文明建设为核心的法规体系，精细化设计更具操作性的法规条款，以确保法规高质量执行；与此同时，珠海市坚持绿色发展、环保优先的理念，重视以人为本的立法宗旨，精细设计法规条款内容，确保法规的可执行性。要以国际视野审视珠海实际，借鉴新加坡等引领环保前沿的丰富经验，对标国际公约，理顺管理体制、完善法规体系、严格环境标准、完善规划管制、普及环保教育、提升全民环保意识、强化执法力度，将珠海打造成为践行新发展理念的现代化花园式滨海城市。

司法保障

Judicial Protection

B.3
香洲法院知识产权司法保护的
实践与展望

珠海市香洲区人民法院课题组*

摘 要： 为服务粤港澳大湾区经济建设、助力珠海打造法治化营商环
境，香洲法院利用知识产权审判"三合一"机制优势，从知
识产权审判工作的状况及特点出发，坚持"保护知识产权就
是保护创新"工作理念，从完善审判体制机制、强化知名品
牌保护、充分运用证据规则、诉讼保护措施、严厉惩治侵犯

* 课题组负责人：徐素平，时任珠海市香洲区人民法院党组书记、院长，三级高级法官；肖卫
红，珠海市香洲区人民法院审判委员会专职委员、一级法官。课题组成员及执笔人：肖卫红；
王梦辉，珠海市香洲区人民法院高新人民法庭庭长，一级法官；林碧娜，珠海市香洲区人民
法院审管办（研究室）副主任、一级法官；莫应裕，珠海市香洲区人民法院高新人民法庭副
庭长、一级法官；唐龙影，珠海市香洲区人民法院一级法官；廖新星，珠海市香洲区人民法
院二级法官；张梦颖，珠海市香洲区人民法院法官；邵珠倩，珠海市香洲区人民法院法官助
理；曾幸娟，珠海市香洲区人民法院法官助理。

知识产权犯罪、健全知识产权纠纷多元化解机制方面进行知识产权审判制度创新，同时引入人民陪审员、推进司法公开、加强队伍建设，全面提升知识产权审判能力，发挥知识产权的司法保护功能，激发社会创新发展活力。未来，香洲法院将依托智慧法院建设，进一步完善衔接机制，强化社会治理服务，净化知识产权市场环境，形成知识产权保护合力，以专业化的人才队伍打造知识产权审判香洲品牌。

关键词： 知识产权审判　司法保护　机制创新

在粤港澳大湾区建设大背景下，珠海市作为改革开放的前沿阵地，知识产权保护面临前所未有的机遇和挑战。2014～2018 年，珠海市香洲区人民法院（以下简称香洲法院）在市委、区委的领导及上级法院的指导下，全面落实"司法主导、严格保护、分类施策、比例协调"的知识产权司法保护原则，紧紧围绕"努力让人民群众在每一个司法案件中感受到公平正义"的目标，充分发挥知识产权审判职能，不断强化知识产权司法保护工作，创新审判机制，为促进珠海经济社会发展、打造粤港澳大湾区知识产权保护高地提供有力的司法保障。

一　香洲法院知识产权案件的基本特点

香洲法院利用知识产权审判"三合一"机制优势，履行知识产权民事审判、刑事审判、行政审判职能，充分发挥知识产权司法保护功能，全面提升激励创新和保障公平竞争的社会效果。2014～2018 年共受理知识产权一审案件 2363 件，其中民事案件 2317 件、刑事案件 44 件、行政案件 2 件。审结 2120 件，结案率 90%，其中调解、撤诉 784 件，调撤率 37%。知识产权一审案件收案量呈快速增长和持续上升态势。其中，2016 年受理案件数较 2015 年上升 73.3%，2017 年受理案件数较 2016 年上升 140%。经过四年的高速增长，2018 年收案数量较 2017 年仍略上升 8.9%。在不断增长的诉讼案件中，知识产权民事案件占比最高；知识产权刑事案件总量不多，数量逐年下降；知识产权行政案件较少，均为行政相对人不服工商行政管理部门作出行政处罚的诉讼案件。知识产权收案量的增长也反映了社会各界知识产权维权意识的增强，人们对知识产权保护的司法需求增长。

（一）涉案权利类型渐趋多样化、复杂化

香洲法院知识产权民事案件保护的基础权利以著作权和商标权为主，2014～2018 年香洲法院共受理著作权侵权纠纷案件 1552 件，约占知识产权民事案件的 67%；侵害商标权纠纷案件 667 件，约占知识产权民事案件的 29%；不正当竞争纠纷案件 45 件、知识产权合同纠纷和其他纠纷案件 53 件，约占知识产权民事案件的 4%。在所受理的知识产权民事案件中有 44 件涉外（含涉港澳台）案件。

随着技术进步、商业模式变化和市场竞争的深化，香洲法院近五年来受理案件涉及的权利类型逐步向多样化扩展，请求保护企业名称权、域名权、特许经营权和商业秘密的案件逐渐增多。一些案件涉及注册商标、企业名称与在先权利的冲突，还有一些案件不正当竞争行为与商标侵权等多种侵权行为相互交织。例如，原告新东方教育科技集团有限公司诉被告珠海新东方教育咨询有限公司侵害商标权及不正当竞争纠纷案中，原告既主张被告侵犯其"新东方"注册商标专用权，又主张被告的行为构成不正当竞争，而被告则提出企业名称的合理使用抗辩。原告珠海国佳新材股份有限公司诉被告佛山兵兵退热贴有限公司等侵害商标权及不正当竞争纠纷案中，原告拥有"兵兵"注册商标（退热贴），被告将"兵兵退热贴"注册为企业名称，并生产"兵牌""BingPai"退热贴，即涉及多种知识产权侵权行为。新类型案件的增多给香洲法院的审判工作带来挑战。

（二）批量维权比例大，知名企业规模维权现象常态化

香洲法院受理的著作权侵权纠纷案件中，绝大多数涉及音乐作品、摄影

作品、录像制品的著作权保护，主要为中国音像著作权集体管理协会、北京全景视觉网络科技股份有限公司、深圳市声影网络科技有限公司等作为原告起诉的系列案件。其中，仅中国音像著作权集体管理协会起诉 KTV 经营者的著作权侵权纠纷案件就达 757 件，占侵犯著作权案件的 48.8%。在商标侵权案件中，约 90% 为批量维权，所涉商品包括家用电器、电子产品、酒类、药品等。民事案件和刑事案件所涉及的商标既包括"格力""小米""美的""洁丽雅""长城""六神"等国内品牌，也包括"LV""西门子""CANON""惠普""百威"等国外品牌。这些品牌多数为著名或驰名商标，在国内外均具有相当高的知名度。越来越多的批量维权现象反映了品牌经济时代国内外企业对商标品牌价值的重视，企业争夺品牌市场份额的博弈持续升级，如中粮集团有限公司起诉侵害"长城"商标权纠纷系列案就比较典型。

（三）当事人主体类型多样化，个体户在商标侵权案件中占比较高

香洲法院受理的知识产权案件涉及主体广泛，有国外大型企业，也有国内大型公司；有知名企业，也有个体工商户；有私营企业，也有机关事业单位；有销售商，也有生产商；国外大型企业如"PARADIS"商标的权利人雅斯·埃内西有限公司（法国），国内知名公司如中粮集团有限公司等。纠纷主体类型的多样化反映了目前各行业知识产权保护意识较之于有形财产保护还有待进一步提升，企业的知识产权保护体系不完善，生产者缺乏产权保护和风险防范意识，终端零售商对进货来源未尽到审核注意义务等。

在商标侵权案件中，被诉侵权主体为有独立经营店面的个体工商户或个人等终端零售商的占85%。该类主体经营规模普遍较小，以临街商铺为主。经营者多数法律意识淡薄，欠缺证据意识，在进货时对产品标识、供货商资质疏于审查，签收的送货凭证多数为无章、无签字的"白单据"，未保留合法来源相关证据。举证方面如有瑕疵，会承担举证不能的法律后果，不能达到诉讼目的，因此，法院对于证据的采信尤为关键。

（四）涉互联网知识产权侵权诉讼和犯罪持续高发

随着网络链接、搜索和数据分享等技术的发展，网络具备传播范围广泛、手段便捷、传播成本低等特点，成为知识产权侵权行为高发的领域。香洲法院受理的网络知识产权侵权案件主要涉及下列类型：未经许可在网络上传播权利人的文学、音乐、摄影、影视作品等，利用网络交易平台销售侵权盗版制品以及带有侵权标识的商品，提供"深度链接"的网络服务，恶意抢注、仿冒微信公众号进行不正当竞争等。例如，原告飞狐信息技术（天津）有限公司诉被告珠海市魅族科技有限公司侵害作品信息网络传播权纠纷案，涉及手机自带的"视频"App 对涉案电视剧的在线点播服务及下载服务是否侵权，以及视频播放器服务提供商与搜索服务提供商共同实施搜索、链接侵权作品的行为性质应如何认定的问题。原告珠海某科技有限公司诉被告晋江市某网络科技有限公司不正当竞争纠纷案，涉及双方在微信平台上以其商号注册微信公众号和微信商城的竞争行为正当性认定问题。同时，涉网络商标侵权案件中，既有经营者通过电商平台销售假冒商品的传统商标侵权案件，也有经营者在网络平台进行宣传时使用他人商标的侵权案件。例如，2018 年珠海格力电器股份有限公司起诉侵害"格力"商标专用权的100 件案件中，被告多数利用网络实施商标侵权。这些案件技术含量越来越高，侵权行为的认定越来越复杂。

（五）知识产权犯罪罪名集中，犯罪对象广泛

由于侵犯知识产权犯罪案件涉及面广、专业性强、隐蔽性高、证据容易灭失、取证认证难等，知识产权刑事案件呈现如下特点。一是数量不多、总量下降，但涉案金额增大。案件受理数逐年下降，从 2014 年的 25 件下降到2018 年的 1 件，但个案涉案金额从数万元增大到近百万元。二是罪名高度集中，侵犯商标专用权案件最为突出，其中假冒注册商标罪和销售假冒注册商标的商品罪占总数的90%。由于利益的驱使和规制的缺乏，知识产权犯罪网络化特征也日益突出。例如，在销售假冒注册商标的商品犯罪中，有的

被告人通过网络发布广告，或者利用微信朋友圈等新兴网络平台实施销售行为，也有被告人利用电商平台和物流完成采购、销售全部交易过程。该类案件隐蔽性强，被告人实际销售金额的认定成为难点。三是犯罪对象多样化。知识产权犯罪行为所侵犯的对象以电子产品、手袋、酒、日用品为主，同时逐步扩展到汽车配件、电缆，乃至医疗器械等产品，对人民群众身体健康乃至生命安全造成极大威胁。例如，在假冒注册商标案件中，黑作坊加工制作白酒等危害民生类犯罪案件呈现高发态势。四是团伙作案较多，制假产业链条化现象明显。例如，在假冒名酒、硒鼓、手机等犯罪案件中，行为人回收旧物或者正品包装后，经过重新组装、灌装，加工后再次投入市场"以假乱真"，每个环节都有专人负责，互相分工配合，利用互联网形成"一条龙"制假售假链条，打击难度增大。

（六）知识产权行政案件数量少，涉及权利类型单一

中国对知识产权采取的是行政保护与司法保护并重的"双轨制"保护模式。在行政机关对知识产权侵权行为作出行政处罚决定后，知识产权行政相对人可以向人民法院提起行政诉讼。香洲法院审理的2件知识产权行政案件，均为行政相对人不服工商行政管理部门作出的商标侵权行政处罚提起的诉讼，没有涉及著作权、不正当竞争的行政案件。两起行政案件中，工商行政管理部门就原告商标侵权行为作出的行政处罚合法性得到了司法认定，原告提出撤销行政处罚决定的诉讼请求均被判决驳回。

二　香洲法院知识产权司法保护十项工作机制

随着知识产权纠纷日益频发，权利关系复杂多样，涉及领域日渐深广，知识产权侵权行为呈现链条化、网络化、复杂化等新特点，对知识产权审判的专业化、精细化、智能化、快速化提出了新的挑战，对法官的专业素质和综合能力提出了更高的要求。为切实提高知识产权审判质效，香洲法院紧紧围绕助力粤港澳大湾区经济建设这一主线，从知识产权纠纷的特点和规律出

发，优化知识产权司法保护机制，不断总结审判经验，积极探索多元解纷方式，创新审判机制，参与社会治理，完善知识产权保护统筹协调机制，营造知识产权保护的社会氛围，逐步形成香洲法院知识产权审判十大机制。

（一）完善知识产权"三合一"审判机制，发挥司法保护的综合效能

香洲法院作为广东省法院系统推进知识产权民事审判、刑事审判和行政审判"三合一"的基层法院试点单位，2014 年 9 月在高新技术企业密集的珠海高新技术产业开发区成立高新区巡回法庭，2015 年集中管辖珠海辖区内除专利、植物新品种、集成电路布图设计、技术秘密、计算机软件、驰名商标认定和垄断纠纷案件以外的一般知识产权民事案件，同时启动知识产权"三合一"审判机制。2017 年 9 月成立高新人民法庭，同时加挂知识产权审判法庭牌子，集中审理珠海市一审一般知识产权民事、刑事和行政案件（发生在横琴新区的知识产权案件除外）。"三合一"审判机制的建立，使知识产权审判工作有了更强的针对性，更加符合自主创新的发展需要。

为完善这一机制，香洲法院充分运用民事、刑事和行政三种审判职能，结合自身实际，优化配置审判资源，严格坚持政治标准和知识产权专业水平相统一的原则，精心挑选和培养了一批政治素质强、业务水平高的审判人员组建知识产权审判队伍，开展知识产权案件的审判工作。对于知识产权审判过程中发现的问题，香洲法院通过召开研讨会、个案通报等形式，加强与公安机关、检察机关以及知识产权行政执法机关的协调，力求形成保护合力，发挥整体保护效能。

（二）平等保护市场主体，营造尊重知识、鼓励创新的营商环境

珠海市是粤港澳大湾区建设的重要节点城市，也是实施国家创新发展战略的重要平台之一。香洲法院作为珠海市加强知识产权司法保护的主要阵地，在辖区和分管的工作范围内，对知识产权提供全面有效的司法保护，以更好地激励国有和民营各类市场主体实现创新驱动发展，更好地服务和助力

粤港澳大湾区经济建设。

在司法实践中，香洲法院一视同仁保护国有企业、民营企业和公民个人的知识产权，保护企业家的创新精神、创新成果。在维护著作者权益、保护知名品牌、规制不正当竞争、保护商业秘密等方面不断探索，通过缩短审理周期、加大侵权损害赔偿力度、推动非诉讼争议解决方式等手段，不断增强知识产权保护实效。与珠海市知识产权保护协会合作，搭建"以法兴企"沟通平台。围绕知识产权的维权现状、保护措施等问题，与珠海格力电器股份有限公司、丽珠医药集团股份有限公司、汤臣倍健股份有限公司等企业进行交流探讨，及时了解并回应涉高端装备制造、生物医药等领域的知识产权司法保护需求，为粤港澳大湾区科技创新和经济发展保驾护航。

（三）提高侵权赔偿额度，强化知名品牌保护

近年来，中国加大知识产权保护力度，修改和完善多部知识产权法律法规，尤其是大幅提高了知识产权侵权赔偿额度。在此背景下，香洲法院严格贯彻国家加强知识产权保护的政策，在注重保护竞争的同时，加大对侵害知名品牌行为的惩罚力度。例如，在格力、小米、泸州老窖等商标侵权纠纷案件中，对于存在生产、制造等行为的侵权人，判决赔偿数额往往在 10 万元以上，最高赔偿数额超过 50 万元。在原告珠海格力电器股份有限公司诉被告深圳世纪格力科技有限公司等侵害商标权纠纷案中，侵权人注册了与原告相似的企业名称，还使用与原告注册商标近似的商标，导致相关公众误认为其产品是原告的产品。香洲法院在查明事实的基础上，考虑到原告拥有的格力品牌的知名度、美誉度等因素，判决侵权人赔偿原告 60 万元的经济损失，通过加大侵权成本，让侵权人付出沉重的代价，使侵权赔偿数额与知识产权的市场价值相契合。

（四）充分运用证据规则，破解权利人"举证难"

知识产权权属、侵权案件的证据形式较一般民事诉讼案件有一定的特殊

性。按照中共中央办公厅、国务院办公厅《关于加强知识产权审判领域改革创新若干问题的意见》要求，香洲法院加强对证据披露、举证妨碍、优势证据等证据规则的运用。例如，在原告中国音像著作权集体管理协会诉被告KTV经营者系列案件中，在原告已提交正版光盘、被告否认原告拥有相关著作权的情况下，适时分配举证责任，向双方当事人释明应由被告进一步承担证明涉案音乐作品权利人的举证责任。

随着互联网侵权案件的增多，香洲法院在审慎评价时间戳认证方式的可信性、完善性和真实性的基础上，在一些案件中认可和采信时间戳认证取证方式，在方便权利人取证的同时，也减少了权利人维权成本的支出。在涉及侵权获利数额的认定中，由于相关财务资料等证据均掌握在被告手中，香洲法院根据原告的申请，采取责令被告限期提交证据等方式，减轻权利人的举证负担；在被告拒不提交相应证据的情况下，判决时酌情加重被告的赔偿责任。香洲法院还在指引当事人举证方面努力探索，鼓励和支持知道案件事实的证人出庭作证，以便更好地查明案件事实。

（五）加强诉讼保护措施运用，保障权利人合法权益实现

知识产权侵权行为方式的隐蔽性，给权利人取证带来了困难。香洲法院积极采取证据保全和依职权调取证据等措施，依法为权利人调取侵权行为和侵权销售数额的证据。在原告珠海博科电子科技有限公司起诉侵害商业秘密一案中，被诉侵权行为主要通过电子邮件的方式完成，而这些电子邮件均掌握在被告手中，原告无法取得。香洲法院根据原告的申请，及时采取证据保全措施，从被告的电脑中将相关电子邮件复制和固定。

为保障判决顺利执行，香洲法院根据权利人的申请，积极采取财产保全措施。知识产权侵权案件中，有的侵权人注册多家公司，并将侵权所获利益在多家公司流转。例如，在青岛金品格力电器有限公司被诉侵害商标权纠纷案中，香洲法院根据权利人的申请，及时对被申请人的多处房产、车辆以及银行账户进行了查封、冻结，防止被申请人利用其实际控制的多家公司转移侵权获利，逃避法律责任，确保当事人的胜诉利益能够实现。此外，针对部

分知识产权纠纷案件的侵权结果具有难以恢复原状的特点，香洲法院探索运用诉前禁令、诉中禁令的行为保全措施，避免因不及时制止侵权行为，给权利人带来不可弥补的损害，体现了行为保全对知识产权保护的及时性。

（六）加大刑事司法保护力度，严惩侵犯知识产权犯罪

为加大刑事司法保护力度，香洲法院组建专门的知识产权刑事案件审判团队，准确把握宽严相济的刑事政策，统一和规范知识产权犯罪刑罚适用的条件和标准，充分发挥刑事审判惩治功能。同时，加强与公安、检察机关在知识产权刑事司法中的交流协作，配合公安部门、工商执法部门，针对反复侵权、群体性侵权以及大规模假冒、盗版等行为，加大打击力度，遏制假冒盗版现象。在已审结的知识产权刑事案件中，共有80名被告人和6家企业受到刑事处罚，有力打击了知识产权犯罪。切实加大对假冒注册商标和侵犯著作权犯罪行为的打击力度，在依法适用主刑的同时，加大罚金刑的适用与执行力度，并通过追缴违法所得、收缴犯罪工具、销毁侵权产品等措施，从经济上剥夺侵权人的再犯罪能力和条件。

（七）实行繁简分流，健全多元纠纷化解机制

为优化配置司法资源、全面提升司法效能，解决案多人少的矛盾，香洲法院在知识产权审判中采用分类施策的办法，对案件实行繁简分流：将系列性、群体性或关联性案件原则上交由同一审判团队审理，同时根据不同知识产权案件的审理难度差异，将简单案件和复杂案件交由不同的审判团队审理，实现简案快审、繁案精审；对同类简单案件实行集中立案、排期、送达的集约化审理方式，在同一时段内对同批案件连续审理、宣判，推动类案快审；对涉及同类诉讼的批量案件实行示范诉讼方式，选取一个或数个具有示范意义的典型案件开庭审理，形成判例或者达成调解协议后，带动系列案件以和解方式高效解决。例如，在2018年审结的92件珠海格力电器股份有限公司起诉侵害"格力"商标案件中，通过个案示范处理，促成当事人达成调解意愿56件，调撤率达61%。

香洲法院多方联动，健全多元化解机制：对法律关系简单、具备调解基础的知识产权案件，依自愿、合法的原则，引导鼓励当事人选择非诉纠纷解决方式，加强诉前调解。出台《珠海市香洲区人民法院委派、委托调解办法》，在诉讼中引入特邀调解员参与调解，利用其常驻法庭的地缘优势、时机优势和人缘优势，拓宽纠纷化解的渠道和思路，提高纠纷化解的效率。仅2018年，特邀调解员参与诉中调解案件52件，调解成功26件。同时，有效发挥诉讼费用的杠杆作用，对当事人在开庭审理前自行和解并申请撤诉的，准予免交案件受理费。对开庭后当事人接受调解的，根据调解阶段、调解结果等，适当减免部分诉讼费用。完善诉调对接机制，加强与珠海仲裁委员会知识产权仲裁中心、工商局等部门的沟通联动，推动建立司法调解、人民调解、行政调解"三位一体"的调解格局，汇聚知识产权保护的合力。

（八）引入专家型人民陪审员，弘扬知识产权保护理念

知识产权案件的审判既要在个案中保护知识产权权利人的合法权益，又要在公众中宣扬知识产权保护理念。香洲法院引入专家型人民陪审员参与知识产权案件审理，发挥人民陪审员在司法审判中联系群众、熟悉群众、代表群众等方面的独特优势及其专业领域特长，协助法官解决审判中的专业性疑难问题。例如，在审理原告磊若软件公司（美国）诉被告珠海新华通软件股份有限公司侵害计算机软件著作权纠纷案中，引入具有计算机技术专业背景的人民陪审员组成合议庭，让人民陪审员在涉及专业问题的案件中发挥实质性的作用，既有利于法院查明技术问题，又增进了科技人员对法院裁判的理解，提高司法公信力，还在社会公众中传扬了软件著作权保护理念，营造尊重知识、保护知识产权的良好氛围，实现法律效果和社会效果的有机统一。

（九）深化司法公开，提升知识产权司法保护宣传成效

为增强社会公众的知识产权保护意识，提高知识产权司法保护的影响

力，彰显司法保护的权威和公正，香洲法院不断加强知识产权审判的宣传和司法公开工作。一是创新宣传方式，构建司法传媒立体矩阵。借助门户网站、微信公众号等平台，及时发布知识产权审判信息、典型案例及工作动态。开展"3·15国际消费者权益日""4·26知识产权保护宣传周"等系列宣传活动，对重大案件、创新经验做法等开展多层次、多角度的法治宣传。二是在北京理工大学珠海学院设立巡回法庭，定期开庭审理案件，加强法院法官与高校师生的良性互动，为大学生提供更多亲身接触审判实践的机会，实现司法宣传与法治教育的深度融合。三是多措并举，拓展司法公开的广度和深度。实行知识产权裁判文书上网公开，借力"互联网+"，对社会关注度高、在法律适用方面具有典型意义的知识产权案件进行网络庭审直播，主动回应社会关切。邀请人大代表、政协委员观摩关系群众切身利益、影响较大的知识产权案件庭审，并及时向代表委员反馈案件审判结果，着力构建开放、动态、透明、便民的阳光司法机制，让公正以看得见的方式实现。

（十）组建知识产权审判单元，提升知识产权审判能力和水平

为做好知识产权审判工作，打造一支正规、专业的知识产权审判队伍，香洲法院按知识产权审判工作需要和人员特点，对现有的4名法官和11名审判辅助人员（含法警）进行重组，组建了4个"法官＋法官助理＋书记员"的知识产权审判单元，全面落实司法责任，提升审判质效。法官除了承担繁忙的审判工作任务外，还积极参与调研和撰写论文，莫应裕法官审理的格力电器与志高空调侵害商标权纠纷案件被广东省高级人民法院评为"加强产权司法保护十大典型案例"，唐龙影法官撰写了《不正当竞争纠纷中竞争关系的判定》，参加全国法院第三十届学术讨论会，法官在调研中探讨理论实务难题，更好地把握审判执行规律，提升了法官化解复杂矛盾纠纷、维护社会公平正义的能力。

香洲法院还致力于培养知识产权审判人才。按照"青年导师"制度的要求对青年法官和法官助理进行"传帮带"，鼓励法官参加上级法院、知识

产权社团组织的知识产权实务培训班和专题研讨班。定期举办法官会议，共同学习探讨知识产权案件中的证据采信标准、法律适用、损害赔偿判定、裁判流程的优化等难点热点问题。学习运用司法大数据，充分发挥法信平台、中国裁判文书网等法律检索工具对办案的辅助性作用，促进法官队伍素质、审判质量和司法公信力的全面提升，形成优良的审判作风和工作氛围。

三　未来展望

上述工作机制在司法实践中发挥了良好作用，但技术创新日新月异、公众对知识产权保护需求不断增长，知识产权审判必须不断创新、与时俱进。为更加快速、妥善地化解知识产权纠纷，香洲法院依托智慧法院建设，不断提升审判效率，继续深化多元化解纠纷机制改革，充分利用社会各方资源，将知识产权审判融入综合社会治理服务，用专业化的审判队伍打造知识产权审判的"香洲品牌"，让每一个案件都能成为推动知识产权司法保护进步的力量。

（一）建立"开放式"调解模式，创新知识产权多元纠纷化解机制

与珠海（国家）高新技术产业开发区管理委员会（唐家湾镇）综合治理局联合设立高新知识产权调解中心，形成"委托调解、调诉对接、司法审判"相结合的知识产权纠纷处理新模式。建设知识产权案件诉调对接在线调解系统，为当事人提供便捷、灵活的知识产权纠纷解决路径。探索建立调解电子备案机制，将案件调解过程载入电子档案，在调解不成进入诉讼或调解成功申请执行时，方便法院通过电子备案迅速了解案情，从而缩短审查时间，提高审判效率，加快执行进度。借助香洲法院"一带一路国际商事调解中心香洲法院调解室"平台，充分发挥港澳籍调解员特殊优势，提升港澳人士对内地司法的参与度和认同感，促进涉港澳知识产权纠纷的妥善解决，为营造良好的营商环境提供司法支持，助力粤港澳大湾区建设。

（二）完善衔接机制，凝聚知识产权保护合力

加强与市场监督管理局、版权局、海关、公安经侦、检察院等部门的沟通，加大与知识产权保护协会、知识产权仲裁中心等社会组织的联系，推动建立全市知识产权保护联席会议制度。充分发挥知识产权保护协会集约运作模式和信息共享优势，加大知识产权保护宣传力度，强化企业维权援助，利用各行业协会管理和自律优势，推进知识产权信息公开，加强企业诚信监管，构建以信用为基础的新型市场监管机制，形成知识产权领域严重失信行为联合惩戒机制，提高法治化营商环境的"可感度"。

（三）加强社会治理服务，推动净化知识产权市场环境

创新法院参与社会管理的手段，有效运用司法建议，向当地党委、政府等有关单位和部门提出完善管理工作、健全规章制度的意见和建议。通过走访辖区企业，及时了解企业知识产权管理情况、侵权纠纷应对状况，回应企业对知识产权司法保护的实际需求，指导企业做好知识产权诉讼预警。积极参与各类研讨，针对审判工作中的新型、复杂、疑难问题，加强学习交流，加强与高等院校的合作，通过开设案例教程，发挥"校园法庭"的桥梁纽带作用；借助高等院校的理论优势，通过在校大学生驻庭跟班学习，强化理论与实践的有效结合。通过召开座谈会、开展巡回法庭活动等形式加强与人大代表、政协委员的沟通联络，增强法院司法公开的透明度。

（四）培养专业化人才队伍，加强履职能力建设

努力打造一支司法为民、公正司法的知识产权审判队伍。针对法官、法官助理、书记员、人民调解员的职业特点，以及知识产权审判在业务能力和专业知识上的高要求，大力开展系统化、专业化培训，着力提升法官庭审驾驭能力、法律适用能力和裁判思维能力；及时总结审判经验，加强对新型、复杂、疑难知识产权案件的调研及类案分析，提升司法能力。借鉴广州知识产权法院、广州市天河区人民法院的先进经验，合理构建知识产权案件审理

体系，加强知识产权审判经验总结，打造知识产权审判专业品牌。以实际需求为导向，加强与暨南大学、北京理工大学珠海学院等高校的合作，培育知识产权审判后备人才。

（五）以司法改革为推手，打造知识产权审判香洲品牌

以尊重知识产权、鼓励创新运用为导向，以司法改革为推动力，以破解权利人举证难、侵权损害赔偿难、维护公平竞争秩序三项重点工作为突破口，发挥诉讼保全措施的制度效能，加大对恶意侵权、重复侵权违法行为的惩治力度，规制各种不正当竞争行为，充分保障知识产权权利人的合法权益。及时总结各类知识产权案件的特点、证据采信标准、损害赔偿判定、法律适用、裁判流程等，研究制定商标权纠纷案件、著作权纠纷案件办案指引，统一裁判尺度，增强法律适用的稳定性和可预见性。树立精品案件意识，从裁判文书说理、裁判规则提炼等方面，扩大典型案件影响力，努力形成知识产权审判领域可复制、可推广的"香洲经验"，打造知识产权审判香洲品牌。

B.4
金湾法院在广东省内首推环保
禁止令的实践与探索

珠海市金湾区人民法院课题组*

摘　要： 珠海市金湾区人民法院在广东省首推环境保护禁止令，为珠海市生态环境提供制度保障。环保禁止令具有立即停止环境违法行为、预防环境损害扩大的优势，在提高环境保护效率的同时，也节省了行政执法和司法成本，有利于监督行政机关依法行政。鉴于环境案件的复杂性和专业性，法院在审查是否符合禁止令的申请条件时，需要综合考虑环境损害严重程度、被申请人主观恶性大小、因果关系等因素，更加谨慎地作出环保禁止令，同时也需提高法官的专业素质和审判技能。

关键词： 环境司法　禁止令　生态环境保护　金湾法院

一　环保禁止令出台的背景

生态环境是关系党的使命和宗旨的重大社会问题，也是关系民生的重大社会问题。党的十八大以来，以习近平总书记为核心的党中央深刻阐释了推进生态文明建设的重要意义，将生态文明建设和生态环境保护提升到新的高

---

* 课题组负责人：饶伟，珠海市金湾区人民法院党组成员、副院长、四级高级法官。课题组成员：程怡、吴作栋、吴郁郁、袁明亮、龚婧媛。执笔人：袁明亮，珠海市金湾区人民法院行政审判庭法官助理。

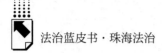

度。习近平总书记指出：生态兴，则文明兴；生态衰，则文明衰。要像对待生命一样对待生态环境①。

推进粤港澳大湾区建设，是以习近平同志为核心的党中央作出的重大决策，其建设的基本原则之一是绿色发展、保护生态。《粤港澳大湾区发展规划纲要》也明确指出，要大力推进大湾区生态文明建设，树立绿色发展理念，坚持节约资源和保护环境的基本国策，实行最严格的生态环境保护制度。

珠海作为最早的经济特区之一，与澳门陆地相连，与香港隔海相望，是粤港澳大湾区建设的重要节点城市，与澳门一起形成粤港澳大湾区的三极点之一，生态安全、环境优美是其重要发展目标。2018 年，珠海市环境保护局（以下简称"珠海市环保局"）开展了蓝天保卫战及多项环境专项执法行动，针对大气、水、土壤等环境污染案件作出行政处罚 200 宗以上，移送行政拘留 8 宗，移送涉嫌污染环境犯罪案件 12 宗，全年环境执法保持高压态势。但珠海市环境基础设施建设欠账较多，产业结构、能源结构调整优化仍有较大提升空间，水质水体问题亟待整治，土壤污染防控和修复工作处于起步阶段，环境管控能力仍有待提升，环境污染防治任务依然艰巨。

2019 年 6 月 6 日，珠海市金湾区人民法院（以下简称"金湾法院"）在广东省首推环境保护禁止令（以下简称"环保禁止令"），发布《珠海市金湾区人民法院环境保护禁止令实施办法（试行）》（以下简称《实施办法》），以制度为珠海生态环境提供保障。

二 环保禁止令制度概述

环保禁止令，是指法院依申请，针对正在发生的、不立即制止将产生严重后果，影响社会公共利益的环境违法行为，作出责令立即停止违法行为的司法措施。过去，环境权利受侵害人往往通过诉讼获得救济或者行政机关通过行政执法来保护公民的环境权，这都属于一种事后救济。而环保禁止令是

---

① 详见习近平总书记在 2019 年全国生态环境保护大会上的讲话。

法院对行政机关作出最终行政决定或者法院作出最终裁判前的环境违法行为所使用的一种临时性的新型环境司法措施。

（一）实施环境保护禁止令制度的必要性

环境行政执法或者司法程序的滞后性不足以高效保护环境。就环境行政执法而言，依据《环境行政处罚办法》，对环境违法行为的处理需经过以下程序：现场检查、立案、调查取证、审查、告知、处理、执行①。从立案至作出最终决定，复杂的案件需要 3 个月及以上时间。有的案件还需经复议、诉讼程序，起诉期长达 6 个月，加之 3 ~ 6 个月的审理期，直至裁判生效，耗时可能超过一年②。而根据珠海市环保局"行政权力事项清单"，环保行政部门仅有权实施过程性的行政强制措施，如查封生产设施等，但对最终的行政处罚决定没有强制执行权，必须申请法院强制执行。即从行政立案至行政处罚决定被执行或从环境民事立案至生效裁判被执行的这段"空窗期"内，并无有效措施可以阻止环境违法行为人继续实施环境违法行为，环境损害可能持续下去，并进一步扩大。环境保护迫切需要比传统行政执法和司法

---

① 珠海市环境保护局"行政权力事项清单"规定较为详细：（1）现场检查；（2）立案：对涉嫌违反环境保护法律、法规和规章的违法行为，进行初步审查并决定是否立案；（3）调查取证：对登记立案的环境违法行为，组织调查取证，制作现场询问笔录等材料，提出已查明违法行为的事实和证据、初步处理意见；（4）案件审查：依法对案件进行审查，对违法事实不清、证据不充分或者调查程序违法的，退回补充调查取证或者重新调查取证；（5）告知和听证：依法告知当事人有关事实、理由、依据和当事人依法享有的陈述、申辩权利；在作出较大数额的罚款和停业、关闭等重大行政处罚决定之前，应当告知当事人有要求举行听证的权利，并根据当事人的申请召开听证会；（6）处理决定：经审查对案件作出处理决定，制作行政处罚决定书；实行重大案件集体审议制度；（7）执行：对当事人逾期不申请行政复议、不提起行政诉讼，又不履行处罚决定的，申请人民法院强制执行。

② 《环境行政处罚办法》第 55 条规定，环境保护行政处罚案件应当自立案之日起 3 个月内作出处理决定。案件办理过程中听证、公告、监测、鉴定、送达等时间不计入期限。
《行政复议法》第九条规定，公民、法人或者其他组织认为具体行政行为侵犯其合法权益的，可以自知道该具体行政行为之日起 60 日内提出行政复议申请。
《行政复议法》第 31 条规定，行政复议机关应当自受理申请之日起 60 日内作出行政复议决定；但是法律规定的行政复议期限少于 60 日的除外。情况复杂，不能在规定期限内作出行政复议决定的，经行政复议机关的负责人批准，可以适当延长，并告知申请人和被申请人；但是延长期限最多不超过 30 日。（转下页注）

更加及时有效的措施，而环保禁止令更符合快速、灵活保护环境的实际需要。

（二）环保禁止令的优势

环保禁止令具有司法权威，以法院强制执行力为后盾，能迅速、有效地制止正在发生的环境违法行为，从而降低环境损害后果。

1. 具有立即制止环境违法行为的效力

实践中，环境违法行为人利用传统环境行政执法、司法的空窗期继续实施环境违法行为，更有甚者，擅自撕毁封条、恢复违法生产的情形屡见不鲜。而环保禁止令以法院的强制执行力为后盾，一经作出送达即产生强制被申请人立即停止环境违法行为的效力，法院还可对其不履行环保禁止令的行为进行处罚。相较于行政执法，法院的裁决更具有威慑力。据调查了解，重庆万州区法院对长江中下游地域的企业经营过程中污染环境的行为发出环保禁止令几十份，被申请人全部立刻停止环境违法行为，进行整改，无一被申请人提出异议。2016～2017 年，在河南环保三大攻坚战中，信阳市中级人民法院发出多份环保禁止令，全部令行禁止，甚至无一被申请人提出复议申请。环保禁止令立即制止环境违法行为的效力可见一斑。

2. 具有预防环境损害扩大的优势

传统行政执法与司法存在"空窗期"，且于环境保护而言，是事后补

（接上页注②）《行政诉讼法》第46条规定，公民、法人或者其他组织直接向人民法院提起诉讼的，应当自知道或者应当知道作出行政行为之日起六个月内提出。法律另有规定的除外。

《行政诉讼法》第81条规定，人民法院应当在立案之日起六个月内作出第一审判决。

《国民事诉讼法》第149条规定，人民法院适用普通程序审理的案件，应当在立案之日起六个月内审结。有特殊情况需要延长的，由本院院长批准，可以延长六个月；还需要延长的，报请上级人民法院批准。

《民事诉讼法》第161条规定，人民法院适用简易程序审理案件，应当在立案之日起三个月内审结。

《行政强制法》第53条规定，当事人在法定期限内不申请行政复议或者提起行政诉讼，又不履行行政决定的，没有行政强制执行权的行政机关可以自期限届满之日起三个月内，依照本章规定申请人民法院强制执行。

救。而环保禁止令能将环境保护时间提前至环境污染或环境破坏之前或者过程中，法院依申请提前介入环境案件，此时环境违法行为处于刚开始或持续状态，尚未造成更严重后果，法院便以环保禁止令的形式停止环境违法行为，把被申请人置于司法监管之下，防止造成或者继续造成环境污染与破坏。因此，环保禁止令具有填补环境行政执法与司法"空窗期"的效果，能预防环境损害扩大，充实环境预防保护体系。

（三）申请环保禁止令的条件及审查

1. 被申请人污染或破坏环境的行为持续存在并达到一定程度，且有证据证明

环境违法行为存在且在持续状态是申请环保禁止令的前提条件。鉴于环境污染或环境破坏的成因复杂，环境案件具有高度专业性，法院也非专门的检测机构，难以设定衡量环境污染或者环境破坏程度的可量化标准，并且情况紧急，因此关于环境污染或环境破坏的标准以社会通常观念来认定即可，即环境损害难以弥补（指需要花费大量社会公共资源来修复或无法修复）或者公民生命健康权遭受较大威胁。通过适当放低申请标准，以保护更广范围的公众环境权利。同时，申请人需提供证据证明有发出环保禁止令的必要，如环保行政机关已责令通知被申请人停止环境违法行为，而被申请人不停止。

2. 慎重审查权衡

基于环境案件的复杂性，在适当放低环保禁止令申请标准的同时，法官必须慎重审查，综合考虑申请人及环境所受损害的大小、能否补救，被申请人行为与环境损害或申请人所受损害的结果之间的因果关系，被申请人的主观恶性大小等因素，慎重考量是否必须发出环保禁止令才能使申请人的环境权利得以救济，然后作出是否发出的决定。

三　环保禁止令制度的预期效果

从其他法院的实践来看，环保禁止令预期有如下成效。

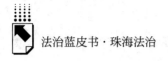
（一）环境违法成本增加，环境保护效率提高

相较于传统的环境行政执法和司法仅对环境违法行为作出处罚，环保禁止令增加了对不履行环保禁止令的处罚措施。法院对于拒不履行生效禁止令的，视情节轻重，可处以罚款、拘留，构成犯罪的，可依法追究刑事责任。环境违法成本提高，促使实施环境违法行为的被申请人自觉履行环保禁止令，从而能够避免环境污染或者环境破坏的进一步扩大，切实提高了环境保护效率。

（二）节省司法和执法成本

在传统环境行政执法和司法中，对环境违法行为的强制执行涉及被申请人及相关人员的切身利益，往往需出动大量的人力、物力，有时甚至需要与公安、司法所、消防、综治办、医院等多家单位协调沟通，联合执行，以防出现不可控事故。而从其他法院执行环保禁止令的反馈结果来看，环保禁止令发出后，绝大部分被申请人令行禁止，主动立即停止环境违法行为，避免了强制执行造成的大量资源耗费，同时也能有效避免可能造成的不良社会影响。

（三）有利于监督行政机关依法行政

环境保护不能仅有事后保护，更应从源头遏制环境污染或者环境破坏行为。环境遭受破坏，环保行政机关是否存在监管失职？安监、环保部门是否严格审查了污染企业的市场准入？同时，由于企业尤其是大型企业生产活动事关当地经济发展、社会公共利益，也关系到地方财税收入，地方政府的态度直接影响企业对环保行政执法的态度。环保行政部门或者地方政府可能对环境违法行为"轻拿轻放"，甚至置若罔闻。因此，环保禁止令制度的实施同时也是对行政机关行使职权的监督提醒，督促行政机关积极依法履行好市场监管及环境保护职能。环保禁止令制度的实施在一定程度上也能有效避免地方政府被污染企业经济税收贡献等非法利益绑架，监督行政机关依法行政。

四 金湾法院为实施环保禁止令采取的主要措施

（一）前期充分调研准备，精心制定《实施办法》

为制定切实可行的环保禁止令制度，金湾法院作了充分准备。一方面，与珠海市环保局多次座谈，了解珠海市环境保护状况、环境行政执法的整体情况、执法流程及执法困境；另一方面，学习云南、河南、重庆等地法院先行先试的经验做法，并争取上级法院的大力支持，在充分调研准备的基础上，金湾法院召开专门审判委员会，审议通过了《珠海市金湾区人民法院环境保护禁止令实施办法（试行）》，并于2019年6月6日公告施行。

金湾法院的环保禁止令制度与其他法院相比，在保护环境方面具有更为全面的优势。

1. 申请人范围扩大

河南、无锡等地法院将环保禁止令的申请人范围限于环保行政机关。考虑到环境问题并非仅关系一人或者几人的利益，环境污染影响的可能也不仅仅是行为发生地一处，有可能直接受害人尚未出现，或者受损害的人群不具体，或者没有能力提起诉讼。因此，金湾法院从保护环境的实际需求出发，将申请环保禁止令的主体扩大到负有环境保护管理职责的行政机关、环境民事诉讼的原告或利害关系人及环境公益诉讼的原告。

2. 申请环保禁止令的时间提前

无锡法院规定在环境案件立案后、审结前可申请环保禁止令，河南法院规定行政机关在向法院申请执行前可以申请环保禁止令。金湾法院则将利害关系人申请环保禁止令的时间提前到起诉前，行政机关则可以在申请非诉审查前提起。法院的提早介入更有利于及时制止环境违法行为，防止环境损害扩大。

3. 作出裁定的时间缩短

一般而言，作出准许环保禁止令裁定需要的时间越长，越不利于环境保护。有的法院规定在 9 个工作日内作出准许或者不准许的裁定并送达，有的法院对作出裁定时间没有限制①。金湾法院则规定，按照非诉执行程序裁定准许环保禁止令的必须在 7 天内作出，对于原告和利害关系人的申请，情况紧急的最快可在 48 小时内作出准许裁定。

（二）配备专业队伍

为更好地实施环保禁止令，金湾法院将环保禁止令的审查置于行政审判庭。行政审判庭拥有专业能力强、经验丰富、审判水平高的审判队伍。共有 3 个审判团队，其中法官 3 人，都从事法律职业十年以上，庭长为行政法博士在读，另两位法官为法学硕士学历；法官助理 4 人，3 人为法学硕士学历；书记员 3 人，本科及以上学历或法学专业毕业。另有院长、副院长等资深法官协助办案。

（三）加强信息宣传

为告知社会公众已出台保护环境的新举措，提高社会公众环境保护意识，强化社会公众和行政机关对环保禁止令的支持理解，《实施办法》制定后，金湾法院进行了广泛的宣传，将《实施办法》公告摆放在立案大厅，通过《羊城晚报》《珠海特区报》《广州日报》等报纸进行报道，还通过微博、微信公众号等网络平台进行宣传，多措并举，有效扩大环保禁止令的知名度和影响力。

五 展望：应对可能存在问题的解决方案

因颁布《实施办法》时间较短，金湾法院尚未收到环保禁止令的申请，

---

① 例如，濮阳市法院规定：受理法院应在 3 个工作日内决定是否立案……申请环境保护禁止令符合相关法律、法规以及本规定的，应在 3 个工作日内裁定准许申请人的申请并作出环境保护禁止令……作出环境保护禁止令后，应于 3 个工作日内送达申请人和被申请人；信阳市和中牟县法院对作出时间没有规定，仅规定应当及时进行审查、及时发出环保禁止令等。

但从其他地区的情况看，可能会遇到不少问题，如申请环保禁止令时可能存在申请内容错误，也可能因为错误发出禁止令而对被申请人造成损害。为此，必须未雨绸缪设计好应对问题的解决方案。

（一）法官运用释明权，防止申请环保禁止令的内容错误

环保禁止令依申请而作出，但如果申请人申请禁止被申请人实行的某一行为，经审查，法院发现需要禁止的是被申请人的另一行为，此时法院是否直接驳回环保禁止令申请，或是发出禁止令时直接更改禁止内容？以重庆万州区环保禁止令第一案为例，被申请人的豆腐作坊设置在居民楼下，使用原煤进行生产，直接排放粉尘等污染物污染环境，给楼上及相邻居民带来严重危害。忠县环保局于是向万州区法院申请环境保护禁止令，申请禁止被申请人从事豆腐加工经营活动。万州法院也是如此作出禁止令，并查封了被申请人的生产工具①。本案中，造成环境污染的是被申请人使用原煤的行为，并非生产豆腐的行为。如被申请人改用清洁能源进行豆腐加工制作，则不会有本案环境污染问题，亦无须被禁止。即本案中应被禁止的是被申请人使用原煤进行生产的行为，直接禁止其从事豆腐加工经营活动欠妥。

因此，关于环保禁止令禁止的行为内容，在以申请人的申请为依据的同时，也要以污染损害环境的行为为限。环保禁止令的目的是禁止环境损害行为，不能武断地采取一刀切的禁止令做法。法院在审查时发现申请人申请环保禁止令的内容错误，应主动向申请人释明，如申请人改正申请内容，则依改正后的申请进行审查，并作出裁定，否则应驳回申请人的环保禁止令申请。

（二）引入听证、担保和复议制度，防止错误发出环保禁止令

由于环境保护案件的特殊性，且大多情况下环境保护的情势紧急，为防止错误发出环保禁止令，金湾法院引入了听证和担保制度，并且发出环保禁

---

① 资料来源：重庆万州法院发出首个公益环保禁止令，http：//legal. people. com. cn/GB/188502/17332426. html，最后访问时间：2019 年 9 月 21 日。

止令后，还赋予被申请人申请复议的权利。听证和复议是为了给予被申请人陈述、申辩的机会，有利于保障被申请人的权利。担保制度的引入则是为了确保减少恶意申请及降低依当事人申请错误发出禁止令时给被申请人造成的损失。环境民事诉讼的原告申请环保禁止令时，法院可以责令申请人提供担保，利害关系人在诉前申请环保禁止令的，必须向法院提供担保。行政机关或者检察院错误申请环保禁止令导致被申请人损失的，被申请人可以申请国家赔偿。考虑到环保公益组织无固定经费来源，经费也只能用于环境公益事业，不可提供担保或者赔偿，公益组织在错误申请环保禁止令给被申请人造成损失时赔偿问题难以解决，因此法院在审查是否发出环保禁止令时，必须更加谨慎，明确审查内容和审查程序。

另外，环境类案件具有复合性高、专业性强、技术性强的特点，环保禁止令仅是临时性措施，最终仍需加强对审判人员的培训，培养专门环境审判人才，进一步提升法官的环境司法能力和素质，实现环境审判专业化。

生态治理，道阻且长，行则将至①。良好的生态环境是最普惠的民生福祉，法院有必要也有责任为建设良好的生态环境尽责尽力。金湾法院将在环保禁止令的执行、实施机制的健全方面继续努力，在发挥司法的能动作用的同时，建立协调配合机制，形成立法、行政、司法和社会保护联合治理。金湾法院也将牢固树立和践行"绿水青山就是金山银山"的理念，坚持用最严密的法治、最刚性的执行保护生态环境、推进生态文明建设，使大湾区天更蓝、山更绿、水更清、环境更优美！

---

① 资料来源：详见 2019 年习近平总书记在世界园艺博览会开幕式上的讲话。

B.5
检察机关提起公益诉讼之珠海实践

珠海市人民检察院课题组*

摘　要： 珠海市检察机关切实担负起"公共利益代表人"的角色，在生态环境和资源保护、食品药品安全、国有土地使用权出让、国有财产保护等领域集中发力，依法办理了一批公益诉讼案件，成效初显，维护了国家利益和社会公共利益，也为珠海探索创新社会治理模式、深入推进依法行政和加快法治政府建设贡献了检察力量。但实践中仍面临社会参与不足、案件范围集中、工作机制匮乏和人才培养滞后等问题，未来亟须进一步扩大对外宣传、完善工作机制、拓宽监督领域、加强队伍建设，以更好地推动检察公益诉讼这项改革行稳致远。

关键词： 检察公益诉讼　诉前检察建议　珠海实践

一　改革动因和背景

检察机关提起公益诉讼制度，或称检察公益诉讼制度，是指对损害国家利益和社会公共利益的民事违法行为或行政违法行为，由检察机关根据法律授权向人民法院提起诉讼的制度。根据被诉对象的不同又可分为民事公益诉讼和行政公益诉讼。该制度进入公众视野并被提上改革议程的重要动因，在

---

　* 课题组负责人：向少良，珠海市人民检察院党组成员、副检察长。课题组成员：王振、罗成。执笔人：罗成，珠海市人民检察院副科长，检察官。

于避免现代诉讼制度下出现公众权利真空的问题；同时，也是为了实现司法权对行政权的有效监督和制约。在司法实践中，环境污染、食品安全等涉及公共利益受损的案件时有发生，因没有直接利害关系人，社会组织起诉资格受限且诉讼能力不足，导致缺乏适格主体提起公益诉讼，不法分子逍遥法外，公共利益难以通过司法渠道得到救济。在行政执法实践中，因某些行政机关"乱作为、慢作为、不作为"致国家利益和社会公共利益受到侵害或有侵害风险的案件，由于公民、法人和其他社会组织没有直接利害关系，在法律未授予公益诉权的情况下，没有资格也无法提起公益诉讼。司法实践和行政执法实践迫切需要发挥检察机关作为国家法律监督机关的优势，切实担负起"公共利益代表人"的角色①。

党中央和习近平总书记高度重视、亲自决策部署检察机关提起公益诉讼这项重大改革举措，这项改革完整经历了"顶层设计、法律授权、试点先行、立法保障、全面推进"五个阶段，已成为全面深化改革的典型样本②。2015 年 7 月 1 日，全国人大常委会授权最高人民检察院在广东等 13 个省份开展公益诉讼试点工作。试点期间各地检察机关依法办理了一大批公益诉讼案件，积累了丰富的案件样本，制度设计得到了充分检验。2017 年 7 月 1 日，全国检察机关开始全面实施这项新的制度。

二　办案实践及成效

自 2017 年 7 月全面开展公益诉讼工作以来，珠海市检察机关根据法律授权在生态环境和资源保护、食品药品安全、国有财产保护、国有土地使用权出让等领域集中发力，全面履行公益诉讼职能，依法办理了一批公益诉讼

---

① 2019 年 9 月 11 日，习近平总书记在向第 22 届国家检察官联合会年会发的贺信中指出："检察官作为公共利益的代表，肩负着重要责任。"这一新的角色定位赋予了检察机关法律监督权新的重要内涵。

② 引自最高人民检察院张雪樵副检察长在 2018 年 3 月 2 日"检察公益诉讼"专题新闻发布会上的讲话。

案件，积极推动珠海检察公益诉讼工作破冰前行，成效初显，得到了上级检察机关和珠海市委的充分肯定。截至 2019 年 12 月，全市检察机关共立案办理公益诉讼案件 133 件，包括行政公益诉讼案件 118 件、民事公益诉讼案件 13 件。其中，生态环境和资源保护领域 84 件，食品药品安全领域 16 件，国有土地使用权出让领域 27 件，国有财产保护领域 6 件。共向行政机关发出诉前检察建议 84 份，全部实现三个 100%（即 100% 回复、100% 采纳、100% 落实），督促有关部门清理固体废物 7 万余吨、处理闲置土地 76 万平方米、治理排污点 13 处、关停污染企业 14 家。提起刑事附带民事公益诉讼 8 件，已作出一审判决 4 件，检察机关全部胜诉且诉讼请求得到法院全部支持，判处被告赔偿公益损失 660 多万元。

（一）聚焦美丽珠海建设，擦亮国家生态文明城市名片

为助力美丽珠海建设，珠海市检察机关集中办理了一批生态环境和资源保护类公益诉讼案件。这类案件包括以下方面。一是在整治黑臭水体方面，针对市人大代表和周边居民反映强烈的黑臭水体露天直排前山河问题，市检察院依法发出诉前检察建议，督促生态环保部门迅速疏通排污管道，及时解决了居民生活环境困扰。二是在清理生活垃圾方面，针对杨某等人在本市非法倾倒、填埋垃圾一案，市检察院及时启动诉前程序，督促生态环保部门共清运垃圾 7 万余吨，避免垃圾造成二次污染，得到广东省人民检察院充分肯定，并作为典型案例在全省推广经验做法。三是在守护海洋环境方面，针对珠海市入海排污口底数不清、非法设置、部分漏查、排放超标等突出问题，市检察院督促生态环保部门加强事前、事中、事后监管，全面清理、整治非法或设置不合理的入海排污口，及时消除近岸海域环境污染隐患。四是在保护生态资源方面，香洲区人民检察院对凤凰山失火案的责任人依法提起刑事附带民事公益诉讼，请求判令其赔偿生态林植被恢复费用 471 万元，诉讼请求全部获法院支持。五是在打击非法排污方面，斗门区人民检察院对倾倒危险废物的李某某依法提起刑事附带民事公益诉讼，请求判令其承担环境损害赔偿金 110 万余元，诉讼请求得到法院全部支持并当庭宣判。同时，斗门区

院针对污水直排、非法养殖等环境违法行为发出了 7 份诉前检察建议，督促相关部门依法履职，严格执法，彻底关停了 7 家污染企业。珠海市检察机关在办理以上生态环境和资源保护领域公益诉讼案件的实践中，通过立案调查，发出诉前检察建议，督促相关行政机关主动履职纠错，取得了良好的法律效果和社会效果，打造了珠海"生态检察"品牌。

（二）关注民生首要诉求，保障千家万户舌尖上的安全

民以食为天，食以安为先。为保障千家万户舌尖上的安全，珠海市检察机关密切关注民生首要诉求，积极部署开展"保障千家万户舌尖上的安全"检察公益诉讼专项监督活动。一是在保障生猪产品安全方面，斗门区人民检察院对生产、销售近万吨病死猪肉的蓝某某等 8 人依法提起刑事附带民事公益诉讼，诉讼请求得到法院全部支持，8 名被告被判处十倍惩罚性赔偿金共计 60 多万元和公开赔礼道歉。检察机关在该案中首次提出适用从业禁止令的建议获法院采纳，得到最高人民检察院的充分肯定，并向全国检察机关推广。在农业农村部公告珠海主城区发现非洲猪瘟疫情后，珠海市检察院立即组织办案力量深入市场调查，发现部分售卖场所销售无检验检疫标志的生猪产品，遂对市场监管单位发出诉前检察建议督促其加强巡查执法，问题生猪严禁流入市场。二是在保障疫苗接种安全方面，市检察院在长生疫苗事件爆发后及时主动介入，有效督促市疾控部门和食药监部门严格执法，加强监管和防控，确保疫苗接种安全，及时回应民生关切。三是在保障婴幼儿食品安全方面，香洲区人民检察院发现辖区内多家商店存在销售进口婴幼儿食品、保健品没有中文标签和中文说明书的情形后，迅速向市场监管部门发出检察建议督促其查处此类违法行为，守护了摇篮里的食品安全。珠海市检察机关通过开展"保障千家万户舌尖上的安全"检察公益诉讼专项监督活动，推动有关部门建立完善食品安全监管长效机制，有效促进了"健康珠海"制度建设。

（三）围绕全市中心工作，提高土地节约集约利用水平

为帮助有关职能部门解决好公益受损问题，珠海市检察机关自觉践行

"双赢多赢共赢"监督理念,紧紧围绕全市中心工作,广泛摸排线索,主动介入监督。2018年,根据市政府将"清理闲置用地"列为年度重点工作的有关部署,市检察院积极开展公益诉讼调查工作,全面筛查全市供地两年以上超期未开工的工业用地情况,发现多宗工业用地因企业因素导致使用效益低、长期闲置问题,向国土部门发出了5份诉前检察建议,督促其调查核实土地闲置原因,并对用地企业闲置土地的行为依法进行处置。国土部门在收到建议后加大闲置土地处置力度,采取征收土地闲置费、协议收回土地等方式,对涉案的76万多平方米闲置土地予以妥善处置,大大提高了节约集约用地水平。其中保税区某公司闲置的38万余平方米工业用地,由于公益诉讼检察监督的主动介入,积极促成政府予以收回,并按新调整后的建设规划用于城市配套功能,以发挥更重要的用途。这一系列案件的成功办理,直接助推政府顺利推进"清理闲置用地"这项重点工作,充分体现了检察公益诉讼监督在保障粤港澳大湾区建设和推动珠海"二次创业"等方面具有不可替代的促进作用。

(四)着眼群众反映热点,促进完善政府投资决策机制

国有财产属于全民所有,受到法律保护。为杜绝一些行政机关在政府投资方面出现"拍脑袋决策"现象,保护国有财产不流失,珠海市检察机关敢于亮剑,主动啃"硬骨头"。例如,珠海有轨电车首期项目建成通车后因技术不成熟、反复出故障等问题一直饱受诟病,加之首期项目建设在主城区的繁华路段,市民反映强烈。有轨电车是否继续营运以及二期、三期还要不要建设等问题备受社会关注。为助力政府彻底解决这个悬而未决的"老大难"问题,市检察院勇于担当、主动出击,依法启动公益诉讼诉前调查程序,并向市委进行专题报告寻求支持,找准问题症结所在,之后果断立案,依法向有关职能部门发出诉前检察建议,督促其依法履职,认真总结经验教训,及时挽回国有财产损失,防止类似现象再度发生。市检察院还本着"事要解决"原则,在发出检察建议后及时跟进监督,给予支持协助,推动相关职能部门合力解决问题。通过主动做好诉前沟通工作,相关职能部门对检察机关公益诉讼工作给予认可,态度也由最初的消极对待转变为积极配

合，最后全部采纳检察建议。同时，相关职能部门也积极履职纠错，出台整改措施共计 16 项，并组织对有轨电车后期线路规划进行公开评估，修订完善了政府项目投资决策机制，避免国有财产流失。本案的办理取得了良好的政治效果、法律效果和社会效果，得到珠海市委的高度评价。实践证明，通过加强诉前沟通和实施精准监督，检察机关与行政机关在共同参与解决社会治理难题中可以实现良性互动、同频共振。

（五）强化外部协作配合，打造共建共治共享社会治理格局

做好检察公益诉讼工作，不能仅靠检察机关单打独斗，必须多措并举，让职能部门、企业和社会公众都参与进来，扩大社会影响力。珠海市检察机关用好监督智慧，讲究办案策略，通过诉前加强沟通协调、精准发出检察建议等手段促进行政机关履职纠错，用最少的司法资源获得最佳的办案效果，既维护了国家和社会公共利益，又防止因办案扩大而对政府形象造成负面影响。一是主动报告工作。公益诉讼是检察工作的一项重要改革措施，市检察院专门向市委报告公益诉讼检察工作开展情况，得到市委主要领导的全力支持和高度评价。二是建立协作机制。市检察院与市监察委员会共同签署了《珠海市监察委员会、珠海市人民检察院加强公益诉讼协作配合实施办法（试行）》，通过建立案件线索互相移送机制，增强了法律监督刚性；并与市生态环境局等 7 个行政机关共同签署了《关于加强协作配合　推进公益诉讼工作的实施办法》，就联络协调、信息共享、调查取证、技术支持等方面建立起工作机制，形成公益保护合力。三是有效借助外脑。公益诉讼是一项专业性很强的工作，涉及的行业法律法规庞杂，市检察院创新办案机制，在全省率先聘请了一批各行业专家和热心公益人士担任特邀检察官助理，协助检察机关办理公益诉讼案件。四是做好宣传推广。通过召开专题新闻发布会，通报公益诉讼检察工作情况，利用"两微一端"新媒体平台开展对外宣传，派发检察公益诉讼宣传手册，提高公益诉讼在群众中的知晓度；通过开通"12309"检察服务热线，出台《公益诉讼案件线索举报奖励办法》，选派检察官去海岛普法宣讲，提高群众对公益诉讼的参与度。

三 现实问题与展望

改革是一项长期、复杂的系统工程，不可能一蹴而就，改革的每一步实质性举措都会遭遇"体制性"的障碍或难题①。检察机关提起公益诉讼改革亦然，在具体实施过程中往往旧的问题解决了，新的问题又会产生，所以制度总是需要不断完善的。当前，珠海检察公益诉讼工作才刚起步，虽然取得阶段性成效，但与党和人民的期待还有不少差距，在实践中仍面临诸多现实问题需要逐步加以解决。一是社会参与不足。检察公益诉讼工作离不开党委的领导、人大的监督、政府的支持，离不开行政机关的理解配合及社会各界和人民群众的共同参与。当前，检察公益诉讼工作总体上呈现"内热外冷"的局面，外界普遍对检察公益诉讼缺乏了解，参与积极性不高，行政机关对检察机关开展公益诉讼工作仍有顾虑甚至抵触，配合主动性不强，给检察机关收集线索、调查取证等办案工作开展带来了不少困难。二是案件范围集中。根据法律规定，检察公益诉讼的案件范围包括生态环境和资源保护、食品药品安全、国有财产保护、国有土地使用权出让和英烈保护五大领域，但目前检察机关办理公益诉讼案件主要集中于生态环境和资源保护、食品药品安全两大领域，其他三大领域的案件数量偏少。三是工作机制匮乏，办案数量是衡量检察机关是否履职的重要指标。目前，珠海检察公益诉讼工作发展仍不平衡，办案规模与珠三角城市相比还有差距，原因就在于工作机制不够健全，没有整合内外资源形成工作合力，导致案件线索来源较少。四是人才培养滞后，公益诉讼是一项新的检察业务，具有很强的政策性、专业性、复杂性，所涉及的部门法规庞杂，对办案人员的能力素质提出了更高的要求。目前，珠海市检察机关公益诉讼办案人员在办案思维、调查能力和证据意识方面还有待转变和提高，对某一领域、某一行业的知识储备仍有欠缺。

检察公益诉讼是党和人民赋予检察机关新的历史使命，也是检察机关开

---

① 马长山：《新一轮司法改革的可能与限度》，载《政法论坛》2015年第5期，第3~4页。

创法律监督新局面的重要发展机遇。展望未来，检察公益诉讼前景可期、大有可为。检察机关必须抓住这一历史机遇，坚持以人民为中心的发展理念，聚焦法律监督主责主业，敢于担当，勇于探索，为更好地推动检察公益诉讼这项改革行稳致远提供更优的路径选择。

（一）进一步扩大检察公益诉讼社会影响力

针对社会参与不足的问题，珠海市检察机关在加大办案力度的同时，也要创新方法手段，采取有效措施，为检察公益诉讼工作开展营造良好的社会氛围和舆论环境。一是转变监督理念，检察公益诉讼制度设计初衷是为了实现检察权对行政权的监督和制约，但必须深刻认识到监督与被监督只是法律上、工作中分工不同、职能不同，检察机关与行政机关并不是"零和博弈"而是共赢关系，特别是"两反"转隶后①，检察监督不能再靠被监督者对权力的敬畏，而必须要靠监督者的能力和智慧。因此，检察机关应当以"双赢多赢共赢"的监督新理念引领办案工作，以问题为导向，实施精准监督。二是注重诉前沟通，加强与行政机关的沟通协调。检察公益诉讼工作的根本出发点还是为了推动行政机关解决一个领域、一个方面、一个时期的社会治理难题，与行政机关的目标是一致的，都是为了实现对公共利益的最大保护，只有主动加强诉前沟通，才能打消对方顾虑，增进相互理解，化解办案阻力。三是加大宣传力度，充分运用微电影、专题片、报刊网站、"两微一端"等新载体和平台，多渠道、多手段、全方位宣传好检察公益诉讼工作，扩大社会影响力，引导更多行政机关、单位、社会组织和广大人民群众理解、认可、支持并参与检察机关开展公益诉讼工作，营造良好的社会氛围。

（二）进一步完善公益诉讼办案一体化工作机制

针对工作机制匮乏的问题，珠海市检察机关要强化组织领导，建立完善

---

① "两反"转隶：是指国家监察体制改革后人民检察院的反贪污贿赂、反渎职侵权职能转隶至监察委员会。

一体化工作机制推动办案。一是完善内部协同机制，各检察业务部门主动融入"全市一盘棋"工作格局，刑事检察、民事检察、行政检察和公益诉讼部门在信息共享、案件协查、出庭应诉等方面要加强协同配合，形成各有侧重、齐抓共管的检察公益诉讼工作大格局。二是完善外部协作机制，要注重检察公共关系建设，主动向党委、人大汇报工作，与监察机关、行政机关、审判机关在线索移送、调查取证、提起诉讼、执行监督等方面加强沟通协调，凝聚公益保护合力。三是完善上下联动机制，要借鉴检察机关侦查一体化机制，积极探索和推行公益诉讼上下一体化办案机制，加大对基层检察院的业务指导和统筹协调力度，对重大疑难复杂案件，可采取交办、提办、督办等方式，把好方向、排除阻力、提供保障。四是完善案件考评机制，要对标司法责任制改革要求，建立完善公益诉讼办案工作考评和激励机制，并将公益诉讼案件纳入案件质量评查范围，实现办案数量、质量、效率、效果的有机统一。

（三）进一步拓宽检察公益诉讼的监督领域

针对案件范围集中的问题，珠海市检察机关要坚持以公益为核心，以问题为导向，进一步拓宽监督领域，将公益诉讼工作放在全市工作大局与检察工作全局中去谋划。一是明确办案工作重点，要紧紧围绕全市经济社会发展大局精准发力，加大国有土地出让和国有财产保护领域的办案力度，服务保障珠海"二次创业"和粤港澳大湾区建设战略实施。二是抓好专项监督活动，要注重结合珠海"海域广、海岛多、海岸线长"的地域特点，因地制宜地深入开展"守护海洋"检察公益诉讼专项监督活动，打造精品案例，丰富案件样本。三是开辟新的监督领域，要及时回应民生诉求，积极稳妥地对人民群众反映强烈、政策有明确要求的诸如安全生产、大数据安全、个人信息保护、互联网侵权等侵害公益的新领域进行个案探索，实现对公益的最大保护。

（四）进一步加强公益诉讼专业化队伍建设

针对人才培养滞后的问题，珠海市检察机关要切实加强公益诉讼人才选拔和业务培训工作，立足办案实践，打造专业队伍，促进专业能力的养成。一是设立专门机构，结合检察机关内设机构改革要求，市检察院应单独设立公益诉讼办案部门，基层检察院也要设立专门的办案组。二是选优配强办案力量，优化内部人力资源配置，调整有侦查、批捕、起诉等办案经验的骨干检察官和检察辅助人员，进一步充实公益诉讼办案力量。三是强化岗位练兵，遵从人才成长规律，围绕调查取证、出庭起诉等业务开展岗位练兵和素能培训，边办案、边学习，通过实战练兵提高办案水平。四是强化办案保障，全市检察机关在人员经费和技术装备等方面应当对公益诉讼工作予以一定倾斜，同时积极争取相关部门的支持，在条件允许的情况下抓紧建立公益诉讼基金账户和公益诉讼专家库，为检察公益诉讼办案工作提供必要的经费保障和强大的智力支持。

B.6

依靠检察建议提升社会治理法治化效能

——以珠海市斗门区人民检察院为样本

珠海市斗门区人民检察院课题组*

摘　要： 针对检察建议落实过程中存在的一些问题，斗门区人民检察院将检察建议作为提升社会治理法治化效能的重要抓手，不断探索检察建议在内容与方法上的创新，既注重制发检察建议类型的多领域及广泛性，又重视检察建议作用的发挥，成为推进平安斗门、法治斗门建设的一道亮丽风景线，体现检察担当。

关键词： 检察建议　法治化　平安斗门　法治斗门建设

一　检察建议的发展沿革及优势

检察机关是法律监督机关。而检察建议是人民检察院依法履行法律监督职责、参与社会治理、维护司法公正、促进依法行政、预防和减少违法犯罪、保护国家利益和社会公共利益、维护个人和组织合法权益、保障法律统一正确实施的重要方式①。换言之，检察建议就是检察机关行使法律监督权的有力"抓手"。

---

* 课题组负责人：韩树军，珠海市斗门区人民检察院党组书记、检察长。课题组成员：李国斌、蔡涌杰。执笔人：蔡涌杰，珠海市斗门区人民检察院检察官助理。

① 详见 2018 年 12 月 25 日最高人民检察院第十三届检察委员会第十二次会议通过、2019 年 2 月 26 日起施行的《人民检察院检察建议工作规定》第二条。

1978 年检察机关恢复重建之后，检察建议作为检察机关履行监督权的重要方式参与到社会治安综合治理中，检察建议的适用范围也不断扩大，逐渐涉及刑事诉讼、监所检察以及侦查活动、审判活动的监督。从 1995 年《检察官法》首次明确使用"检察建议"一词，到 2009 年，最高人民检察院制定《人民检察院检察建议工作规定（试行）》，明确了检察建议的概念、适用范围、制发主体、制定程序等内容。2012 年修订的《民事诉讼法》和 2014 年修订的《行政诉讼法》首次从国家立法层面将检察建议列为检察机关履行诉讼监督职责的重要方式，确立了检察建议制度，检察建议成为检察职能发挥作用的新引擎、新动能。2018 年修订的《人民检察院组织法》专门增加了检察建议作为人民检察院行使法律监督职权的一种方式的规定，并明确了对人民检察院依法提出的检察建议，有关单位应当予以配合，并及时将采纳检察建议的情况进行书面答复。2019 年 2 月，最高人民检察院发布了新修订的《人民检察院检察建议工作规定》，对检察机关制发检察建议的类型和适用范围进行了明确的划分，为检察建议工作的规范有序开展提供了更加明确具体的依据。

检察建议制度顺应了中国全面推进依法治国的战略部署，检察建议被上升到立法层面，从诉讼领域走向广阔的社会领域。首先，从节约司法资源效能的角度来看，启动检察建议较为便利，程序成本较低，且对法益损害具有预见可能性，如行政公益诉讼诉前检察建议就是最好的"代言人"；其次，从治理范围和治理效能的角度看，检察建议能满足法治建设的更高要求，具有突破检察机关常见监督领域（诉讼领域）走向广阔的社会领域的天然优势；最后，检察建议兼具形式多元化和内容针对性，更为社会所理解和接受，治理范围具有较大的社会包容性，涉及刑事、民事、行政、公益保护等不同领域，契合"四大检察"全面协调充分发展的要义，是实现检察监督独特价值的重要方式。

二　制发检察建议存在的普遍性问题

近年来，各地检察机关充分发挥职能，运用检察建议推动有关部门建章立制、堵塞漏洞、消除隐患，取得了良好的治理效果。纵观检察建议的发展实践，尤其是从司法责任制改革以来检察工作运行情况来看，检察机关制发检察建议还存在一些普遍性问题。

一是检察建议作为柔性监督，不具备司法或行政强制力。若被监督单位不接受检察建议，检察机关没有强制性、约束性措施。二是检察建议类型较为单一，多半是围绕个案中反映的违法情形发出检察建议，对于类案和普遍性社会治理问题的检察建议相对较少，深入调研总结的不足。三是个别检察机关基于考核指标要求，强调制发检察建议的数量而忽视质量，制发水平参差不齐。部分检察建议局限于案卷材料，描述问题多用"管理不到位""制度不完善""责任心不高"等概括性、模糊性语言，法律条文简单罗列，释法说理不够，提出的对策措施也缺乏针对性。四是检察建议发出后，存在"发出就了事"的思想，对检察建议的落实情况缺乏后续跟踪监督，导致检察建议的回复和采纳情况不佳。五是个别被监督单位或行业对检察建议存在抵触情绪，落实检察建议过程中有时敷衍了事、推诿拖延。

三 斗门区人民检察院适用检察建议的实践

近年来，珠海市斗门区人民检察院针对检察履职过程中发现的涉及不同对象、场所、领域或者行业监管中的管理漏洞，不断丰富检察建议，既注重检察建议类型的多领域及广泛性，又重视检察建议作用的发挥，助推治理体系和治理能力构建。2018年1月至2019年12月，斗门区人民检察院共发出检察建议62份，均已被相关单位采纳且整改完成，实现了双赢多赢共赢的监督效果。从类型上看，制发的检察建议主要包括以下四类。

（一）纠正违法的检察建议

根据《人民检察院检察建议工作规定》第九条的规定，纠正违法检察建议主要适用于对人民法院审判和执行活动中的违法问题以及公安机关、刑罚执行机构等的执法活动中具有普遍性、倾向性的违法问题进行监督。其本质上属于检察机关履行诉讼监督职能的重要体现之一，与司法办案密切相连。自 2018 年 1 月开展扫黑除恶专项斗争工作以来，斗门区人民检察院办理了全市首宗涉黑案件——罗某等 32 人组织、领导、参加黑社会性质组织案，针对办案过程中发现存在重大涉黑恶势力犯罪线索遗漏等情况，主动延伸检察职能，就办案中发现的管理漏洞及时向公安机关制发检察建议书，明确指出公安机关在综合执法、市场治理、队伍建设等方面存在的疏漏，提出了强化重点行业、领域监管整治，加强立体化、信息化社会治安防控体系建设，加强队伍廉政和履职能力建设，合力共建等治理防范意见。公安机关收到检察建议书后高度重视，立即制订整改方案并付诸实施，并及时将整改落实情况回复检察机关，有效发挥了法律监督职能，效果良好。

（二）关于再审的检察建议

检察机关发现冤案错案，向法院制发再审检察建议是落实审判监督的重要途径，缓解了检察机关仅能以抗诉作为审判监督方式、县（区）基层检察院无二审抗诉权的尴尬局面，破解抗诉周期长、程序过于复杂的弊病。斗门区人民检察院受理的一起在押服刑人员控告申诉案件，办案人员本着对法律负责、对申诉人负责的精神，及时调取该案相关案卷，认真审查核实，经依法立案复查，发现原审生效判决刑期计算错误，遂向原审法院发出再审检察建议，在检察建议中摆明案件事实、罗列法律条文、释法说理，建议法院按照审判监督程序对案件重新审判。法院采纳再审检察建议，依据法定程序及时对该案重新审理，并依法改判，将被告人刑期从有期徒刑十二年改为十一年，及时维护了申诉人的合法权益。检察机关通过发出再审检察建议启动审判监督程序，用法治思维和法治方式办理案件，守护法治精神，提升法治化效能，努力让人民群众在每一个司法案件中都感受到公平正义。

（三）公益诉讼的检察建议

检察官作为公共利益的代表，肩负着重要责任。当前，检察机关紧紧围绕百姓关注的公共利益痛点、难点持续发力，通过制发公益诉讼检察建议，提出具有针对性和可操作性的改进措施，要求有关部门及时整改，确保国家和社会公共利益得到有效维护。行政公益诉讼诉前检察建议（以下简称"诉前检察建议"）的制度设计符合诉前实现维护公益目的的最佳状态目标，也是新时代检察机关维护国家和社会公共利益的最好例证。斗门区人民检察院在履职中发现辖区某镇的 3 家五金加工厂在生产过程中将未经环保处理的污染气体及生产污水直接排放的案件线索，依法快速启动诉前调查程序，以"发现受损事实—追踪违法主体—锁定责任单位—核查履职情况"的责任倒查模式为脉络制订方案，采取"无人机航拍、现场巡查走访、查阅行政执法档案"等方式展开外围调查取证，经调查 3 家加工厂均未按照环评备案要求建设相关污染处理设施，严重污染周边大气、水体、土壤等生态环境，影响周边群众生活，此前环保部门虽已查处并要求整改，但加工厂拒不整改仍继续违法生产，事情竟不了了之。环保部门明显存在怠于履职而导致国家和社会公共利益持续受损的情形。检察机关在查清事实和固定证据后，依法向环保部门发出诉前检察建议，提出及时监测评估、依法查处、跟踪监督等 3 项合法合理、切实可行的工作建议，督促其依法正确履职。环保部门接受并采纳检察建议，通过安排现场摸底、开展联合执法、邀请检察现场监督、反馈处理结果、持续跟进监督等方式整改落实完成，并以此形成长效环境执法工作机制，共同守护蓝天绿水青山，实现双赢多赢共赢的社会治理法治效能。

斗门区人民检察院在办理行政公益诉讼案件过程中，采用以诉前程序为主、诉讼程序为辅的办案理念，逐步形成两者结合的办案模式，在工作中采取摸底调查、现场走访、调取行政执法档案等方式查明事实、固定证据，在发出诉前检察建议之后，又运用沟通协调、督促整改落实、持续跟踪监督的方法，使绝大部分案件都在诉前阶段得以有效解决，真正体现了检察机关开展公益诉讼工作"起诉不是最终目的，而在于促进依法行政，有效保护公益"的本质。

（四）社会治理的检察建议

社会治理检察建议强调对社会层面突出问题的直接治理，检察建议的接受对象主要是各类社会组织和社会团体、基层群众自治组织以及企业等主体。社会治理既涵盖了对社会整体治安环境的综合评价，又强调营造法治化营商环境、服务保障民营经济、加强未成年人保护等多领域不同层面的具体问题治理。斗门区人民检察院主要从服务保障企业健康发展、护航未成年人健康成长等方面入手提出检察建议，不断提升社会治理法治化水平。

第一，针对企业自身预防违法犯罪方面管理不到位、一定时期企业内部某类违法犯罪案件频发高发等情况，向涉案的被害企业制发检察建议，助推企业强化风险防范。比如：在办理一起员工监守自盗案中发现，犯罪嫌疑人利用企业内部员工身份，在获知企业物资管理存在安全漏洞的情况下，与外部人员里应外合，"大摇大摆"偷盗企业物资，致使涉案企业财产利益受损。针对以上问题，斗门区人民检察院及时制发检察建议书，向该企业提出5点具体建议：调整完善企业物资管理机制；加强物资管理安全保卫措施；适时采取人员岗位轮换；增强企业内外联动机制；开展员工岗前法治教育，强化员工法治意识等。涉案被害企业收到检察建议书后，充分采纳建议并针对企业管理中存在的问题及时整改，健全法治化运营管理模式，强化财务、人员管理风险防范，有效填补了管理漏洞。此案是检察机关运用检察建议帮助企业增强风险防范意识、推动提升社会治理法治化效能的具体实践。

第二，认真落实最高人民检察院一号检察建议（以下简称"一号检察建议"）精神，根据最高人民检察院向教育部反馈的当前校园管理四个方面的问题①和提出的三点建议②，多举措推动"一号检察建议"落实落细。斗

---

① 具体内容：一是校园安全管理规定未严格执行，存在制度虚化现象；二是落实校园安全管理责任不到位，个别学校存在瞒报虚报情况；三是教职工队伍管理不严格，存在重业务、轻师德问题；四是儿童和学生法治教育、预防性侵害教育缺位。
② 具体内容：一是进一步健全完善预防性侵害的制度机制；二是加强对校园预防性侵害相关制度落实情况的监督检查；三是依法严肃处理有关违法违纪人员。

门区人民检察院结合办理的未成年人遭性侵案件，向存在管理漏洞的教育主管部门和相关学校制发检察建议，提出了深入开展预防性侵安全教育、定期安全排查、建立协同合作机制等3项具体建议，努力从源头上预防性侵犯罪。为进一步加强"一号检察建议"精神落实，联合区司法局、教育局、相关学校等17家单位召开落实联席会议，共同研究加强校园安全保护、预防学生性侵害等工作举措。针对实践中存在的问题，主推以常规普法教育为主、预防性侵教育为辅的多元化普法模式。推动建立健全预防性侵害未成年学生、幼儿园儿童违法犯罪机制，强化校园安全建设，实现保护未成年人健康成长的社会治理法治效果。

四　斗门区人民检察院检察建议提升社会治理法治化的成效

运用检察建议提升社会治理法治化效能，是主动适应新时代人民群众对检察工作更高要求的具体举措，也是检察机关立足司法办案参与社会治理创新的有力抓手。斗门区人民检察院通过这一抓手，在法治建设大框架下有效提升了社会治理法治效能。

一是推动提升了社会治理水平。通过提出检察建议促进解决一个方面、一个领域、一个时期辖区执法司法管理工作、机制和导向问题，不断提高执法司法管理能力，保持良好的监管和执法司法氛围，助力斗门辖区社会治理水平提升、社会治安环境得到有效净化。

二是规范了司法行为。斗门区人民检察院积极履行诉讼监督职责，针对确有错误的生效判决，依法提出再审检察建议，督促启动再审程序；针对公安司法机关在执法司法活动中的违法行为及时提出检察建议，督促及时纠正违法，有效维护了司法公正。

三是促进了依法行政。斗门区人民检察院通过检察建议督促行政机关依法正确履行职责，增强了行政机关履职纠错的主动性积极性，有效地促进了依法行政，实现法律监督的双赢多赢共赢。

四是预防和减少了违法犯罪行为发生。斗门区人民检察院通过办案及时发现相关单位在预防违法犯罪的制度和管理方面存在的漏洞和隐患，深入分析原因，提出对策建议，促进相关部门完善制度、弥补漏洞、消除隐患，督促行业主管部门加强和改进管理监督工作，从而有效预防和减少了违法犯罪行为发生。

五是保护了国家和社会公共利益。斗门区人民检察院积极履行公益诉讼职能，针对生态环境和资源保护、食品药品安全、国有财产保护、国有土地使用权出让等领域负有监督管理职责的行政机关违法行使职权或者不作为，致使国家或者社会公共利益受到侵害的情况，及时依法提出检察建议，督促行政机关依法履职，有效保护了生态环境，保障和改善了民生，为国家挽回了经济损失，保护了国家和社会公共利益。

五　未来展望与建议

斗门区人民检察院运用检察建议，在提升社会治理法治化效能方面进行了积极探索，取得了良好成效。未来，将进一步提升检察建议质效，使检察建议适应治理体系和治理能力现代化需求。

（一）提高检察建议质量，注重专业性

制发检察建议不在多，而在精、准、实。把问题指得精准，解决建议问题有法有据、合情合理，并具有可行性和操作性，让被监督单位从心底里服气、打心眼里接受。

一方面，检察机关要强化服务大局意识，不能就案办案，要深入剖析案件反映的带有普遍性、倾向性的问题以及管理漏洞，努力做到办理一案、治理一片。例如，针对当前涉黑涉恶违法犯罪从传统行业向新兴行业扩张的趋势，检察机关要及时向有关主管部门提出完善行业制度建设、强化重点领域监管等建议，预防和减少新型涉黑涉恶违法犯罪滋生蔓延。针对个别金融监管部门不履行职责，怠于监管或造成国家和公共财产重大损失的情况，要积

极运用检察建议督促主管部门依法履职，严惩滥用职权、玩忽职守等职务犯罪，释放从严惩治的强烈信号。

另一方面，检察机关要充分运用调查核实权，通过实地勘察、调取卷宗材料等方式，全面收集完善检察建议的相关证据，确保提出的问题有事实支撑和法律依据，提出的建议符合实际、有针对性，特别是对疑难、复杂和专业性较强的问题，要主动向相关领域专家咨询或邀请专家进行论证，确保检察建议的专业性。

（二）完善建议程序构建，推动检察职能发展

第一，立足实际，完善建议构建程序。检察机关可根据实际情况，在《人民检察院检察建议工作规定》的基础上制定一套符合工作实际的科学的检察建议程序构建方法。遵循早期制度化、中期规范化、后期程序化这样一个循序渐进的发展过程，从案件线索的发现、筛选、立案，到审查调查，再到检察建议的制定、发送，最后收到复函、评估（启动"回头看"）、执行、结案等过程，开展阶段流程监控，细化初查—核查—立案—调查—制定—发出—（执行）—结案—（回头看）—（论证复核）这一连续的流程。对于需要较长时间整改的问题，可设立阶段性目标，并进行阶段性评估。总之，制定可操作性强的程序，实现全流程管理，及时掌握检察建议发出后的动态信息，对制发的每一个检察建议的采纳、回复、落实情况及其原因，定期总结分析，切实加以整改，不断优化检察建议自身质量，提升治理效果。确保规制权力的正确运行，确保检察建议的生命力，满足社会对公权力运行公平、透明化的法治需求，促进相关问题的解决。

第二，以点带面，有序拓宽监督内涵。以检察建议的规范化建设作为有序拓展检察职能的一剂良方，不断深入挖掘检察监督的内涵，积极稳妥拓宽检察监督领域，持久提升检察监督效能，扩大检察监督的社会影响。检察建议规范化作为拓展检察监督的杠杆和支柱，督促有关单位不断强化自我管理、自我完善、自我规范，切实增强遵法守法意识，提升社会服务能力，减少违法犯罪等现象发生。

（三）创新工作机制，增强检察建议效能

第一，运用外部力量，增强建议监督实效。国家治理体系现代化构建过程中遇到的阻力，特别是社会治理法治效能提升这一难题，绝不是依靠司法机关一方就能解决的，更多的是需要多个治理方协同化齐抓共管。检察建议要在新时代取得新发展，就必须跟上新时代脚步，充分借助外力。譬如，根据案件情况将必要的检察建议报送党委、人大、政府及被监督单位的上级主管部门，增强检察建议的严肃性，倒逼高效整改。

第二，释法说理，提升司法温度。检察建议注重释法说理的关键在于理念创新，认真贯彻"双赢多赢共赢"的监督理念。一方面，构建监督机关与被监督单位"协同化监督"机制，在沟通过程中，强调制发检察建议的必要性，说明检察建议的立法本意，紧扣案件事实，阐释适用法律的理由。检察建议的内容要反复推敲，确保合法、规范、具有操作性。另一方面，针对被监督单位可能存在疑问或者未能形成高度共识的问题，全力做好预案，加强说理，尤其是对证据采信、案件事实认定、法律适用等予以充分论述，做到入情、入理、入法，实现法理情三者的有机统一，以获得被监督单位认同，促进问题有效整改。

第三，主动作为，提供"送后服务"。借鉴督察"回头看"行动经验，破解现阶段因检察建议自身刚性不足而导致的监督乱象，避免检察建议"只改不发""一发了之""敷衍、虚假整改"的局面出现。检察建议发出后，在两个月的回复期限内，既要常联系多沟通，又要在跟进和督促的同时，及时了解相关部门的法治需求，突出法治治理效能。在收到整改回复后开展不定期抽查，把检察建议"回头看"看成"看病抓药"后的"复查"。同时，建立落实情况专项报告制度，针对被监督单位整改落实多次①仍不到位、不回复不落实、拒不接受、屡纠屡犯等情况，定期报告党委、人大，通过共同督办的方式提升整改实效。

---

① "多次"此处的整改次数应视具体情况的处理难度来定，建议在对应的督改机制中予以明确。

（四）导入社会化监督，推动共同治理

在检察建议规范化建设过程中，社会化监督也值得拓宽探索。未来工作中，斗门区人民检察院将结合本地工作实际，学习借鉴上海市崇明区人民检察院出台的《开展检察建议公开宣告工作的规定》①，从以下三个方面努力突出社会化监督方式：一是把检察建议的"文来文往"形式变成当面公开宣告，赋予宣告仪式感，场所特定化，体现检察建议的权威性；二是邀请人大代表、政协委员、特邀检察员和市民代表共同参加宣告，以此引起社会关注；三是扩大检察宣传，结合检察建议文书上网进一步深化检务公开，以便人民群众进行监督。

---

① 施坚轩：《让检察建议监督更具刚性》，《上海人大》2018 年第 9 期，第 40 页。

B.7
珠海市检察机关实施认罪认罚
从宽制度调研报告

—— 以珠海横琴新区人民检察院办案实践为视角

珠海横琴新区人民检察院课题组 *

摘　要： 珠海市检察机关积极稳妥开展适用认罪认罚从宽工作。在准确及时惩治犯罪、强化人权司法保障、优化司法资源配置、提升诉讼质量效率、完善多层次刑事诉讼程序体系等方面积累了一定经验，取得良好效果，彰显了制度活力。针对工作过程中遇到的问题，横琴检察院着力在完善值班律师制度、健全被害人权益保障机制、拓宽案件适用范围等方面狠下功夫，努力打造落实认罪认罚从宽制度的"横琴样本"，为全省乃至全国司法机关提供新鲜经验。

关键词： 认罪认罚从宽制度　横琴检察院　社会治理

2018年10月26日颁布实施的修改后的《刑事诉讼法》确立了认罪认罚从宽制度，这是一项重大的司法制度变革，贯穿于刑事诉讼全过程，适用于侦查、起诉、审判各个阶段。认罪认罚从宽制度作为一种宽宥的刑事政策的制度设计，是中国新一轮司法体制改革迈向深水区的重要司法实践。落实

---

* 课题组负责人：周利人，珠海横琴新区人民检察院党组书记、检察长。课题组成员：曾命辉、黄立明、丁莹莹、史月迎。执笔人：丁莹莹，珠海横琴新区人民检察院检察官助理；史月迎，珠海横琴新区人民检察院检察官助理。

好认罪认罚从宽制度，有利于及时有效惩治犯罪，维护社会和谐稳定；有利于落实宽严相济刑事政策，加强人权司法保障；有利于优化司法资源配置，提升司法公正效率；有利于深化刑事诉讼制度改革，构建科学的刑事诉讼体系。

检察机关为促进社会治理体系和治理能力现代化贡献"法治智慧"和"检察担当"。在适用认罪认罚从宽制度中，检察机关主导协商过程，决定是否对犯罪嫌疑人进行认罪认罚从宽协商，并向法院提出量刑建议；人民法院"一般应当"采纳检察机关指控的罪名和量刑建议。根据最高人民检察院工作报告，2018年度全国办理的认罪认罚从宽案件中，检察机关建议适用认罪认罚从宽程序审理的案件占98.3%，量刑建议采纳率96%。

一　珠海市检察机关适用认罪认罚从宽制度办案情况

2018年10月26日认罪认罚从宽制度开始实行，截至2019年6月，珠海市检察机关共办理认罪认罚从宽案件151件190人，均为一审案件，占同期一审案件总数的5.31%。其中，提起公诉106件140人，占同期提起公诉案件的4.91%；不起诉35件39人，占同期不起诉案件的7.25%。

从适用程序看，适用认罪认罚从宽的案件，大多采用速裁程序和简易程序，减少庭审流程，缩短庭审时间，从而有效节约了司法资源。2018年10月26日至2019年6月，珠海市检察机关办理的认罪认罚从宽案件中有92件124人已经起诉且经开庭审理，其中适用速裁程序12件13人，占13%；适用简易程序74件78人，占80.4%；适用普通程序6件33人，占6.5%（见图1）。

从案件类型分布看，适用认罪认罚从宽的案件大多案情较为简单，法律关系较为清晰，疑难复杂案件适用认罪认罚从宽制度的仍然不多（见图2）。2018年10月26日至2019年6月，珠海市检察机关办理的认罪认罚从宽案件中，危险驾驶类案件115件115人，占76.2%；偷越国（边）境类案件9件9人，占6%；走私普通货物、物品类案件5件11人，占3.3%；盗窃类

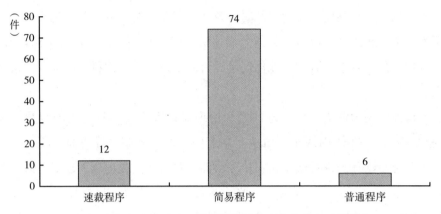

图1 珠海市检察机关适用认罪认罚从宽案件庭审适用程序

案件5件7人，占3.3%；故意伤害类案件4件6人，占2.6%；开设赌场类案件2件29人，占1.3%；其他11件。

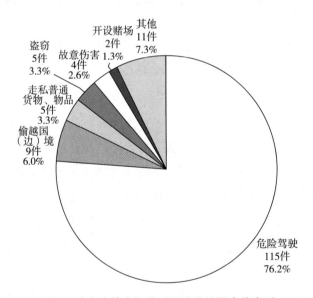

图2 珠海市检察机关适用认罪认罚案件类型

从强制措施的适用看，2018年10月26日至2019年6月，珠海市检察机关办理认罪认罚从宽案件中，适用拘留、逮捕强制措施的117人，占62.2%；取保候审的有71人，占37.8%（见图3）。

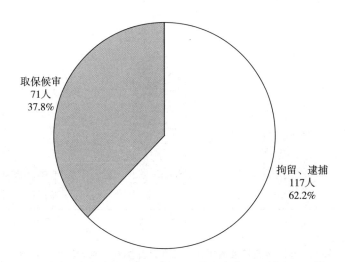

图3 珠海市检察机关适用认罪认罚从宽案件强制措施适用情况

从结案期限看，2018年10月26日至2019年6月，适用认罪认罚从宽案件审查起诉环节的办案期限大大缩短，一半以上案件可以在一个月内办结。其中，10天内办结的占20.1%，10~20天办结的占18%，20~30天办结的占27.3%，30天以上办结的占34.5%（见图4）。一审环节的审理期限也随之缩短，目前已作出一审判决63件94人，其中10天内办结的18件19人，占28.6%；10~20天办结的36件39人，占57.1%；20天以上办结的9件36人，占14.3%；无上诉或抗诉案件（见图5）。

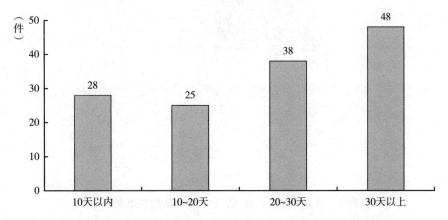

图4 珠海检察机关适用认罪认罚从宽案件审查起诉阶段用时情况

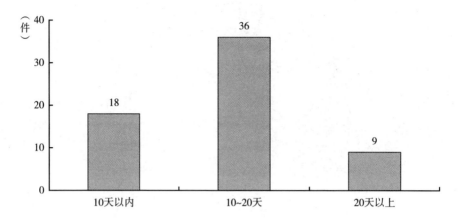

图5 珠海检察机关适用认罪认罚从宽案件审判阶段用时情况

从案件处理结果看，2018年10月26日至2019年6月，对适用认罪认罚从宽案件，检察机关作相对不起诉处理的38人，占20%；起诉至法院的106件140人，法院已作出一审判决的93人，均是三年以下有期徒刑、拘役、缓刑、单处罚金或免于刑事处罚（见图6）。

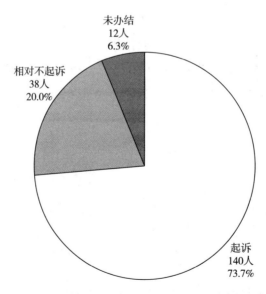

图6 珠海检察机关适用认罪认罚从宽案件结案情况

二 横琴检察机关的做法及成效

珠海横琴新区人民检察院（以下简称"横琴检察院"）于 2018 年 11 月 26 日向横琴新区人民法院提起公诉的陈某某偷越边境一案，系珠海市检察机关适用认罪认罚从宽制度并建议法院适用速裁程序审理的第一案。横琴检察院在适用认罪认罚从宽制度方面做了有益探索。

（一）优化诉讼结构，启用法律援助工作站

一些犯罪嫌疑人、被告人往往不具备法律常识，对案件及认罪认罚从宽的实体和程序后果缺少客观准确的理解和把握，需要律师提供专业的法律帮助。为积极推行认罪认罚从宽制度，保障犯罪嫌疑人、被告人权益，2019 年 3 月 7 日，珠海市人民检察院与珠海市司法局联合下发了《关于在全市检察机关设立法律援助工作站的通知》，明确在全市检察机关设立法律援助机构的原则及操作性要求。2019 年 7 月 15 日，"珠海市横琴司法所驻珠海横琴新区人民检察院法律援助工作站"正式启用，为横琴检察院进一步推进认罪认罚从宽制度开展打下良好基础。

（二）完善配套措施，保障"权益无损"

2018 年 11 月 20 日，横琴检察院与横琴镇司法所签订了《关于落实检察办案环节值班律师制度工作衔接的会议纪要》，就值班律师的设置和资格审查①、值班律师的安排与考评②、值班律师阅卷权利等重点问题进行了规范。在规范推行一段时间后，一批素质高、业务好的值班律师被选拔参与认

---

① 例如，明确值班律师的资格审查由司法部门把关，司法所根据律师的政治素质、职业道德水准、业务能力、执业年限等因素确定法律援助值班律师人选，确保派遣律师具有法律从业资格，确保被开除公职或被吊销律师、公证员执业证书的不得担任值班律师。

② 为督促帮助律师切实履行帮助职责，横琴检察院在办理案件过程中，如实记载值班律师履职情况并形成书面材料，在值班律师完成工作后，向司法所提交值班律师法律帮助情况反馈表，司法所根据反馈情况对值班律师工作进行考评。

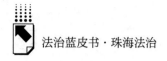

罪认罚从宽案件审理，为犯罪嫌疑人、被告人提供优质的法律帮助，进一步保障了犯罪嫌疑人、被告人的合法权利。

（三）规范办案行为，提升办案质效

为确保认罪认罚从宽制度精神得到真正体现，横琴检察院对认罪认罚从宽案件严把案件质量关，以证据为中心，坚持严格的证据审查标准，建立健全各项办案机制，规范办案行为。承办检察官在法定期限内力争缩短办案期限，减少羁押适用、缩减羁押时间，防止由羁押时间决定量刑结果，避免出现"刑期倒挂"等问题，有效提升了办案质量和效果，使认罪认罚从宽犯罪嫌疑人心服口服，判决后上诉率和抗诉率均为零，真正实现案结事了人和，达到法律效果和社会效果统一。

（四）探索精准化量刑建议，构建"精准标尺"

为推进认罪认罚从宽制度精准化量刑建议工作全面展开，横琴检察院以横琴地区高频"类案"为视角，结合具体个案办理，在梳理历年案件判决情况的基础上，通过座谈会、研讨会等多种形式与法院交换意见，力争科学全面掌握近年来高频类案量刑尺度。

横琴毗邻港澳，妨害边境秩序案件较为多发，横琴检察院及时、主动与横琴新区人民法院重点就偷越边境类案适用认罪认罚从宽制度进行讨论，在量刑建议方面，统一了办理此类案件主刑、附加刑的计算方法。精准化的量刑建议对落实《刑事诉讼法》要求，激励犯罪嫌疑人及时认罪、真诚悔罪发挥了至关重要的作用。

（五）简化办案程序，节约司法资源

为创新办案机制，提高办案效率，横琴检察院制作了系列本地文书模板，以进一步简化办案程序：一是在告知犯罪嫌疑人履行相关义务时一并告知其权利，实现了犯罪嫌疑人权利义务告知书、认罪认罚从宽告知书和法律帮助告知书的"三书合一"，告知时犯罪嫌疑人仅需签署一份文书即可，简

化告知环节。二是制作表格式案件审查报告。横琴检察院办案人员选取偷越国（边）境犯罪等案件证据类型及材料，制作相对固定的简化版表格式案件审查报告，改变了通常的叙述性审查报告格式。

横琴检察院通过不断优化工作衔接、简化诉讼流程，实现双赢多赢共赢。横琴检察院审查起诉认罪认罚从宽案件时，大部分案件不同程度地缩短了办案期限，全部认罪认罚从宽案件做到"零延期"和"零退查"，庭审平均用时缩短至 30 分钟以内，大部分案件做到当庭宣判，不仅有效维护了法官居中裁判的公正形象，提高了裁判的公信力，而且节约了司法资源。

（六）注重平衡，强化社会治理

横琴检察院在办理认罪认罚从宽案件中，在对被告人宽大处理的同时，也要兼顾被害人合法权益的保障和救济。充分保障被害人的知情权、发表意见权、提出异议权以及获得法律帮助等诉讼权利，将是否达成和解协议或者赔偿被害人损失、取得谅解作为被告人量刑的重要考虑因素，切实保障被害人的合法权益。

同时，坚持惩治犯罪和社会治理相结合，发挥认罪认罚从宽制度在营造共建共治共享社会治理格局中的积极作用，为社会治理提供更优质的法治产品和更有力的司法保障。为有效发挥认罪认罚从宽的从宽激励功能，在刑事诉讼领域创新发展"枫桥经验"，着力构建多方参与、良性互动的"非对抗型"诉讼关系，注重教育引导犯罪嫌疑人、被告人在认罪认罚从宽基础上，积极赔偿被害人损失、取得谅解或者达成刑事和解，从而及时修复社会关系、化解社会矛盾。

三　问题与展望

随着认罪认罚从宽制度工作的积极稳妥推进，其实践价值和司法功效正在彰显和发挥，但司法实践中的问题和难点同样突出。一是适用认罪认罚从宽制度案件比例较低。2019 年 1～12 月，全省检察机关共办理认罪认罚从宽案件 70477 件，适用率为 43.44%。其中，广州、深圳两地共办理认罪认罚从宽案件 34168 件，全年适用率达 60% 以上。珠海市检察机关认罪认罚适用率相对较低，且各地发展不平衡。2018 年 10 月 26 日至 2019 年 6 月 30 日，全市检察机关办理认罪认罚从宽案件 151 件，其中市检察院办理 8 件、横琴检察院办理 8 件、香洲检察院办理 46 件、金湾检察院办理 19 件、斗门检察院办理 70 件。适用率不高与部分检察官办案理念存在偏差有很大关系，部分检察官对认罪认罚从宽制度的内涵及价值追求理解不到位，将该制度视为简易程序或速裁程序的"升级版"，对认罪认罚从宽制度的重视程度有待提高。二是值班律师的作用发挥受到制约。值班律师往往是临时受约，对案情缺乏全面深入了解，签订具结书时主要还是犯罪嫌疑人与检察官沟通，值班律师大多是在犯罪嫌疑人同意后予以签字确认，仅能从形式上见证协商过程和自愿性，实际上沦为见证人的角色。同时，由于值班律师不具备辩护人身份，《刑事诉讼法》未明确授予其阅卷权、会见权，值班律师在案件处理过程中的法律地位、职责权限模糊，易造成提供的法律帮助流于形式，无法有效保障被追诉人的权利。三是量刑建议规范化和精准化有待提高。量刑是认罪认罚从宽制度的核心问题，横琴检察院在量刑建议的规范化建设方面还处于起步和摸索阶段，主要以法院的指导意见为依据。而这些指导意见本身准确度也不够，部分罪名的量刑基准跨越幅度过大，部分罪名的量刑比例跨幅过大，导致目前不少案件的量刑建议仍凭借检察官个人经验采取"估推式"方法作出，精准化程度较低。

法的生命在于实施，未来，横琴检察机关将高度凝练探索认罪认罚从宽制度实践经验，不断健全认罪认罚从宽制度配套保障机制，打造全面落实推进认罪认罚从宽制度工作的"横琴样本"。

（一）转变理念，完善配套工作制度

一是切实转变理念，改变"一诉了之"的做法，构建相对不起诉审前分流机制。充分发挥不起诉审前分流和过滤作用，逐步扩大相对不起诉在认罪认罚从宽案件中的适用，对于符合条件的案件依法、大胆作出不起诉决定，促进案件繁简分流，使简单、认罪案件进入快速办理通道，将更多的司法资源、更多的精力投入办理疑难复杂、不认罪案件。

二是完善律师值班工作制度。为充分保障值班律师依法行使阅卷权、会见权、量刑协商权、庭审辩护权等权利，拟尝试开通认罪认罚从宽制度法律帮助"绿色通道"。建立"法律帮助值班律师库"，在律师库备案的值班律师无须预约即可阅卷，签订保密协议后可领取电子卷宗；值班律师可随时预约办案检察官，就案件事实、证据、定性和量刑交换意见。

（二）多措并举，完善被害人权益保障机制

一是办理认罪认罚从宽案件，及时听取被害人及其诉讼代理人的意见，构建与被害人主体地位相适应的权利体系，突出保障被害人的知情权、参与权、获得法律帮助权、异议权、申诉权等程序性权利。

二是建立"和解—诉讼—救助"有序衔接的救济体系，包括积极运用刑事和解制度，最大限度挽回被害人损失，对其他认罪认罚从宽案件，积极促进犯罪嫌疑人、被告人通过向被害方赔偿损失、赔礼道歉等方式获得谅解；为附带民事诉讼的被害人提供法律咨询，配合法院开展调解工作，促成双方自行和解；对国家、集体财产受到损害的案件，提出附带民事公益诉讼；对符合救助条件的被害人开展国家司法救助。

三是综合运用变更强制措施、相对不起诉等措施，细化赔偿被害人损失、获得谅解的从宽处理规则，激励、引导被追诉人主动退赃退赔，弥补被害人损失。

四是建立被害人参与量刑协商机制，认真听取被害人的意见，将之作为从宽处理的参考情节。

（三）总结经验，拓展案件适用范围

认罪认罚从宽制度同时涉及刑事实体法和程序法，涵括宽严相济刑事政策、恢复性司法、繁简分流等诸多内容，在不同案件类型中适用时侧重点应有所区别。大胆探索在重罪案件、职务犯罪案件、疑难复杂案件中适用认罪

认罚从宽制度，以完善证据体系，及时有效打击犯罪，促进公正提升效率，减少社会对抗，实现司法办案政治效果、法律效果与社会效果的有机统一。对共同犯罪案件中部分犯罪嫌疑人或者被告人认罪认罚从宽、部分不认罪认罚，对认罪认罚从宽的犯罪嫌疑人或被告人积极适用认罪认罚从宽制度，体现宽严相济的刑事司法政策。为全面发挥其公正和效率价值，立足实践，积极探索总结类案办理规律，通过大案、要案、难案摸索总结办案经验，通过示范类案适用的方法路径，形成系统、完善的认罪认罚从宽类案适用机制。

（四）规范量刑指引，完善公诉裁量权监督机制

以最高人民法院《关于常见犯罪的量刑指导意见》为指导，制定符合本地区实际的量刑参考意见。对认罪认罚从宽案件的量刑进行具体指引，使犯罪嫌疑人、被告人对认罪认罚后的从宽有合理期待，以量刑激励促进认罪认罚，提高确定刑建议适用率和量刑建议采纳率，规范刑罚裁量权。

完善权力运行监督机制，明确不起诉决定权等权力的运行程序，细化量刑建议权等权力的裁量标准；严格落实内部监督，自觉接受外部制约，形成权责统一、监管有力、规范有序的检察权运行格局。一是落实司法办案责任制。细化权力清单、责任清单、办案流程和责任追究机制，严格规范执法办案，防范"花钱赎刑""以权赎身"等权力滥用情形。二是建立案件考评机制。定期随机抽查认罪认罚从宽案件文书，随机抽取案件开展庭审观摩和评议；不定期组织案件评查，考核办案质量，保证认罪认罚从宽制度准确适用。三是自觉接受外部监督。主动邀请人大代表、政协委员等旁听庭审或者见证具结书签署，加强法律文书释法说理，加大程序性信息公开和法律文书网上公开力度。四是建立跟踪回访机制。不定期对适用认罪认罚从宽制度的案件进行抽查回访，重点了解被告人回归社会情况、有无司法不公不廉等情形，确保检察权始终在法治轨道上运行。

（五）借助信息科技，推进认罪认罚从宽与智慧公诉应用有机结合

学习同行的先进经验和做法，充分发挥现代科技对司法的推进作用，

加快部署业内较为成熟的应用项目。广州市南沙区检察院建立了基于自然语言处理技术、知识图谱技术构筑的量刑建议辅助系统，基于语音识别、手写识别技术构筑的文字自动化辅助系统，基于机器学习技术构筑的法律文书纠错系统，基于关键词抓取、人工智能构筑的出庭一体化解决方案，以案例推送促认定准确，以数据统计促量刑精准，以远程传输促时间节约，以智能识别促处理高效，以智能纠错促文书规范，基本实现了认罪认罚从宽与先进科技的深度融合，这些做法值得学习和借鉴。

粤港澳大湾区建设与
营商环境法治保障

The Development of the Guangdong-Hong Kong-Macao
Greater Bay Area and Legal Protection of
Business Environment

B.8

粤港澳大湾区视野下法治服务与
保障经济社会发展的珠海实践

中共珠海市委政法委员会课题组*

摘　要：　党的十八大以来，珠海以习近平新时代中国特色社会主义思
　　　　　想为指导，抢抓港珠澳大桥通车和颁布《粤港澳大湾区发展
　　　　　规划纲要》的重大历史机遇，奋力开创改革开放和社会主义
　　　　　现代化建设新局面。民主法治建设扎实推进，社会治理体系
　　　　　和治理能力现代化水平有效提升。进入新时代，珠海进一步

＊ 课题组负责人：温杰，中共珠海市委政法委员会副书记。成员：杨静、余小利、范登殿。执
笔人：范登殿，中共珠海市委政法委员会执法监督室副主任。

突出法治引领、规范和保障作用，努力推动珠海"二次创业"、走在全国前列，营造更加优良的法治化国际化营商环境。

关键词： 粤港澳大湾区　社会治理　法治保障　民营经济

一　改革开放以来珠海保障和服务经济社会发展的路径

改革创新是当今时代的主题。作为全国最早实施对外开放的四个经济特区之一，珠海经济特区因改革而生、因改革而兴、因改革而强，改革创新是珠海永恒的使命和不竭的动力。改革开放 40 年来，珠海勇于担当特区使命，大胆探索、先行先试，以杀出一条血路来的拼劲，生动书写特区之"特"这篇大文章，充分发挥了改革开放"试验田"作用。全市创新环境不断优化，改革开放程度不断提高，法治保障不断增强，社会治理不断优化，逐步走出了一条有别于全国其他地区的科学发展新路。

（一）坚持对外开放，走区域合作共赢之路

珠海处于改革开放的最前沿。改革开放以来，珠海依托毗邻港澳的特殊地理优势，深入推进珠海与澳门的全方位、宽领域合作，加快推进粤港澳紧密合作示范区建设。探索建立了横琴决策委员会、咨询委员会、专家委员会，建立珠澳多层次沟通机制，积极打造澳门青年横琴创业谷；粤澳合作产业园初具规模，港珠澳大桥正式通车，横琴珠澳口岸开启 24 小时通关。以高度的政治责任感做好服务保障，对澳门淡水供应超过 95%，输电超过90%。截至目前，位于珠海的粤澳合作产业园 18 个项目已开工建设，粤澳中医药科技产业园注册企业达 94 家。澳门机动车出入横琴政策受惠面扩大，横琴口岸率先启动两地小客车检查结果参考互认。粤澳合作发展基金落户珠海横琴，内地首家澳门银行营业性机构开业。到目前为止，外贸结构持续优

化，对"一带一路"国家出口增长 36.4%，高新技术产品进出口增长 12.9%。珠海有外商投资企业超过 7000 家，其中包括世界著名的跨国公司，外商投资企业已成为珠海经济的重要组成部分。积极实施外向带动战略，大力拓展出口市场，外贸进出口增长势头强劲。在保持对欧洲、美国等传统市场出口快速增长的同时，开拓了非洲、拉丁美洲、大洋洲和"一带一路"沿线国家的新兴市场。与此同时，不断完善创新创业政策，推动出台系列人才新政，持续优化人才政策体系，通过实施人才优先引进、留学人员创业资助等措施，加大高层次人才引进力度，为特区人才发展营造良好的政策环境。

（二）坚持法治保障，走现代民主法治之路

市场经济也是法治经济，经济社会发展到哪里，法治服务和保障就要跟进到哪里。改革开放以来，珠海以平安珠海和法治珠海建设为主线，不断升级加固社会治安防控体系，人民群众安全感有效增强。珠海早于 2014 年 11 月 1 日就公开发布全市 24 个镇街的"平安指数"，成为全国首个以镇街为单位每天发布综合平安状况量化指数的地级市。珠海始终牢记促进澳门及香港长期繁荣稳定的重大使命，主动策应"一国两制"制度的实施，积极探索珠港澳跨区域执法司法合作新模式，为全国全省创造了可复制、可借鉴的区域警务和法务合作新经验，有力维护了区域社会稳定，助力粤港澳大湾区建设。珠澳两地警方还共同创办了"澳门·珠海警务论坛"，以理论研讨推动警务合作的理念创新和机制创新，成为继"海峡两岸暨香港、澳门警学研讨会"之后又一个跨境、跨法域警学交流平台

（三）坚持社会治理，走共建共治共享之路

珠海自 2009 年被确定为广东省社会管理创新先行先试城市以来，强化顶层设计，大胆创新实践，大力推进社会建设、创新社会治理，率先启动社会治理体制改革，颁布《珠海经济特区社会建设条例》等一批社会治理领域的地方法规，积极创建社会建设示范市，逐步探索总结了一批具有珠海特

色的好经验、好做法。突出法治在社会治理中的重要作用，引导社会组织有序参与社会治理，创新推动境内境外、网上网下各项工作，把体现人民利益、反映人民愿望、维护人民权益、增进人民福祉贯穿到平安建设和依法治市全过程，为营造共建共治共享社会治理格局夯实了法治基础，形成在党的领导下运用法治思维和法治方式有效管理经济、文化和社会事务的格局，确保了社会在深刻变革中既井然有序又生机勃勃。2016 年、2017 年和 2018 年，珠海连续三年被评为"全国社会治理创新优秀城市"。

二 改革开放以来珠海法治服务和保障经济 社会发展的创新实践

改革开放 40 年来，在经济社会快速发展的同时，珠海正确处理好改革、发展、稳定的关系，突出法治的引领、规范和保障作用，持续推进民主法治进程，以法治珠海建设营造良好的营商环境，有力保障和促进经济社会发展。

（一）坚持党的领导，强化统筹推进，以党的领导确保经济社会发展与法治建设同频共振

珠海全面推进依法治市，经过持续多年的探索，逐步建立健全了党领导法治建设的体制机制，法治建设的框架性制度已初步建立。2017 年，珠海市委出台《珠海市法治之城建设工作方案》，提出法治建设阶段性目标，从加强和改进党的领导、完善和发挥立法优势、全面推进法治政府建设、深入推进公正司法、加快建设法治经济、加强法治社会建设、推进法治文化建设、加强法治工作队伍建设等八个方面，明确了法治之城建设的重点任务，着力加强创新驱动、开放发展、城市建设等法规建设，研究制定新业态新领域创新成果保护机制，加强"一带一路"建设的法律服务等，依法治市工作初步形成"五年有规划、年初有部署、年中有督查、年底有考核"的工作格局。珠海市认真贯彻落实《党政主要负责人履行推进法治建设第一责

任人职责规定》，把法治建设作为"一把手"工程来抓，压实党政主要负责人责任，把法治建设履职情况作为各区党政领导班子和全市处级干部年度考核的重要内容。珠海市努力健全完善党委依法决策机制，严格执行领导班子议事规则和决策程序，凡是涉及全市重大发展战略、重大改革事项、重大民生问题以及党的建设方面的重大事项，都要由市委常委会会议或全体会议讨论决定，并进行合法性审查，切实做到科学决策、民主决策、依法决策。2019 年，珠海市委政法委制定出台《珠海市委政法委关于依法保障和服务民营企业健康发展　促进粤港澳大湾区建设的实施意见》，围绕降成本、增机会、稳发展、保平安的效果目标，要求全市政法机关充分发挥政法机关职能和政法工作政策功能，降低民营企业发展的机会成本、风险成本和生产要素成本，结合扫黑除恶工作提高民营企业参与市场竞争和存续发展的机会效益，稳定提高珠海人口和企业生存发展预期，强化司法行政服务作用，提升民营企业发展健康程度，进一步降低行政及执法司法权力对经济领域的主导性影响，防止政法机关不依法正确履行职能，保障民营企业健康发展。多方位推动形成粤港澳大湾区多元化纠纷解决机制，提高司法国际公信力。

（二）坚持立法先行，完善制度体系，以地方立法的形式服务和保障珠海经济社会发展

1996 年，全国人大常委会授予珠海经济特区立法权，2000 年珠海被授予较大的市立法权。作为为数不多的同时拥有经济特区立法权和设区的市立法权的城市，珠海始终坚持"党委领导、人大主导"的立法体制，在改革开放 40 年来立法工作始终与经济社会发展同步，将科学立法、民主立法的理念贯穿于立法工作的全过程。从实际出发认真履行"立法试验田"的特殊使命。率先制定《珠海经济特区人才开发促进条例》，为国家层面的人才立法提供有益借鉴；率先出台《珠海经济特区预防腐败条例》，为形成以惩治为基础、以预防为重点的反腐败综合治理体系奠定制度基础；出台了全国首部规范"两法衔接"工作的地方性法规《珠海经济特区行政执法与刑事

司法衔接工作条例》，有效规范行政执法、强化法律监督；出台首部专门规范地下综合管廊建设与管理的地方性法规《珠海经济特区地下综合管廊管理条例》，促进城市地下空间高效集约利用。2016 年 7 月 28 日，被称为珠海"母亲河"的前山河迎来首个法定保护日，珠海市首部流域保护综合性地方法规《珠海经济特区前山河流域管理条例》也于同一天施行。该条例的出台标志着对前山河流域的管理上升到了法治层面，前山河的变化，恰恰彰显了法治的引领和保护作用。从保障市民人身财产安全的《珠海经济特区消防条例》，到服务市民、确保用电安全的《珠海经济特区电力设施保护规定》，从解决市民基本"食、住、行"问题的《珠海市农贸市场管理办法》《珠海市公共租赁住房管理办法》《珠海经济特区物业管理条例》《珠海经济特区出租车管理条例》，到规范养犬、维护市容的《养犬管理条例》《户外广告设施和招牌设置管理条例》，再到充分释放市场活力的《珠海经济特区商事登记条例》《珠海经济特区民营经济促进条例》等，这些立法突出体现珠海特色，注重增强法规的操作性和执行性，有效服务和保障珠海经济社会发展。

（三）倡导依法行政，建设法治政府，以政府职能转变促进经济社会转型升级

珠海市委、市政府始终坚持把深入推进依法行政和加快建设法治政府作为全面推进依法治市的重点任务和关键环节，以努力打造一流法治政府为统领，加快政府治理转型，并对制度进行大胆探索和创新，有力推动法治政府建设走在全省乃至全国前列。2016 年，珠海市"公平公开公正的全方位行政复议综合改革"项目荣获"中国法治政府奖"，是该奖项中的唯一广东元素，这是珠海市法治政府建设的一个缩影。珠海以行政审批制度改革作为重要抓手，通过简政放权推动政府职能转变，全面开展行政审批标准化建设，推行权责清单制度并实行动态管理，将政府工作部门行使的各项行政职权及其依据、行使主体、责任事项、监督方式等向社会公开，使政府事权规范化、法制化，让权力"一目了然"。为保证行政决策科学化、民主化、法治

化，提升行政决策公信力和执行力，珠海市、区、镇（街）三级均设立政府法律顾问室或聘请政府法律顾问，在制定重大行政决策、推进依法行政中发挥积极作用。珠海市还在全国率先建立法治政府建设基层工作联系点，增强政府决策的针对性和有效性。珠海市不断加强执法人员培训和执法案件评查力度，将各执法部门落实"两法衔接"情况纳入年度依法行政考评，切实做到严格规范公正文明执法。省政府依法行政考评组年度考评的结果显示，珠海社会各界对行政执法的满意度显著提高。

（四）严格公正司法，维护公平正义，以司法质效的提高增强珠海经济发展软实力

根据中央和省委的部署，珠海推进完善司法责任制、司法人员分类管理、司法人员职业保障、省以下地方检察院人财物统一管理等四项改革的试点工作。2013年经最高人民法院、最高人民检察院同意，珠海市横琴新区人民法院、珠海市横琴新区人民检察院分别于12月26日和20日成立，作为珠海司法改革的窗口，开展司法体制改革的探索创新。2014～2015年，横琴新区法院取消案件审批制，推行法官办案责任制，将审判权还给法官，克服审判活动的行政化干预，真正落实"让审理者裁判，由裁判者负责"的司法责任制。横琴新区法院还率先试行类似案例辩论制度，推进区际司法互助，与公证处实现司法辅助业务协作，建立常态化实习生审判辅助人员机制，聘任港澳籍特邀调解员，聘用澳门高校学生担任法官助理。横琴新区检察院在全国率先探索主任检察官办案责任制、检察官惩戒监督机制、在公安分局设立主任检察官办公室引导侦查取证等改革创新，并对政府及公共机构工作规程实行预防职务犯罪备案审查新机制，被省自贸办列为可复制可推广的经验。2018年4月25日，最高人民法院在珠海横琴召开全国法院自贸试验区司法服务与保障工作座谈会，充分肯定了包括横琴新区在内的自贸试验区人民法院在自贸试验区司法保障工作中取得的成绩。一些成功做法已经逐步推广到全市法院和检察院系统，通过深化司法改革，司法权力运行更加规范，司法公正看得见、摸得着，人民群众

对于司法的权威和温暖有了切身感受，珠海先行先试的改革经验也在全省全国得到推广。

（五）对标国际标准，强化法治保障，以高端法律服务打造珠海国际化法治化的营商环境

珠海先后制定了涉及商事登记、商品交易市场管理、技术成果入股与提成、科技创新促进、人才开发促进等条例，初步形成支持创新、鼓励开放的政策法规体系。坚持以法治引领创新和开放发展，着力打造国际化、法治化和市场化营商环境，推动珠海在创新中谋求更全面的开放，在开放中促进更高水平的发展。横琴新区作为广东自贸试验区片区之一，担负着先行先试的重要使命。打造全国首个"诚信岛"，国内首家内地与港澳合伙联营的律师事务所、国际仲裁院正式挂牌成立。在珠海诸多创新亮点中，以国际公信力为重点的法治体系建设成为关键词。五年间横琴GDP增长了55倍，固定资产投资增长了18倍，实际利用外资增长了759倍。

改革开放40年来，珠海法治建设在改革创新中取得了显著成效，为全市经济社会发展提供了强有力的法治保障。迈入新时代，人民群众对民主、法治、公平、正义、安全、环境有了更多新的期待，而经济社会的不断发展也在倒逼法治体系的适应性重构，法治功能的渗透力与规制力亟待增强。对照"四个走在全国前列"的总要求和粤港澳大湾区建设的新要求，与全国全省先进城市相比，珠海的法治建设还存在较大差距；与珠海市委推进"二次创业"、奋力走在全国前列的部署要求相比，还存在许多不相适应的地方。法律制度体系有待健全完善，粤港澳大湾区建设背景下的法治问题亟待研究解决，区域法治建设合作需要冲破障碍、务实推进，基层社会治理法治化水平有待提升，国际化法治化营商环境仍需进一步优化。珠海必须以推动"二次创业"的勇气与担当，对标先进地区，兼顾港澳因素，推动粤港澳大湾区建设背景下的法治珠海建设，以法治建设的新成效争创珠海发展新优势，为广东省加快实现"四个走在全国前列"的目标蹚出一条新路。

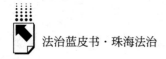

三　粤港澳大湾区视野下珠海法治服务与
保障经济社会发展的展望

更加开放的经济发展需要更加优良的法治环境作保障。粤港澳大湾区是我国开放型经济发展的重要实践样板。中共广东省第十二届委员会第四次全体会议要求，广东要以构建"一核一带一区"区域发展格局为重点，加快推动区域协调发展。2018 年 10 月，习近平总书记视察广东并发表重要讲话，提出要加快珠海经济特区建设的新要求。珠海应继续发扬敢闯敢试、敢为人先的特区精神，奋力打造粤港澳大湾区重要门户枢纽、珠江口西岸核心城市和沿海经济带高质量发展典范。进一步突出法治的引领、规范和保障作用，深入推进全面依法治市，强化对推进供给侧结构性改革、实施创新驱动发展战略、构建开放型经济新体制的法治保障，努力为推动珠海"二次创业"、走在全国前列营造更加优良的法治化国际化营商环境，提升珠海经济社会发展的软实力。

（一）发挥党对法治建设的统领作用

以习近平新时代中国特色社会主义思想为指导，树立"四个意识"、坚定"四个自信"，坚决维护习近平总书记核心地位，坚决维护党中央权威和集中统一领导，全面加强和改善党对法治建设的领导。一是要坚持党的领导、人民当家作主和依法治国有机统一，完善党领导法治建设体制机制，紧紧围绕推动经济高质量发展、推进城乡区域协调发展、促进依法高效公正司法、保障民生和提升社会治理水平，研究制定中长期法治建设发展规划，把党的领导贯彻到科学立法、严格执法、公正司法、全民普法等法治建设的全过程和各方面，切实解决好关系改革发展稳定全局、涉及群众切身利益和社会普遍关注的问题。二是要强化党对法治队伍的绝对领导，以推进公安改革和司法改革为契机，加强对法官检察官及其辅助人员、公安民警、司法行政人员等公职法治队伍的专业化、职业化建设，打造忠于党、服务为民的法治队伍。三是要统筹协调好社会法治力量。要统筹全社会法治建设资源，推动法治方式从"行政主导型"向共建共治共享的社会治理方式转变，加强对律师、企事业单位法律顾问等社会法治力量的组织建设保障，创新推动律师行业和企事业单位党建工作，进一步增强党的凝聚力和向心力。

（二）增强珠海特区立法的引领示范效应

继续发挥珠海经济特区引领示范作用，勇于担当特区立法"试验田"，用好珠海经济特区立法权和设区的市立法权，逐步构建科学完备的珠海社会制度体系，为全国其他地区创新地方立法提供经验借鉴。一是健全立法工作机制，加强和改善对立法工作的领导，完善立法工作重大问题决策程序，健全党委领导、人大主导、政府协同、各方配合、公众参与的地方立法工作格局。二是切实提高立法质量，健全立法起草、认证、协调、审议机制，完善立法专家顾问制度和委托第三方起草法规草案机制，健全与社会公众沟通机制，把立法的过程变成广泛凝聚社会共识的过程。三是把立法优势转化为发展优势，聚焦经济社会发展重大问题，回应市民关切，推进创新驱动发展、自贸试验片区建设、生态文明建设等重点领域、重点环节的立法，做好立法与改革决策的衔接，完善法治化、国际化、便利化的营商环境，吸引全国、全球的高端要素资源集聚珠海，增强内生发展动力。四是加强对法律实施的监督，促进严格执法和公正司法，维护宪法法律权威，保障人民群众的合法权益，提升社会治理法治化水平。

（三）打造服务粤港澳大湾区建设的国际化法律服务高地

对标世界先进湾区法治建设标准，探索构建具有时代特征、区位特点、珠海特色的公共法律服务体系，打造具有珠海特色的公共法律服务法治品牌。加快推动横琴海上丝绸之路法律服务基地建设，建立完善国际仲裁机构和涉外纠纷解决体制机制，妥善化解商事贸易纠纷。以横琴自贸片区国际知识产权交易中心发展为支点，探索建立粤港澳大湾区城市知识产权跨境合作。加强粤港澳大湾区各城市的法律服务和执法司法合作，扎实推进扫黑除恶专项斗争,共同打击跨境电信诈骗、非法集资、洗钱和涉黑涉恶等违法犯罪活动。强化与粤港澳大湾区经济社会发展需求相适应的专业人才储备,推动落实珠海"英才计划",实行更加大胆和开放的人才引进政策,积极引进具有大湾区意识的高端法律人才,为深化和推进珠海法治建设提供充足的人才保障。

(四)深化珠港澳法治建设区域合作

在粤港澳大湾区建设的背景下,面对法治建设的新问题和挑战,珠海必须进一步提升依法治理能力和水平,营造良好的法治环境。一是要加强调查研究。粤港澳大湾区内同时存在"三大自由贸易区""两种制度体系""三个法域",在这样一个特殊的区域进行整体战略布局和经济发展规划,要依托高端智库,加强粤港澳大湾区建设背景下的法治问题研究,增强法治建设的前瞻性、系统性和科学性,为新时期的区域法治建设提供理论支撑和智力支持。二是要坚持求同存异。在追求自由、公平、秩序等法治核心价值层面提供合作基础。珠港澳各方应通过法治融合推动区域协同发展,运用法的价值取向来消除区域差异和冲突。三是要推动务实合作。港珠澳大桥建成通车,珠海成为全国唯一陆路同时连接香港和澳门的城市。珠海与港澳地区的跨区域、跨部门合作需要进一步深化,共同研究解决"一国两制三法域"环境下可能出现的相关实务问题,力争在探索建立区域联动机制、提升国际法律服务水平和加强专业人才培训等方面取得突破,共同提高跨区域法治建设水平。

(五)提高基层社会治理法治化水平

一要建立健全领导干部学法用法制度,推动领导干部带头学法、尊法、用法、守法工作制度化、规范化,提高领导干部运用法治思维和法治方式思考、处理问题的能力;要教育广大政法干警牢固树立法律红线不能触碰、法律底线不能逾越的观念,始终做到严格执法、公正司法,切实提高执法司法公信力。二要加强全民普法教育。创新法治教育宣传方式方法,充分利用网络、电视、现代科技以及自媒体等，开拓法治教育宣传新阵地，增强基层群众的法治意识，转变过去"信访不信法"和"大闹大解决、小闹小解决、不闹不解决"的观念，强化用法律手段解决问题的思维。三要统筹城乡、区域法律服务资源。继续做好司法救助和法律援助工作，推动法律服务向基层社会治理前移，总结推广"一村（社区）一法律顾问"的经验做法，在各区均已设立法律顾问室和各镇（街）已全部聘请法律顾问的基础上，强化重点村（居）法律顾问工作，协调解决好基层群众最关心最直接最现实的利益问题。四要创新依法治理方式。借鉴"枫桥经验"，完善诉求表达、利益协调、矛盾调处、权益保障体制机制，探索在行政服务中心成立劳动争议仲裁庭、设立行政复议巡回法庭及推广高新知识产权仲裁中心经验等方式，发挥法治在利益协调、权益保障、化解矛盾和维护稳定等方面的积极作用。

B.9
珠海市招投标制度改革调研报告

珠海市政务服务数据管理局课题组*

摘　要： 珠海市通过建立和健全市场法规制度，积极培育和建立各类
要素市场平台，在建设工程招投标、政府采购、国有企业物
资服务招标采购三大业务板块推出具有珠海特色的改革举措，
构建新型监管机制，推动三大业务板块的诚信体系应用；创
新合作服务模式，实行政府采购合同融资试点；规范国有企
业物资服务采购行为，实现公共资源市场化配置，不断净化
珠海招投标环境，交易成本明显降低，珠海招投标制度改革
实现跨越式发展。

关键词： 招标投标　制度改革　经验探索

20 世纪 90 年代后期，针对一些部门和企业负责人在工程建设、企业改
制、土地划转等交易中存在私相授受和以权谋私现象，1998 年国务院第六
次反腐败工作会议和中纪委二次全会提出建立有形建筑市场，此后各地相继
建立起产权、建筑、土地以及政府采购等要素市场平台。如何使公共财政包
括国有、集体资金通过公平公开公正交易方式，让有限的资金程序合法、高
效使用，是政府的职责所在。

---

* 课题组负责人：马永明，珠海市政务服务数据管理局原副局长；贾艳琛，珠海市公共资源交易
中心主任。课题组成员：林燕新、唐畅、杨铠榕、林桃、李飞。执笔人：林燕新，珠海市公共
资源交易中心产权交易部部长；杨铠榕，珠海市公共资源交易中心建设工程部科员；林桃，珠
海市公共资源交易中心产权交易部科员；李飞，珠海市公共资源交易中心政府采购部科员。

经济特区建立 40 年来，珠海市把经济体制改革作为一项推动特区经济发展的重要工作，积极培育和建立各类要素市场平台，不断完善招投标制度建设，在建设工程、政府采购、国有企业物资服务等招投标领域推出具有珠海特色的政策措施，为践行"四个走在全国前列"、体现特区担当贡献珠海力量。

一 基本情况

2004 年，珠海市对政府采购、建设工程、土地房产矿业权、产权交易、人力资源等要素市场平台进行改革与创新，成立珠海市有形要素市场管理办公室，将各专业市场从行业主管部门剥离并成建制纳入统一管理。2006 年，珠海市有形要素市场管理办公室更名为珠海市公共资源交易中心，与新成立的市行政服务中心合署办公，将有形要素市场纳入政务服务体系管理范畴。2013 年 4 月珠海市对有形要素市场体制机制进行升级，成立了珠海市公共资源交易中心，负责全市的政府采购、建设工程、土地房产矿业权、产权交易等交易业务，执行国家、省、市相关政策，负责全市公共资源交易平台建设，发挥市场在公共资源交易中的决定性作用，确保珠海市公共资源交易市场平台的有序、规范、高效运转。2014～2018 年，珠海市招投标等制度建设及业务均取得跨越式发展，交易额从 490.45 亿元激增到 1306.74 亿元，同比增长 166.44%（见图 1、图 2）。

二 主要做法

（一）履行"立法试验田"使命，推动建设工程招投标制度改革

珠海市委市政府历来重视建设工程招标投标管理工作，积极推动地方立法为规范建设工程招标投标活动保驾护航。珠海市于 2005 年 5 月 1 日发布市政府第 47 号令、2009 年 4 月 1 日发布市政府第 67 号令、2010 年 2 月 23

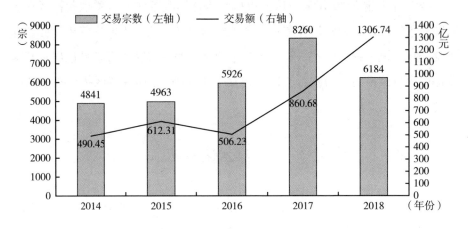

图1　2014～2018年珠海市公共资源交易数据

数据来源：原珠海市政务服务局网站公布数据。

图2　2010～2018年珠海市建设工程项目交易数据

数据来源：原珠海市政务服务管理局网站公布数据。

日发布市政府第72号令，多次修订《珠海市建设工程招标投标管理办法》，调整立法中不合时宜的内容，使立法更加科学。2017年10月20日，珠海市借鉴深圳市建设工程"评定分离"经验，对市政府第72号令进行了全面修改，并使用特区立法权制定《珠海经济特区建设工程招标投标管理办法》（市政府第118号令），明确了招标人定标制、定性评审法和成本参考线机制，提高了需要招投标的项目金额下限，增加了不招标范围，并加大了对国有、集体资金的监督力度。2019 年 7 月 23 日，珠海市发布市政府第 124 号令，修改《珠海经济特区建设工程招标投标管理办法》有关条款①，实行权责归位制度，确立招标人负责制，取消招标文件合法性审查，加强对招标投标活动的事中事后监督，电子招标投标无须备案。主要做法如下。

一是定性评审。不采取定量打分的方式评标，评标专家仅对各投标文件的技术标书、经济标书是否满足招标要求作出判断，指出各投标文件中存在的缺陷、问题以及签订合同前应注意和澄清的事项，形成综合评审报告供招标人在定标时参考。

二是推荐入围。当通过资格审查的投标人超过 20 名时，允许招标人选用部分推荐入围的方式直接选取不超过 5 名的投标人进入评标环节，既保持了招标人在此环节的修复能力，打断投标人操控基准价团队之间的利益链条，又能让资格条件稍低但更专业、更符合要求的企业进入评标阶段得到专业评审。

三是定标委员会定标。由招标人组建定标委员会定标，让招标人真正实现权责统一；要求招标人对定标规则进行规范限定，建立内部监督机制，有利于配合纪检、审计等部门追责。

（二）构建新型监管机制，推动诚信体系应用

1. 建设工程招标投标方面

一是实行差异化措施。招标投标过程中的入围、定标等环节对信用等级高的投标人采用差异化措施，以提高其中标概率。通过差异化措施和评标定标权责归位制度，双管齐下，既能选到优秀的中标人，从而保障项目的高质高效推进，又提高诚信企业中标概率，让优质企业多中标，实现良性快速发展。二是拒绝有不良诚信记录的企业参与投标。曾受到停工、停业等行政处罚的企业将被限制投标，并严厉处罚放弃中标行为。三是加强

---

① 新修订的《珠海经济特区建设工程招标投标管理办法》自 2019 年 9 月 1 日起施行。

招标投标信息公开。规定投标人自行选择代表性业绩和信誉编制绩信标书，对绩信要素不量化评审，随评标结果一起公示，极大程度避免了投标人业绩信誉造假的可能；加大招投标公开范围，让招投标各方一起接受社会监督，促使被监督人自我约束。四是建立中标后跟踪监督制度。对珠海市公共资源交易中心公开招标的政府投资在建的施工、监理、造价咨询项目进行跟踪监督检查，检查内容包括签订的合同或补充协议是否存在违反招标文件和投标文件实质性内容、是否按照投标文件承诺配备项目管理机构及其到位情况、招标人对投标人合同履行情况的评价等。中标后跟踪监督制度的实施，强化招标投标管理与建筑市场管理和建设过程管理的联动，促进诚信体系建设。

2. 政府采购方面

2018 年 5 月，珠海市出台《珠海市建立完善守信联合激励和失信联合惩戒制度实施方案》，要求在政府采购领域建立使用信用记录和信用报告制度；2019 年 5 月，出台《珠海市政府采购供应商诚信管理暂行办法》，明确违法失信的情形、认定标准和惩戒措施，将违法失信供应商纳入政府采购"黑名单"，通过官方网站向社会公布，让失信者"一处违规、处处受限"，解决了以往供应商诚信管理制度缺失、供应商违规成本低、供应商管理难度大等问题，从而营造良好的市场信用环境。

3. 国有企业物资服务招标采购方面

2018 年 7 月，珠海市公共资源交易中心发布《珠海市公共资源交易中心国有资产产权交易招投标项目信息发布及信用查询操作指引（试行）》，要求在招标文件中明确信用信息查询的查询渠道及截止时点、信用信息查询记录和证据留存的具体方式、信用信息的使用规则等内容，约束投标人重视自身信用，净化了招标投标环境，提升珠海市营商环境。

（三）创新合作服务模式，实行政府采购合同融资试点

为缓解中小企业融资困难、助力中小企业健康发展，珠海市创新政府银行企业合作和服务模式，推出政府采购合同融资举措。2016 年 11 月中国人

民银行珠海市中心支行、珠海市财政局等四部门印发了《珠海市政府采购支持中小微企业质押融资的实施意见》，要求银行、采购单位、财政支付机构为中小微企业供应商融资提供便利，简化工作流程，从制度上提供了保障。2018 年 7 月 13 日，珠海市在全国率先实现政府采购系统与中征应收账款融资服务平台成功对接，2018 年 12 月出台《珠海市政府采购订单线上融资试点方案》，在全市建立了政府采购合同信用融资模式①，为中小微企业融资增添了新的绿色通道。2018 年 12 月 25 日，珠海市完成全国首笔全线上政府采购贷款业务，融资金额 180 万元，融资期限 1 年，融资利率 4.524%，较一般小微企业融资利率优惠约 20%。截至 2019 年 8 月，中国工商银行珠海分行、中国银行珠海分行等 9 家试点银行与珠海市 56 家政府采购供应商企业达成授信意向，政府采购合同融资金额达到 3.56 亿元。

（四）规范国有企业物资服务采购行为，实现公共资源市场化配置

法律法规是国有企业物资服务招标采购的保障和支撑。2013 年 7 月 26 日，珠海市在全国率先颁布《珠海经济特区预防腐败条例》②，自 2013 年 10 月 1 日起施行。该条例规定，国有企业重大的物资和服务事项采购、房屋租赁、经营权出让等应当进入全市公共资源交易平台公开交易。此后，《珠海经济特区预防腐败条例实施细则》《珠海市公共资源交易目录》《关于规范市属国有企业采购等交易行为的指导意见》《珠海市市属文化企业交易行为管理办法》等法规规章相继出台。2019 年 8 月，为规范进入珠海市公共资源交易平台的国有企业物资服务采购行为，珠海市制定了《珠海市国有企业物资服务采购交易流程规范（试行）》，进一步规范采购交易行为，提高

---

① "政府采购合同信用融资模式"即参与政府采购并中标（成交）的中小微企业供应商，凭借政府采购合同向参与此类融资业务的金融机构申请贷款，金融机构以政府采购合同为信用，以信贷政策为基础向供应商提供资金支持。

② 《珠海首推预防腐败条例》："据了解，这是全国率先对外公布的预防腐败条例征求意见稿，共 6 章 67 条，对预防职责、预防措施、教育与监督、法律责任进行了详细的规定。"详见《中国青年报》2013 年 7 月 10 日，第 6 版。

交易效率和市场效益，珠海市国有企业物资服务采购工作逐步构建起一套相对完善的法规体系。

自《珠海经济特区预防腐败条例》实施以来，珠海市水务集团、交通集团、城建集团、公交集团、珠海港集团、传媒集团等国有企业物资和服务采购业务量呈现井喷式进场态势；其他如珠海市殡葬管理中心、港珠澳大桥管理局、驻澳部队等非国企单位也逐步开展物资服务采购项目交易业务。2014～2018 年，国有企业物资服务招标采购项目累计成交 560 宗，成交金额 306956 万元，交易宗数从 2014 年的 35 宗激增到 2018 年的 187 宗，同比增长 434%（见图 3）。据了解，珠海市国有企业物资和服务招标采购业务进场交易无论类别、宗数还是交易额，均处于广东省同类业务前列。

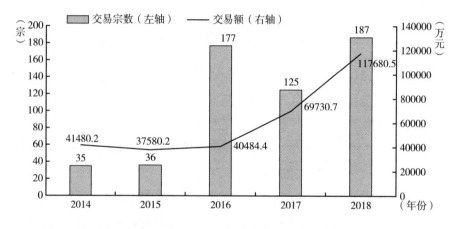

图 3　2014～2018 年国有企业物资服务采购交易数据

数据来源：原珠海市政务服务管理局网站公布数据。

（五）推进招投标“互联网＋”，增强公共服务能力

珠海市为实现招标、编制投标文件、确定中标通知书的全过程电子化，分阶段积极推进珠海市建设工程电子化交易系统（以下简称“建设工程交易系统”）建设：从 2019 年 1 月至 7 月，分三个阶段进行测试与试

运行①，目前已可承接未采用简化招标方式且最高投标限价在 3000 万元（含）以下的房建、市政施工总承包招标项目。截至 2019 年 9 月，建设工程交易系统完成项目 55 个，逐渐实现建设工程招标投标纸质化向电子化的平稳过渡。

为保障建设工程交易系统顺利运行，珠海市举办大型培训会 6 次，并通过组建业务咨询群等信息手段实时掌握、解决各交易主体提出的问题，同时还定期进行经济标书编写操作培训。

此外，珠海市探索实现政府采购的闭环管理，建设和完善覆盖市级的集中采购目录。三大交易平台（电子招投标系统、网上询价平台、政府采购电子商城）发挥高效信息平台作用，实现从采购计划下达、采购文件制作、供应商报名、投标（报价）文件制作与提交到开标、评标等全流程信息化，并与财政部门"政府采购监管系统"对接，实现互联互通和信息共享。同时，把采购单位、代理机构、供应商、评审专家四种角色纳入三大交易平台，做到采购单位网上采购、供应商网上参与投标、招标代理机构网上操作、评审数据全程留痕，全方位多功能满足各方参与主体需要。最终实现政府采购活动各环节"管采服"一体化，电子采购全流程"一键式"操作，交易过程全公开、交易环节全程可追溯，从而倒逼交易主体全程全方位被监督，确保采购活动阳光透明。

三 主要成效、存在问题及改进措施

（一）主要成效

1. 信息公开范围不断扩大

为使招投标项目交易更加公开透明，珠海市持续扩展项目交易过程信息

---

① 第一阶段，2019 年 1 月 25 日至 2 月 19 日，开放建设工程交易系统，邀请各投标人对系统，进行投标测试；第二阶段，2019 年 3 月 5 日，用建设工程交易系统成功完成第一个项目招投标交易；2019 年 3 月 19 日，新系统（简化招标方式）上线；第三阶段，2019 年 7 月 25 日，建设工程交易系统试用，承接未采用简化招标方式且最高投标限价在 3000 万元（含）以下的房建、市政施工总承包招标项目。其他保证金、场地、主体库等子系统均已上线且运行正常。

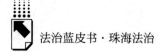

公开边界，特别是建设工程交易项目初步实现了全过程信息公开。随着各方公开的信息种类越来越丰富，各种异议、投诉的责任厘清也越来越容易。

2. 招投标环境不断净化

珠海市公共资源交易中心积极对接各行政管理部门建立的信用评价系统，提高信用企业的中标概率、禁止进入"黑名单"的不良信用企业参与投标，约束投标人重视自身信用，净化招投标环境。

3. 交易成本明显降低

从 2017 年 9 月 22 日开始，珠海市取消各类交易服务收费，年均为市场主体减负约 4000 万元；截至 2019 年 8 月，珠海市公共资源交易中心清理逾期会员及投标保证金 1000 多万元，明显降低参与招投标的市场主体交易成本。

（二）存在问题

1. 招标人权责对等意识有待加强

新办法全面实施后，需要进一步加强建设工程交易招标人对"招标人负责制"的认识，树立招标人权责对等意识。招标人负责制既能让招标人充分行使自己的权利选择最优质优价的中标人，又能避免招标人"过分"行使自己的权利产生廉政风险，还能让招标人真正担当责任。

2. 信息化技术有待进一步完善

因行政区隔导致的交易信息未有效共享、更新，系统安全保障水平参差不齐等问题，交易主体利用平台漏洞进行围标串标、信息造假等违法违规现象屡禁不止，给降低交易成本和制度性成本带来了严峻挑战。在此背景下，借助互联网、大数据等先进技术，提升公共资源电子化交易质量和效率，成为优化"营商环境"的重要举措和必然选择。

3. 部分行业监督主体缺位

珠海市公共资源交易平台持续致力于从"裁判员""监管者"向"服务机构""交易平台"的角色转变，但部分交易业务缺乏强有力的法定监管行业，不利于交易平台的角色转变。

（三）改进措施

《招标投标法》颁布20年来，从招标投标制度的建立健全到招标投标技术的全面进步，珠海市无论法治建设、平台建设还是制度建设均取得一定成绩，在经济社会建设中发挥了越来越重要的作用。随着新时代"互联网＋"电子招投标的全面推开，大数据以及人工智能技术的发展，招标投标行为将更注重质量与效益。

随着法规政策的完善、监管能力的强化、科学技术的进步，珠海市将确保各类招标投标行为更加规范，同时回应招标投标行为各主体的诉求，认真总结并积极适应招标采购的新业态新变化，主动作为、敢于创新。《粤港澳大湾区发展规划纲要》实施以来，珠海市以"推动大湾区内市场高水平互联互通，各类资源要素高效便捷流动"为目标，立足"粤港澳大湾区""9＋2"城市群，在对全域改革创新实践进行梳理研究的基础上，继续深化招投标制度改革。进一步简化办事程序，把建设工程项目的交易申请受理时间调整为即来即办，纳入"最多跑一次"事项。

针对招投标实践与探索过程中出现问题，珠海市提出以下应对措施。

1. 提高交易主体廉政风险意识

招标人在招标工作开展前，需将定标规则报送建设行政监督部门存档，保证定标规则的可追溯性；探索开发大数据分析系统，以珠海市公共资源交易中心交易项目产生的数据为基础、以各监管部门需求数据为导向构建大数据框架，定期报送数据分析结果并提供端口，方便监管部门研判，以此倒逼各交易主体牢固树立廉洁自律的思想防线。

2. 链接交易智保安全，提升监管效能

2019年8月15日，珠海市公共资源交易中心与北京、广州公共资源交易中心发起公共资源交易区块链平台共享应用合作。该区块链技术结合"分布式数据存储、点对点传输、共识机制、加密锁算法"等多种成熟技术，开拓了一种创新应用模式，具有去中心、防篡改、高透明、不可逆以及高度安全等技术特点，用于搭建一个全新的信息技术体系和社会信用体系，

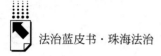

实现提高效率、降低成本的效果。

3. 定期更新交易目录

鉴于国有企业内部管理机制不一，单一项目的审批流程是否完全充分难以判断，定期更新交易目录，既能从源头预防国有企业大宗物资服务招标采购腐败，又让国有企业不丧失主体活力与经营效率，有利于提升项目流转效率。

同时，珠海市将贯彻落实《国务院办公厅转发国家发展改革委关于深化公共资源交易平台整合共享指导意见的通知》，充分发挥市场在资源配置中的决定性作用，持续深化公共资源交易平台整合共享，提高公共资源配置效率和公平性，提升公共资源交易服务质量，创新公共资源交易监管体制机制，激发市场活力和社会创造力，为营造依法办事、公平有序、积极作为、风清气正的营商环境搭建基座，为激励生产要素资源配置向优质企业和产品倾斜、引进和培育更多优质企业落户珠海，为实现粤港澳互联互通探路。

B.10
珠海法院服务粤港澳大湾区
建设的实践

珠海市中级人民法院课题组*

摘　要： 粤港澳大湾区建设战略实施以来，珠海两级法院充分发挥审判职能，坚持改革创新，持续完善打击犯罪和矛盾化解机制；创新知识产权、破产审判和行政审判机制，攻坚"基本解决执行难"，全方位打造法治化营商环境；完善商事审判机制，推进国际商事纠纷多元化解，提升区际司法协作效率；提升诉讼服务水平，构建开放透明的阳光司法机制，服务法治文化建设，为粤港澳大湾区建设提供优质的司法保障。今后珠海法院还将从深化珠港澳合作、完善多元化纠纷解决机制、健全保障法律统一适用机制等方面继续努力。

关键词： 粤港澳大湾区　司法保障　珠海法院

粤港澳大湾区建设战略实施以来，珠海法院深刻认识新时代珠海在粤港澳大湾区建设中的新使命担当，充分发挥审判职能，坚持改革创新，积极优化法治化营商环境，创新商事纠纷解决机制，推动矛盾纠纷多元化解，提

＊　课题组负责人：王智斌，珠海市中级人民法院党组副书记、常务副院长。课题组成员：贺晓翊、刘洁琳、郑仲超。执笔人：刘洁琳，珠海市中级人民法院研究室副主任；郑仲超，珠海市中级人民法院法官助理。

升诉讼服务水平，提供优质的司法服务和保障，努力把珠海建设成为全国最安全稳定、最公平公正、法治环境最好的地区。2019年初，珠海市中级人民法院（以下简称"珠海中院"）制定了《珠海法院服务粤港澳大湾区建设的实施意见》，提出21项举措。《珠海法院服务粤港澳大湾区建设的实施意见》出台后，珠海法院从完善打击犯罪和化解重大风险机制、营造法治化营商环境、推动完善粤港澳大湾区商事纠纷解决机制、满足人民群众多元司法需求等方面积极探索，努力为粤港澳大湾区建设提供司法保障。

一 坚持总体国家安全观，营造安全稳定的社会发展环境

安全稳定的社会环境是推进粤港澳大湾区建设、实现经济高质量发展的坚强后盾，珠海法院坚持总体国家安全观，充分发挥刑事审判职能，深入开展扫黑除恶专项斗争，完善矛盾纠纷多元化解机制，为粤港澳大湾区建设营造安全稳定的社会环境。

（一）严惩各类严重刑事犯罪，推进平安珠海建设

珠海法院忠实履行宪法法律赋予的职责，2018~2019年共审结刑事案件7902件，判处罪犯9557人，依法审理了宁波市原市长卢某受贿案、广州市委原常委吴某受贿案、"e租宝"非法吸收公众存款案、"4·30"跨境电信诈骗案等一批社会影响力大的犯罪案件，有力维护了国家政治安全和社会经济秩序。珠海法院坚持打击犯罪和保障人权并重，积极推进以审判为中心的刑事诉讼制度改革，推进庭审实质化，落实证人、鉴定人、侦查人员出庭作证，完善非法证据排除机制，2018~2019年依法宣告15名被告人无罪。珠海中院与珠海市司法局联合出台《珠海市开展刑事案件律师辩护全覆盖工作指引（试行）》，自2018年5月1日起，全市实现刑事案件律师辩护全覆盖。

（二）深入开展扫黑除恶专项斗争，维护社会长治久安

安全稳定的社会环境，是粤港澳大湾区建设发展的基础。扫黑除恶专项斗争开展以来，珠海中院及时制定《涉黑恶势力"保护伞"举报线索核查规程》，联合出台《扫黑除恶专项斗争涉黑涉恶案件衔接工作办法》，审结罗某某等 32 人组织、领导、参与黑社会性质组织案，李某某等 19 人强迫交易案，黄某某等入境发展黑社会性质组织犯罪案等案件，有力保障社会安定有序。

（三）健全多元化纠纷解决机制，营造共建共治共享社会治理格局

珠海法院通过整合人民调解和行业调解资源、构筑诉调对接机制、培育特色调解员队伍，促进矛盾纠纷多元化解。例如，珠海中院与市人社局建立劳动人事争议裁审衔接工作机制，特邀 12 名律师担任调解员；两级法院均成立劳动争议诉调对接工作室，探索"法院＋工会"化解劳动争议新模式；斗门区人民法院（以下简称"斗门区法院"）打造柔性化家事纠纷处理平台，聘请 28 名家事调解员；香洲区人民法院（以下简称"香洲区法院"）通过人大、政协、律师协会、行业协会选推、返聘退休法官等方式，聘请 83 名特邀调解员对立案后案件进行调解。2019 年，调解员参与调解 7793 件，调解成功 2709 件，其中诉前调解成功 921 件，委托诉中调解成功 1788 件。经统计，2019 年，珠海法院调解及撤诉的案件 10154 件，成功调解一系列人数众多的劳动争议、房地产纠纷等案件，以及多宗金额上亿元的重大及敏感案件，有效促进社会和谐发展。

二 贯彻新发展理念，营造法治化营商环境

近年来，珠海法院将推动审判体系和审判能力现代化与优化营商环境相结合，围绕创新驱动发展战略、供给侧结构性改革等国家重大战略政策及基本解决执行难、产权保护等重点任务，努力营造公平公正、竞争有序、诚实守信、包容开放的法治化市场环境。

（一）加大产权保护力度，营造安心稳定的创业环境

珠海法院坚持平等保护、全面保护、依法保护原则，切实加强产权司法保护。2018 年初，珠海中院成立了产权保护工作领导小组，负责统筹协调产权司法保护工作。发布了《珠海市中级人民法院关于完善产权保护制度依法保护产权重要任务分工方案》，建立了产权保护工作台账和产权保护定期上报制度。2019 年 1 月，珠海中院与珠海民营企业家代表召开座谈会，就知识产权保护、工程欠薪维权等问题交流探讨，了解企业家诉求，维护民营企业合法权益。编发《企业用工的法律风险与防控》手册，助力企业规范用工。注重发挥典型案例作用，珠海中院审理的高凌公司诉杨某某劳动争议纠纷案件、斗门区法院审理的龙基公司破产重整案获评"广东省服务保障民营企业健康发展典型案例"。香洲区法院审理的格力电器诉志高空调侵犯商标权案入选"广东法院加强产权司法保护十大案例"。珠海法院还多次开展产权冤错案件甄别纠错工作，均未发现涉产权重大冤错或社会反映强烈的产权纠纷案件。

（二）创新知识产权审判机制，营造充满活力的创新环境

随着全社会知识产权保护意识的增强，人民法院司法保护主导作用也日益凸显。珠海法院非常重视知识产权审判工作。其一，在机构设置方面，2017 年珠海市香洲区法院高新人民法庭挂牌设立，负责审理珠海市一审一般知识产权刑事、民事、行政案件（发生在横琴新区的除外），以知识产权刑事、民事、行政案件"三审合一"提升知识产权案件审判效率。其二，在保护机制创新方面，珠海法院积极推动司法保护和行政执法双轨保护，努力破解知识产权侵权成本低、维权成本高的实践难题。2018 年 9 月，横琴新区人民法院（以下简称"横琴新区法院"）与横琴新区工商行政管理局共同签署《关于共建中国（广东）自由贸易试验区珠海横琴新区片区知识产权侵权惩罚机制合作备忘录》，开拓知识产权保护协作新领域，建立知识产权侵权行政处罚与民事赔偿衔接机制，显著提升知识产权侵权违法成本。其三，在典型案例指引方面，2019 年 4 月香洲区法院发布《珠海市香洲区人民法院知识产权司法保

护白皮书（2014～2018）》，总结了"充分运用证据规则"等十大工作机制，公布香洲区法院知识产权审判典型案例，典型案例涉及商标侵权、不正当竞争、侵犯著作权、商业秘密等类型，突出典型案例的示范引导作用。

（三）发挥破产审判职能作用，营造平等有序的市场竞争环境

2017年，珠海中院在全省率先设立破产审判庭（执行裁判庭），审理破产及执行裁决案件，服务供给侧结构性改革。为提升执行转破产工作效率，珠海中院第一时间将涉案众多又缺乏清偿能力、无法合理安置员工的企业纳入破产审查程序，积极商请政府制定安置计划，通过对多个债务人采用执行转破产程序，消化了1200余件执行案件，优先清偿劳动债权，优先保护劳动者合法权益。为加快出清国有"僵尸企业"，珠海中院建立绿色通道，采取"繁简分流、简案快审、繁案精审"模式，对符合条件的案件采用集中受理、集中公告、集中选定管理人、集中选定审计机构的方式，简化审理流程，提高出清效率。为解决民营企业"无产可破"案件中管理人报酬等费用问题，珠海中院积极协调设立破产案件专项处置资金，运用减免案件受理费等方法，突破企业破产难困境。珠海中院还充分发挥破产程序的和解和重整功能，完善市场主体救治机制，对暂时陷入困境的企业，通过债务调整或引入投资人等方式，保留企业经营价值，帮助企业恢复生产经营，避免职工下岗失业。创新建立破产预重整府院联动机制，通过"政府主导＋法院指导监督"，推进庭外重整，提升重整成功率。中艺华海等公司成功重整，都及时有效地避免了社会风险，维护了社会稳定。

（四）加强行政审判工作，营造高效透明的政务环境

粤港澳大湾区的发展离不开法治国家、法治政府和法治社会一体建设的保障[1]。为公正高效化解行政案件纠纷，珠海法院率先在全省实行行政案件

---

[1] 郑方辉、邱佛梅：《以法治推进粤港澳大湾区发展》，《中国社会科学报》2017年8月30日，第7版。

全面集中管辖，由珠海市金湾区人民法院（以下简称"金湾区法院"）集中审理全市一审行政案件，通过严格审理行政处罚、行政许可、市场监管执法、政府信息公开和行政协议等案件，推动形成权责明确、公开透明的市场监管格局。2019 年，珠海两级法院审结各类行政诉讼案件 767 件，审查行政非诉案件 524 件，广东省高级人民法院审结的珠海上诉和再审行政诉讼案件改判率低于 2%，审判质效在全省名列前茅。积极运用新《行政诉讼法》第 60 条确立的行政争议调解制度，将行政争议调解贯穿于诉讼全程，多方联动，深入了解行政相对人诉求，促进行政争议实质性化解，成功化解中基宁波集团股份有限公司诉高栏港海关巨额罚款案、童某诉斗门食品药品监督管理局请求支付奖金案、吴某诉市政府不服行政复议决定案等一批行政争议要案。发挥司法建议扩展审判效果的作用，促进政府依法行政，在吴某诉珠海市人民政府行政复议案中，合议庭创新在审理阶段发出司法建议，促成《珠海市人民警察优抚对象子女教育优待实施细则》出台，实现了司法与行政良性互动。

（五）努力破解执行难，营造诚实守信的社会环境

2016 年以来，珠海法院按照上级法院部署，全力攻坚"基本解决执行难"，各项核心指标均已达标。为提升执行信息化水平，珠海法院自主开发"司法查控系统 V3.0"，在全国率先实现房地产"点对点"查封和过户，在全省率先将被执行人房产、土地查控网络与全国联网，实现"点对总"查询；与珠海主要商业银行及多部门联网，实现查控快捷办理；全市法院配置集录音录像、远程通话功能于一体的 4G 执行单兵系统，实现重大案件远程指挥，全程留痕；在两级法院执行系统试运行"E 键送达"、直接对接邮政司法专递系统，有效解决法律文书的送达难题。为推进珠海社会诚信体系建设，珠海法院积极推动失信被执行人信用监督、警示和惩戒机制建设，建立了珠海法院失信被执行人名单库，与银行、工商、税务、海关、不动产登记等部门即时共享信息，实现"一处失信，处处受限"。严厉打击违反财产报告制度、拒不履行债务、妨碍执行等违法行为，2019 年，珠海法院共公开

失信被执行人 4549 人次，限制高消费 18988 人，司法拘留 238 人，以涉嫌拒执罪、妨害公务罪移送公安机关追究刑事责任 12 人。

三　推动完善粤港澳大湾区商事纠纷解决机制，促进形成全面开放新格局

在粤港澳大湾区和横琴自贸区建设背景下，涉外、涉港澳台商事案件进一步增加，伴随着商业创新，融资租赁、保理合同等新类型商事案件涌现，商事案件的复杂性和专业性不断增强。近年来，珠海法院发挥涉外审判职能，推动商事纠纷多元化解，加强与港澳交流合作，不断提升商事纠纷解决能力，2017~2019 年共审结涉外、涉港澳台案件 2832 件，其中涉港 741 件、涉澳 1459 件。

（一）完善商事审判机制，促进粤港澳大湾区商事裁判标准统一

为提升涉自贸区民商事案件审判效率与公信力，珠海法院在全国率先指定由横琴新区法院集中管辖全市诉讼标的额人民币 2000 万元以下的一审涉外、涉港澳台民商事案件，有效统一裁判尺度，打造涉外审判品牌。为扩大港澳同胞对审判工作的参与度，横琴新区法院选任 11 名港澳籍陪审员参与涉港澳案件审判，分批接收 25 名澳门在校大学生担任实习法官助理，发挥港澳同胞熟悉港澳社情和法律的优势，提升审判水平。为提升涉澳审判研究水平，在最高人民法院支持下，珠海中院和横琴新区法院均挂牌设立"中华司法研究会涉澳司法研究基地"，总结审判经验，打造精品案例。2018 年珠海中院首次以中葡双语发布《珠海法院涉澳民商事审判白皮书》，总结涉澳案件运行态势，发布十大典型案例，为涉澳审判提供了良好指引。

（二）准确查明适用域外法，提升涉外裁判国际公信力

珠海法院法官灵活运用多种途径查明域外法，对依据域外法出具的法律

意见书,通过组织质证、网上查询、发出函件向该地区法院或法律机构进行咨询等方式查明。为充分利用珠海与澳门陆路相连的地缘优势以及澳门作为联系中国与葡语国家平台的角色,提升澳门及葡语系国家法律查明效率,为法官和诉讼参与人提供便利,珠海中院与澳门大学、横琴新区探索推动葡语国家及澳门特别行政区法律查明中心建设,通过多方调研论证,提出法律查明中心设立方案。

(三)推进国际商事纠纷多元化解机制,多渠道化解涉外纠纷

珠海法院充分尊重粤港澳三地法律文化差异,支持当事人选择调解、仲裁等非诉讼方式解决纠纷,满足当事人多元需求。2017年以来,横琴新区法院聘任11名港澳籍人士作为特邀调解员,成功调解多宗涉澳民商事案件。港澳籍人士参与调解工作,有利于提高涉港澳民商事案件调解效率,增强港澳籍当事人对内地司法公正的认同感。2019年7月,横琴新区法院、香洲区法院分别与北京融商一带一路法律与商事服务中心暨一带一路国际商事调解中心签署《建立诉讼与调解相衔接多元化纠纷解决机制合作协议》,委托其进行诉前调解"整包处理"①,香洲区法院挂牌成立"一带一路国际商事调解中心香洲区法院调解室",开展调解员培训、课题调研,建设诉调对接在线调解系统,丰富调解方式。

(四)加强珠港澳合作,探索建立"环大湾区司法服务圈"

为提高粤港澳大湾区司法服务质量,加强粤港澳司法界人士交流与培训,珠海法院与港澳法律业界建立了紧密联系,港澳司法实务界、学术界和社会团体多次到珠海考察访问。珠海中院曾组织两级法院法官赴澳门访问交流,听取澳门大学教授及澳门法官、检察官讲授澳门法律体系制度框架和民法刑法课程;珠海中院法官为澳门法院法官助理讲授内地司法制度

---

① "整包处理":是指对于没有立案的法律纠纷,当事人同意启动调解后,案件全部交由北京融商调解中心负责调解,达成调解后由北京融商调解中心向法院申请司法确认。

及司法改革最新动向；横琴新区法院与澳门科技大学签署合作协议，在教育培训、学术研究、法律人才培养等方面深化合作。横琴新区法院还与澳门初级法院拟定了关于加强日常交流与协作的会议纪要，该纪要已获最高人民法院批复同意。2019 年 12 月，横琴新区法院与广州南沙、深圳前海法院签订《关于构建跨域立案、跨域调解、跨域庭审和共享司法资源等诉讼服务机制的协议》，建立港澳籍特邀调解员共享名册，为当事人提供跨域诉讼服务。

四　坚持以人民为中心，满足人民群众多元司法需求

珠海法院服务粤港澳大湾区建设，始终以"努力让人民群众在每一个司法案件中感受到公平正义"为目标，通过强化民生保障、优化诉讼服务、创新司法公开、弘扬法治精神，不断提升人民群众的获得感。

（一）加强民生司法保障，营造良好生活环境

珠海法院在婚姻家庭、劳动争议、交通事故、医疗纠纷、房地产纠纷等涉民生案件审理中，注重运用调解方式，成功调解涉 111 人的珠海金某公司劳动争议纠纷、涉 161 人的商品房逾期交房违约金纠纷等众多系列案件，实现案结事了，切实保障了民生权益。积极创新涉民生审判机制，以婚姻家庭案件为例，全市法院均设立了家事审判合议庭，香洲区法院成立了家事少年审判庭，持续推出家事调查员制度、全省首创离婚证明书制度、试行离婚冷静期制度等创新举措，有力促进家庭和谐，家事少年审判庭荣获全国法院家事审判工作先进集体。在环境资源审判方面，金湾区法院践行"绿水青山就是金山银山"的理念，出台了《环境保护禁令操作细则》，在全省首推"环境保护禁止令"，及时制止严重污染环境的违法行为。

（二）提升诉讼服务水平，营造高效便民的司法环境

为进一步完善便民利民措施，珠海法院构建了以诉讼服务大厅、诉讼服

务网、12368 诉讼服务热线为主要内容的立体化诉讼服务模式。两级法院深化"互联网＋"诉讼服务，推进诉讼档案电子化，开通了诉讼费微信、支付宝缴费平台，为当事人提供网上立案、跨域立案、远程庭审、电子送达、院外借阅案卷等多元便捷的诉讼服务。为积极发挥司法救助制度功能，为困难当事人排忧解难，珠海中院制定了《实施国家司法救助制度办法》，在全省率先创设"特殊情况多次救助""司法救助案件合议庭"等制度，2019年全市法院依法为经济困难当事人缓减免诉讼费335.1万元，为刑事案件被害人、民事案件申请执行人发放司法救济金531.5万元。

（三）深化司法公开，构建开放透明的阳光司法机制

珠海法院严格落实最高人民法院关于审判流程、执行信息、裁判文书和庭审公开的规范要求，加大司法公开"四大平台"建设整合力度，2019年，全市法院向当事人推送诉讼服务短信4万余条；审判流程信息和执行信息公开率达到100%，依法应当公开的生效裁判文书一律公开，上网生效裁判文书27009份；举行网络庭审直播1999场，有力保障了人民群众对司法工作的知情权和监督权。为增强人大代表对法院工作的了解，珠海中院积极联络拜访人大代表，邀请人大代表旁听庭审、见证执行、座谈交流，认真研究采纳人大代表提出的意见建议，并在新改版的内刊《珠海审判》中加设"代表委员之声"专栏，增强内容的丰富性和可读性，将杂志作为各方面了解珠海法院工作的重要媒介，主动接受社会监督。

（四）推动普法宣传常态化，服务法治文化建设

珠海法院突出移动互联网时代新特点，在法院"两微一站"自媒体基础上，增设"头条号""南方＋""澎湃问政""抖音"等8个公开平台，定期发布典型案例，以人民群众喜闻乐见的形式普及法律常识。2018年"天网—利剑"执行专项行动重点惩戒拒不申报财产、拒不腾退等恶劣对抗执行的行为，该行动在珠海电视台、"南方＋"等媒体进行直播，线上围观群众达到10万人次，取得了良好的社会效果。珠海法院还

定期走进校园、村居、企业、军队开展针对性的普法宣传，2019 年珠海中院前往汤臣倍健股份有限公司等企业、北京师范大学珠海分校等高校和外伶仃村等地进行普法，编发《法治护航青青梦——青少年普法案例汇编》，开展青少年普法活动 21 场，选派法官到学校担任"法治副校长"，全方位营造公民尊法学法守法用法的社会氛围。

五　珠海法院服务粤港澳大湾区建设存在的问题

珠海法院在为粤港澳大湾区建设营造法治化营商环境、安全稳定的社会环境、高效便捷的司法服务环境等方面取得了良好成效，但也存在一些亟待解决的问题，进一步提升粤港澳大湾区司法保障水平，珠海法院仍然任重而道远。

（一）区际司法合作方面

随着粤港澳大湾区建设加快推进，密切的经济往来必将伴随粤港澳三地司法合作案件的快速增长，对审判效率提出了新的挑战。当前区际司法合作主要存在以下问题。首先是刑事司法合作较为滞后，合作多以个案为主，制度保障不足。其次是委托香港和澳门法院送达文书和调查取证的时间仍然较长。中间传递环节仍然较多，实践中委托送达和取证用时长达数月，不利于粤港澳民商事纠纷的迅速解决。再次是区际判决的认可与执行仍不够便捷。司法实践中，当事人持生效的港澳法院判决到内地法院请求认可与执行，内地法院仍然要走诉讼程序，经合议庭审理后作出裁定，诉讼周期较长，不利于区际判决的自由流通。最后是法律查明仍存短板。香港法律特别是其判例规则的查明难度仍然较大，查明途径不通畅。

（二）多元化解矛盾纠纷方面

多元化纠纷解决机制旨在将大量的矛盾纠纷在初期阶段通过社会组织分散化解，避免矛盾纠纷过多集中到法院，对于充分调动社会资源、有效分流案件、缓解案多人少矛盾具有积极意义。目前，珠海法院多元化纠纷解决机制建设主要存在以下问题。首先，多元化纠纷解决机制的衔接不够顺畅。法院与其他相关职能部门的相互协作还不够深入，衔接机制不够细化，与一些社会组织签订了协议，但分流作用尚不明显。其次，多元化纠纷解决机制影响力和公信力不够。虽然珠海法院通过各种方式进行宣传，但受众仍有一定局限性，港澳籍当事人对多元化纠纷解决机制的了解和信任度不高，部分行业性、专业性调解组织权威性不足，多数当事人仍然偏好通过诉讼解决纠纷。最后，线上矛盾纠纷化解平台建设相对滞后。国内有的法院实现了多元化纠纷解决机制"从线下到线上、从粗放到精细"的转型升级，调解可全流程线上办理，材料提交、审核、选择调解员、进行调解、申请司法确认，都可以在线完成，提升了纠纷化解效率。与之相比，珠海法院尚需加大投入，提升多元化纠纷解决机制的信息化水平。

（三）保障法律统一适用机制方面

司法体制改革放权于法官和合议庭后，裁判尺度统一就成为司法实务部门和人民群众共同关注的焦点。珠海法院通过健全完善审判委员会和专业法官会议制度、加强院庭长监督管理等方式促进裁判尺度统一，但专业法官会议的规范化运行水平仍待提升，部分基层法院法官会议制度建设滞后，院庭长监督管理效果仍待加强，类案检索和推送的信息化支撑不足。此外，粤港澳大湾区内地九市之间的裁判标准亦有不一致的情况，而粤港澳三地更是分属三个法域，法律体系和裁判规则不同，影响了裁判规则的可预测性。

六　未来展望

为进一步提升服务粤港澳大湾区建设的司法水平，珠海法院将重点做好以下工作。

（一）深化珠港澳合作，高效化解涉港澳纠纷

首先，珠海法院将配合上级法院推动粤港澳三地共享港澳法律查明渠道

和资源，让港澳法律查明更加便利。其次，为提升内地与港澳委托送达文书和调查取证效率，探索继续减少中间传递环节，珠海中院将争取上级法院授权中院乃至横琴新区法院直接向港澳法院委托送达文书，报广东省高级人民法院备案，进一步提高效率。再次，在区际民商事判决的认可与执行方面，争取上级法院支持，在粤港澳大湾区先行先试，探索简化相互认可与执行区际判决程序，进一步促进判决自由流通，促进粤港澳深度融合。最后，珠海法院将加强与港澳司法机关和高校的交流合作，建立更加顺畅的沟通机制，共同开展业务交流、学术研讨和培训，提升涉外审判能力。推进珠澳深度合作，依托最高人民法院中华司法研究会涉澳司法研究基地，加快落实横琴新区法院与澳门初级法院加强司法交流与合作的纪要签署工作，不断拓展合作空间，丰富合作内涵。

（二）完善多元化纠纷解决机制，多渠道化解矛盾纠纷

随着粤港澳大湾区建设深入推进，大湾区案件仍将保持高速增长，珠海法院将把非诉讼纠纷解决机制挺在前面，注重案件繁简分流，从源头上减少诉讼增量，缓解案多人少矛盾。其一，梳理整合现有纠纷解决资源，加强与政府部门、仲裁机构、专业调解组织等协作，健全调解、仲裁、公证、行政裁决、行政复议和诉讼有机衔接、互相协调的多元化纠纷解决体系。其二，强化多元化纠纷解决机制推广，通过在媒体开设专栏、评选优秀调解员、案例报道等形式，让人民群众特别是港澳籍同胞了解多元化纠纷解决机制的经济高效，争取人民群众对非诉讼纠纷解决机制的认可与支持。其三，以信息化建设提升多元化纠纷解决效率，加快推进在线调解平台建设，努力实现案件材料提交、补全、审核、答疑、调解、司法确认全流程在线完成，同时利用信息化高度公开、处处留痕的特性，加强调解员履职管理，促进调解员专业水平提升。其四，珠海法院将深化繁简分流机制改革，继续推广速裁程序，实现繁案精审、简案快审，推进简单案件裁判文书简化改革，真正为法官减负，为案件提速。

（三）健全保障法律统一适用机制，提升司法公信力

首先，要加强对港澳商事法律、商事习惯和商事裁判的研究，推动三地建立典型案例数据库，加强审判经验交流，以商事裁判接轨促进粤港澳融合。其次，要发挥院庭长办案示范机制、审判委员会和专业法官会议作用，科学规范法官自由裁量权。2019 年 7 月，珠海中院制定了《珠海市中级人民法院关于规范院庭长审判监督管理职责的规定》，珠海法院将抓好落实，有效区分监督管理和干预过问案件，解决不敢管、不善管的问题。再次，要完善类案检索报告制度。2019 年 9 月，珠海中院印发了《珠海市中级人民法院类案检索规范化指引》。下一步珠海法院将继续细化类案检索程序和要求，引导法官运用中国裁判文书网、类案智能推送系统等平台检索关联案件，并在案件审理中推广类似案例辩论制度。最后，发挥典型案例示范作用。定期发布涉外、涉港澳台民商事审判白皮书，总结涉外、涉港澳台典型案例，及时反馈横琴自贸区内企业涉诉情况，助力企业防范法律风险；定期评选珠海法院十大典型案例，发挥示范引领作用；做好发改案件情况分析通报，促进裁判尺度统一。

粤港澳大湾区建设是一项宏伟的系统工程。在推进粤港澳大湾区建设的浪潮中，珠海法院将以"让人民群众在每一个司法案件中感受到公平正义"为目标，坚持司法为民、公正司法，勇于担当作为，为营造更高水平的法治化营商环境、建设宜居宜业宜游的优质生活圈提供更有力的司法保障。

B.11
横琴新区法院服务保障粤港澳
大湾区建设的探索

珠海横琴新区人民法院课题组 *

摘　要： 珠海横琴新区人民法院紧跟国家发展战略步伐，不断提升服
务和保障大局的能力，在专业化审判、多元化纠纷解决机制、
司法服务能力、司法合作交流等方面作出重大探索，为粤港
澳大湾区建设营造稳定、公平、透明、可预期的法治化营商
环境。但在审判质效、纠纷解决能力、与港澳地区交流合作
方面也存在一些问题与困难，未来仍需要多措并举，进一步
提高审判质效、完善多元化纠纷解决机制、加强司法人才队
伍建设，为粤港澳大湾区建设发展注入强大动力。

关键词： 司法服务保障　专业化审判　多元化纠纷解决机制　司法合
作交流

随着粤港澳大湾区战略的深入推进，粤港澳三地相互联系、相互依存的
关系日益明显，在经济、社会等领域发生了深刻的变革。2019 年 2 月，
《粤港澳大湾区发展规划纲要》正式出台，为大湾区建设的司法保障提供
了方向指引。《粤港澳大湾区发展规划纲要》指出，要加强粤港澳司法交

* 课题组负责人：蔡美鸿，珠海横琴新区人民法院原党组书记、院长。课题组成员：王铭扬、
胡冬梅、梁诗韵。执笔人：胡冬梅，珠海横琴新区人民法院综合办公室副主任科员；梁诗韵，
珠海横琴新区人民法院综合办公室职员。

流与协作，推动建立共商、共建、共享的多元化纠纷解决机制，为粤港澳大湾区建设提供优质、高效、便捷的司法服务和保障，着力打造法治化营商环境。然而，在这个三大自由贸易区、两种制度体系和三个法域并存的特殊区域内，诸多制度性冲突与矛盾不可避免，司法实践面临许多新问题、新挑战。

粤港澳法律体制与行政管理体制的差异性既是司法实践工作的难点，也是推动粤港澳司法合作的动力。珠海横琴新区人民法院（以下简称"横琴新区法院"）深刻认识到自己的职责使命，抢抓机遇、迎难而上，积极投身新时代粤港澳大湾区建设浪潮，以提高司法的公正性与高效性为目标，以解决粤港澳大湾区建设的司法实践难题为根本，积极探索大湾区司法保障新路径，着力强化审判专业化机制，积极拓展粤港澳交流合作新途径，不断提升与港澳接轨的司法服务水平，为粤港澳大湾区建设提供优质的司法服务和有力的司法保障，努力为粤港澳大湾区建设营造良好的法治环境。

一　积极推进专业化审判

公正司法是人民法院的生命线，是推进粤港澳大湾区建设的法治基础。横琴新区法院致力于加强专业化审判机制建设，不断提高司法能力与水平，努力实现实体公正与程序公正的有机统一，助力提升大湾区营商环境。

1. 实现集中化管辖，打造审判特色品牌

根据 2014 年及 2016 年最高人民法院的批复，横琴新区法院集中管辖珠海市辖区内的一审涉外、涉港澳台民商事案件以及横琴新区第一审一般知识产权民事案件①。截至 2019 年，横琴新区法院共受理涉外、涉港澳台民商事案件 4024 件，其中，涉澳案件 2354 件，占比 58%。充分发挥知识产权司法保护主导作用，近四年来共受理知识产权案件 488 件，其中，2016 年收

---

① 根据 2016 年 6 月 2 日最高人民法院的批复，一般知识产权民事案件是指发生在横琴新区范围内，除专利、植物新品种、集成电路布图设计、技术秘密、计算机软件、驰名商标认定纠纷案件及垄断纠纷案件之外的一般知识产权民事案件。

案 4 件，2017 年收案 21 件，2018 年收案 156 件，2019 年收案 307 件。始终坚持"保护知识产权就是保护创新"理念，探索知识产权保护机制改革，与珠海市横琴新区工商行政管理局签署《关于共建中国（广东）自由贸易试验区珠海横琴新区片区知识产权侵权惩罚机制合作备忘录》，重点在两法衔接、一案双查、证据收集及固定、失信企业联合惩戒、多元化解决纠纷等方面开展合作，实施更严格的知识产权保护制度，有效降低权利人的维权成本①，提升知识产权侵权违法成本②，为打造自贸区、大湾区创新高地提供了有力保障。

2. 探索专业化审判机制，提高审判质效

优化法官分案规则，每年由法官根据职业专长自主申报③及工作实际统筹安排来确定法官承办案件的类型，形成分工明确、各有侧重的办案工作机制，进一步提高了审判专业化水平。为规范专业法官会议工作机制，制定了《珠海横琴新区人民法院专业法官会议规则（试行）》，明确专业法官会议是审判业务方面的议事机制，为法官办理重大、疑难、复杂案件提供参考意见，开展审判业务法律研讨并通过类案参考、案例评析等方式统一裁判规则，提升审判质效。针对涉外、涉港澳台案件审判周期过长的特点，横琴新区法院积极探索审判方式改革，在涉外、涉港澳台案件审判中适用简易程序，大幅提高了办案效率。

3. 利用港澳人力资源，提高专业化能力

横琴新区法院严格法官选任标准，坚持优中选优，公开选调了法学功底

---

① 该机制支持知识产权所有人根据诉讼需要依法向工商行政管理部门申请立案查处，降低维权人取证难度。同时，工商行政管理部门与法院共享案情信息，互通证据材料，行政调查与司法审查并举，形成联合保护知识产权协调机制，有效解决知识产权人维权渠道不畅、程序烦琐、成本高昂等维权难题，提升维权效率。

② 法院对重复侵权、恶意侵权以及情节严重的知识产权侵权违法行为依法加大赔偿力度；工商行政管理部门可根据法院生效裁判文书对知识产权侵权行为作出行政处罚，侵权者将面临支付赔款和罚款双重处罚，大大增加违法侵权成本。

③ 法官按照下列案件分类分配办案任务：（一）刑事案件；（二）民事案件，包括涉外、涉港澳台民事案件；（三）商事案件；（四）涉外、涉港澳台商事案件；（五）房地产案件；（六）知识产权案件。上述六类案件，每名法官可以自主申报通常分案一至三类、轮候分案至少一类。目前，每位专职法官主办案件类型为两至三类。

扎实、审判水平优异和调研能力突出的优秀法官进入法官员额，筑牢审判工作发展根基，目前员额法官有 11 名。建立审判团队，推行"法官＋法官助理＋书记员"团队运行模式，目前达到"1＋2＋1"的配备标准，实现"法官优而精，辅助人员专而足"的人员配备模式。建立常态化实习审判辅助人员机制，接收境内外知名高校硕士、博士研究生担任实习法官助理，辅助法官进一步做好审判工作，同时，协助法院开展审判理论研究及改革创新工作，促进司法能力提升。为擦亮涉外审判特色品牌，吸纳 6 名澳门高校毕业生担任法官助理，分批接收了 25 名澳门高校研究生担任实习法官助理，努力打造一支专业化水平突出的涉外审判人才队伍。建立港澳籍陪审员制度，聘请了 9 名港澳籍陪审员，截至目前，港澳籍陪审员参审案件 39 件，进一步增强了司法公信力。成立专家咨询小组，邀请境内外 10 余名知名法学专家担任咨询专家，其中香港、澳门籍知名教授 3 名，分别于 2015 年及 2016 年成功召开了两次专家咨询小组会议，为涉外审判及改革创新工作提供了强大的智力支持。

4. 加强涉澳审判研究，推进审判精品战略

横琴新区法院制作发布《珠海横琴新区人民法院涉澳民商事审判白皮书》，对涉澳审判和改革工作进行总结剖析，突出典型案例的指导作用，不断增强涉澳民商事审判服务大局的针对性、有效性和主动性。为强化司法引导与服务保障功能，平等保护市场主体合法权益，加强对涉自贸区案件的审判研究，制定《珠海横琴新区人民法院涉自贸区案件审判指引》，该指引围绕涉自贸区案件的立案与送达、审理、执行、审判机制、审判延伸工作等五大方面作出详尽规范，其中审理部分又根据合同、金融、知识产权、劳动争议、房地产等七类案件具体分节规定，为涉自贸区案件审理提供指引性思路，进一步提升司法裁判的可预见性。

二 努力构建大湾区多元化纠纷解决机制

随着粤港澳大湾区建设的深入推进，矛盾纠纷呈现多发性、多领域、多主体的发展态势，人民群众日益增长的司法需求与有限的司法资源之间的矛

盾越发凸显。而且，涉外矛盾纠纷通过诉讼方式解决，往往需要较大的时间成本。为破解该难题，横琴新区法院秉持共商共建共享的理念，充分调动社会资源，在纠纷解决机制方面作出了重要探索。

1. 特邀港澳籍调解员，建立特邀调解机制

制定《珠海横琴新区人民法院建立诉调对接平台、开展诉调对接工作实施方案》，设立调解工作室，聘任46名特邀调解员（含港澳籍特邀调解员11名），办理法院委派调解和委托调解的案件。该工作机制建立以来，特邀调解员参与诉前委派调解案件537件，参与诉中委托调解案件43件，其中港澳籍特邀调解员参与涉港澳案件调解63件[①]，充分满足境内外当事人的司法需求，有效促进案件分流和纠纷多元化解。同时，积极与广州市南沙区人民法院、深圳前海合作区人民法院共同探索自贸区法院港澳籍特邀调解员资源共享和调解互认，构建互利合作的大调解工作格局，合力提高解决涉港澳纠纷的能力。

2. 探索法院与公证机构全方位对接，建立司法辅助事务集约化管理机制

与广东省珠海市横琴公证处（以下简称"横琴公证处"）共同签署《司法辅助事务协作框架协议》，探索公证机构参与司法辅助事务集约化管理工作机制，由横琴公证处在法院资料收转、调解、取证、送达等环节提供法律服务。经过两年多的协作，横琴公证处参与案件调解295件，协助送达文书448件，收转资料48729份，协助导诉1163件，协助调查取证4件，参与执行公证2次，有效缓解了法院"案多人少"的压力，推动社会纠纷资源的合理配置和高效利用。

3. 建立"一带一路"法律服务平台，完善诉调对接合作机制

为促使大湾区商事纠纷及时化解，有效保护境内外商事主体的合法权益，横琴新区法院与北京融商一带一路法律与商事服务中心暨一带一路国际商事调解中心签署《建立诉讼与调解相衔接多元化纠纷解决机制合作协议》，双方互联互通，搭建多元纠纷解决机制对接服务平台，围绕多边合作

---

① 以上数据截至2019年。

共商共建，构建诉前委派调解和诉中委托调解的诉调对接机制，今后将发挥双方专业背景优势，切实增强调解工作效能。

三 大力提升司法服务水平

"正义不仅要实现，而且要以人们看得见的方式实现。"横琴新区法院坚持以人民为中心，努力构建便捷高效、便民利民的诉讼服务体系，大力推进司法公开，让诉讼活动更加透明、诉讼结果更可预期，不断增强人民群众的获得感。

1. 打造现代化诉讼服务中心，推进智能精准的一站式服务

横琴新区法院现代化诉讼服务体系推行线上线下一体化智能服务，为当事人和律师提供快捷的线上掌上服务，截至 2019 年共办理网上立案 3022宗。与广州市南沙区人民法院、深圳前海合作区人民法院签署合作协议，探索搭建"环大湾区司法服务圈"，围绕跨域立案、跨域调解、跨域庭审等开展协作，切实解决异地诉讼难。开展法律援助律师驻点工作，值班律师现场解答当事人法律咨询共 1399 人次。为充分保障律师执业权利，开通律师安检绿色通道，为律师执业营造良好的环境，也体现了法官与律师作为职业共同体的相互尊重，受到广东省律师协会的赞扬。为港澳籍当事人开放绿色通道办理授权委托及立案手续，有效减轻境外当事人诉累。

2. 首创多语言司法公开，促进与国际接轨

横琴新区法院立足自贸区法院定位，服务粤港澳大湾区和横琴自贸区建设，探索司法公开新形式。开辟自贸区法院司法形象展示新窗口，将门户网站升级改版为中英葡三语网站，在横琴新区法院成立四周年之际全新上线，充分展示横琴新区法院在审判执行、改革创新、司法公开等方面的工作情况和发展动态。同时，将涉澳民商事审判白皮书升级为中文版、英文版和葡萄牙文版，并选取部分生效裁判文书翻译成英语和葡萄牙语，在门户网站上公开发布。进一步深化了司法公开，提升横琴新区法院与国际接轨的能力，以国际化的视野和专业创新的精神，为外商营造了公开透明的法治环境。

3. 出台保障大湾区自贸区建设的意见，提升司法服务能力

横琴新区法院立足国家发展大局，找准法院工作与粤港澳大湾区、横琴自贸区建设的结合点和着力点，制定出台《珠海横琴新区人民法院关于进一步加强改革创新　为粤港澳大湾区横琴自贸区建设提供更优司法保障的意见》，从把握大湾区自贸区建设的目标定位、构建国际化市场化法治化营商环境、提升司法服务保障水平、满足大湾区自贸区发展的司法新需求、推进粤港澳深度融合发展五个方面提出 20 条具体保障措施，为横琴自贸区全面深化改革和粤港澳深度合作保驾护航。

4. 梳理涉港澳民商事案件诉讼风险点，打造高水平司法服务平台

针对内地与港澳地区法律制度的差异性，认真梳理港澳籍当事人在内地参与诉讼的风险点及特别规定，制定《涉港澳民商事案件诉讼风险特别提示》，并计划翻译成英语、葡萄牙语，方便港澳籍当事人正确行使诉讼权利，避免常见诉讼风险，进一步提升涉大湾区、自贸区案件的司法透明度，充分体现横琴自贸区作为粤港澳紧密合作示范区的优势。

四　不断深化粤港澳司法合作交流

粤港澳三地的司法合作是粤港澳大湾区建设发展的重要保障。横琴新区法院充分发挥区位优势，大力推进与港澳地区的交流与协作，推动形成法治保障合力。

1. 稳步开展区际司法协作，促进互惠共赢

横琴新区法院高度重视并大力推动涉港澳司法协作工作的稳步开展，在有关安排和协议框架下，2016 ~ 2019 年，横琴新区法院委托澳门法院送达司法文书 367 件，调查取证 18 件，委托香港法院送达司法文书 43 件，协助香港法院送达司法文书 1 件。参与起草《广东省高级人民法院关于委托港澳地区法院送达司法文书的操作规程》，进一步规范了司法协作关于委托送达的流程，有助于粤港澳大湾区保障能力的优化与提升。加强与澳门法院的互惠合作，推动与澳门初级法院签署加强交流与协作的框架协议，目前正在

协调相关签约工作。协议签署后，将有助于落实珠澳法院互访和日常交流机制，推动建立便捷、灵活、高效的司法协作机制。

2. 强化对外交流合作，增进彼此认同

借助横琴新区毗邻港澳的区位特点，横琴新区法院与港澳地区学术界、实务界紧密联系，努力推进对外交流，接待了全国各地法院、政法机关、高校考察团等共计 300 多批次累计 3000 多人，借鉴吸收有益经验。与澳门科技大学签署合作协议，在教育培训、学术研究、法律人才培养等方面展开交流合作。港澳地区法学专家、法官、检察官等前来横琴新区法院访问交流，横琴新区法院法官前往香港、澳门高校开展学习培训，进一步推动相互了解和学习借鉴。横琴新区法院定期寄送法院工作年报给相关单位和专家学者，拓宽了彼此交流的空间。

五 问题与展望

横琴新区法院紧跟粤港澳大湾区建设的发展步伐，着力提高司法服务和保障能力，为营造稳定、公平、透明、可预期的营商环境作出了应有的贡献，但在实践中还存在一定的挑战和困难。首先，不同法律体系下的审判质效有待加强。横琴新区法院集中管辖全市一审涉外、涉港澳台民商事案件，受理的涉港澳案件约占民商事案件总数的 45%。因粤港澳三地分属不同的法律体系，涉港澳案件的审理存在送达周期长、裁判尺度不统一、案件调解难度较大等问题。随着大湾区内案件数量急剧增长，新类型、重大疑难案件大幅增加，"案多人少"矛盾突出，法官的办案压力较大。其次，诉调对接的联动性有待加强。在实践中，专职人民调解员、特邀调解员、港澳籍调解员参与调解力度尚且不够，诉调对接的联动性不足，未形成常态化工作机制，难以达到高质高效化解纠纷矛盾的理想效果。最后，区际司法合作有待深化。由于包括司法协作在内的司法合作属于中央事权，大湾区内两级法院与港澳地区司法机关的沟通略显不足，常态化紧密联系机制尚未建立，相互衔接机制探索不够，进一步深化三地的司法合作尤为迫切。

当前是粤港澳大湾区建设全面推开、全面深化的关键阶段。横琴新区法院今后将立足新时代大湾区、自贸区法院定位，忠诚履职尽责，勇于担当作为，锐意改革创新，重点抓好以下几个方面的工作，为大湾区高质量发展提供高水平司法服务和保障。

一是强化涉港澳审判能力，提高审判质效。进一步推进涉外、涉港澳台审判机制改革，充分发挥审判职能，加强涉外、涉港澳台案件分析研判，提高域外法适用的准确性和积极性，创新审理机制，全力提升司法裁判的国际公信力。加强"类案同判"体系建设，运用类似案例辩论制度，发挥审判委员会、专业法官会议的职能作用，促进裁判尺度统一。加强智慧法院建设，进一步提高审判体系和审判能力现代化水平，推进信息化与法院工作的深度融合，大力推行智慧审判、智慧服务、智慧管理，健全国际化、法治化、便利化的司法服务和保障机制。

二是坚持与港澳共商、共建、共享，完善多元化国际化纠纷解决机制。在涉港澳矛盾纠纷化解上，要坚持共商、共建、共享的理念，充分调动、整合各方面的纠纷解决资源，进一步加强粤港澳司法机构、仲裁机构、调解组织、行业组织等的交流与合作，努力构建多元化国际化的纠纷解决机制。坚持把非诉讼纠纷解决机制挺在前面，充分发挥调解、仲裁等替代性纠纷解决方式的强大作用，促进案件在诉前合理分流。加强诉调对接工作的规范化和常态化，推进与横琴新区法律服务中心、横琴公证处、一带一路商事调解中心的深度合作，用好港澳籍特邀调解员制度，切实增强调解工作效能，促进矛盾纠纷高效化解。

三是推动与港澳司法资源的共享，加强司法人才队伍建设。粤港澳大湾区的繁荣发展，将对司法能力和水平提出更高要求。要加强与粤港澳三地司法部门的交流合作，就粤港澳司法资源共享、业务培训与课题研究等方面加强交流学习。大力支持和鼓励法官参加区际司法交流、法治论坛等活动，加深对港澳地区法律制度的理解和认识。重点要配齐配强审判队伍，加强涉港澳民商事审判实务培训，打造具有国际化视野、专业化能力的人才队伍，提升涉港澳案件审判的专业化水平。强化专家咨询小组建设，吸纳更多法律精英参与其中，进一步发挥专家在审判业务、改革创新工作中的"智囊团"作用，更好地服务于审判大局。

B.12
创新发展金融仲裁的珠海实践

珠海仲裁委员会课题组*

摘　要： 为快速高效处理金融纠纷，进一步提升仲裁服务金融发展能力，珠海仲裁委员会在仲裁实践中大胆创新，制定专门的金融仲裁特别规则，创设金融借贷快裁机制。珠海仲裁委员会开发网上平台，以网络仲裁处理网上金融纠纷，同时，发展金融调解，促进调解与仲裁、调解与司法的程序对接，快速高效处理金融纠纷，提升仲裁的专业化服务水平。

关键词： 金融仲裁　网络仲裁　仲裁调解　珠海

金融是经济高质量发展的重要支撑，是重要的核心竞争力。珠海金融产业不断发展，金融交易量大幅增加，金融业态逐步创新，特别是在横琴新区。截至 2019 年 12 月，横琴新区金融类企业已达 6566 家，注册资本达人民币 10923.39 亿元。金融交易增加的同时也催生大量金融类纠纷，而仲裁具有快捷高效、保密、专家断案等特点，在解决金融纠纷方面体现明显的优势。围绕建设现代化经济体系的需求，为有效化解金融纠纷，优化金融生态环境，珠海仲裁委员会持续创新金融仲裁服务，采取深入调研需求、制定专门规则、创设快裁机制、开发网上平台、发展金融调解"五管齐下"措施，主动靠前服务金融发展，提升金融仲裁水平，对促进珠海市金融业健康发展起到了积极作用。

---

* 课题组负责人：吴学艇，珠海仲裁委员会副主任、珠海国际仲裁院院长。执笔人：海玉，珠海国际仲裁院秘书。

一 深入调研，找准需求，提升仲裁
服务金融发展能力

仲裁需要双方当事人事先约定，而实践中，银行业的信用卡、金融衍生品等交易活动中均采用格式条款，限制了选择仲裁的空间，一些金融机构对仲裁与诉讼的区别和定位不清，对运用仲裁程序不熟练。加之金融纠纷类别多样化，金融机构之间、金融机构与其他法人之间、金融机构与金融消费者之间产生的争议，以及保险、保理、信贷、外汇交易等争议，各具特点，但是，普通仲裁程序"一刀切"，不利于快速处理类似小额借贷等权利义务关系明确、事实清楚的金融案件。而且，采用诉讼模式解决争议，周期长、成本高。全国各级法院面临的案件压力大，金融纠纷的整体处理效率相对较低。

为靠前服务金融企业，做大做强金融仲裁，珠海仲裁委员会与金融行业协会及银行等金融机构积极沟通交流，举办座谈会，倾听金融机构的诉求，并邀请在金融创新业务、金融机构重组、私募股权投资和企业上市业务领域具有丰富经验的资深仲裁员，向金融机构普及仲裁知识，提高金融机构对仲裁法律制度的认知度，分享新型复杂金融案件的裁判思路，助力金融机构防范风险，实现良性互动。

二 制定专门的金融仲裁规则，快速
高效处理金融纠纷

中共中央办公厅、国务院办公厅联合印发的《关于完善仲裁制度 提高仲裁公信力的若干意见》明确规定，"鼓励仲裁委员会根据不同领域、不同行业的实际情况，探索制定专门、专业领域的特别仲裁规则，提升仲裁的专业化服务水平"。国内一般仲裁案件，适用普通仲裁规则，经立案、答辩、组庭、开庭、出裁等环节，最快在受理后33天才能作出仲裁裁决；涉外案件，最快在受理后63天才能作出裁决①。一旦案件需要公告，案件办理时间会更长，往往在半年以上。金融类纠纷具有自身的规律和特点，不同于房产纠纷、建设工程纠纷、租赁纠纷等，大部分金融纠纷案件事实清楚，双方权利义务关系明确，不需要经过漫长的组织证据等准备期，普通仲裁规则规定的环节和所需时间过长，不符合金融纠纷快速处理的特殊需要。

为快速高效解决金融纠纷，尽量缩短时间和程序，为当事人提供快捷的仲裁解决途径，珠海仲裁委员会制定了专门的金融仲裁规则，即《珠海仲裁委员会金融仲裁案件特别规定》。这是一个行业仲裁规则，也是《珠海仲裁委员会仲裁规则》和《珠海国际仲裁院仲裁规则》的特别规定，除非当事人另有约定，该规则适用于珠海仲裁委员会定义的金融案件，包括金融机构之间、金融机构与其他法人、自然人、其他组织之间，在金融交易、金融服务活动中发生或者与此有关的争议，如金融借款、保险、信托投资、保理等纠纷等。

该规则最大的特点是把案件审理过程中的各个节点全部纳入案件流程管理系统，缩短了仲裁环节的各个节点，有效节省了全流程的程序时间，为加强案件管理提供了准确的依据。在案件的受理时间、送达时间、答辩期限、举证期限、裁决期限等方面都明确了更短的时间，充分体现金融仲裁的高效特点。例如，将原来受理案件后的5日内通知被申请人减少为3日，将原来被申请人在15日内答辩，15日内选定仲裁员缩短至7日；对于争议金额不超过100万元的，仲裁庭由一名仲裁员组庭后10日内首次开庭，对于事实清楚、争议不大的，可以当庭裁决，最晚不超过组庭后30日作出裁决。相比普通程序4个月内作出裁决的时间规定，大大缩短了金融案件当事人解决纠纷所花费的时间。该规则还鼓励当事人调解结案，减少对抗情绪，并对当

---

① 该数据根据珠海仲裁委员会的案件综合统计得出。根据规则，立案后，被申请人有一定的答辩期，普通程序15日，涉外程序30日；双方有一定期限选择仲裁员组成仲裁庭；根据仲裁庭和双方的时间确定开庭日期后，需提前几日通知双方；组织一次或多次开庭。所以，普通程序的审限为4个月，涉外程序的审限为6个月。如无当事人特别约定，这些程序环节和时间均须按规则进行。

事人调解结案的实行费用退回机制。规则对整个仲裁流程进行优化，为快速高效化解纠纷提供了制度保障。

为适应金融仲裁的专业性需要，珠海仲裁委员会从仲裁员名册中，选择办理金融类案件经验丰富的专家，组成金融仲裁员名册，从金融机构和行业协会增聘一些具有法律背景的金融专业人士，为金融类纠纷的解决储备仲裁员。

金融仲裁特别规定为当事人通过仲裁化解金融争议，及时回款，提供了快速处理的通道。除了当事人双方另有约定，凡金融类案件均适用金融仲裁特别规定，将案件的处理期缩短为 30 日。金融案件审理大大提速，获得了各大银行和小额贷款公司的青睐，金融类案件约定仲裁作为争议解决方式呈逐渐增长之势。

三 创设金融借贷案件快裁机制，实现速裁速决

珠海仲裁委员会在制定专门的金融仲裁规则之外，还向金融机构和当事人提供了另外一种更加个性化的仲裁服务。珠海国际仲裁院[1]依托横琴自贸区创新平台，先行先试，结合仲裁制度本身的优势及近年来办理金融借贷案件的经验，对案件事实清楚、权利义务关系明确、争议不大的金融借款合同案件，推出快速仲裁机制。在快裁机制的制度设计中，通过改造仲裁条款、优化仲裁程序环节，最快可在案件受理后 20 天作出裁决，这一机制的建立，符合仲裁程序更加快速高效的国际趋势[2]。该机制一经推出，便受到珠海市金融业界的广泛关注。

金融快裁机制不同于金融仲裁特别规定。对于金融类案件，如果当事人没有特别约定，则适用金融仲裁特别规定推进程序；如果当事人充分发挥仲裁的意思自治优势，在合同中对仲裁程序的推进作相应的特别约定，如明确

---

① 珠海国际仲裁院是珠海仲裁委员会的分支机构，设立在横琴自贸片区。
② 参见联合国国际贸易法委员会第二工作组第六十九届会议报告，A/CN. 9/WG. II/WP. 207。

约定选择某位仲裁员审理案件、放弃答辩期等，这样在仲裁程序中，可以直接适用当事人的约定，对规则进行变通适用，金融快裁机制给当事人提供了更大的灵活性。

金融借贷快裁机制的优势体现在以下几个方面。其一，在纠纷发生前，向当事人普及仲裁程序知识，提出合同争议解决条款①优化建议，提供常用证据清单模板和仲裁请求标准表述等。改造优化传统的简单约定仲裁机构的示范条款，加入选择仲裁员、缩短答辩期、约定开庭地点、约定送达地址等内容，使涉案当事人的有关期限节点时间缩短，同时也提升当事人参与仲裁程序的主动性，推进预期。同时，进一步梳理当事人的仲裁请求，使仲裁请求清晰明确，符合仲裁程序要求和法律要求。为当事人提供证据清单样本，包括借款合同、打款凭证、当事人主体资料证明在内的一般证据样本，助力当事人提升证据意识，及时固定证据，保护自身权益，也有助于在案件审理中查明事实。通过仲裁机构与当事方的充分对接，实现当事人在提交仲裁前案件资料的模板化，解决因当事人对仲裁不熟悉造成的程序推进迟滞。

其二，进一步优化内部工作流程。珠海仲裁委员会加强清单管理，制定了四项清单，包括"问题清单、措施清单、制度清单、责任清单"，明确秘书办理此类案件的时限等具体要求。在案件办理中，秘书对标清单项目，按时逐条逐项完成程序。当事人提交立案申请，符合受理要求的，当天受理；当事人条款中约定了仲裁员的，当天联系仲裁员；第二天发出受理通知、组庭通知，比原来的环节可以缩短 15 天左右，仲裁通知送达被申请人后第 6 天前，通知当事人开庭。一般案件只需开庭一次，开庭结束的当天就起草裁

---

① 示范仲裁条款：因本协议发生争议，由双方协商解决，协商不成，甲、乙双方均同意提请珠海仲裁委员会，按照《珠海仲裁委员会仲裁规则》仲裁，仲裁在设于横琴新区的珠海国际仲裁院进行。双方均同意委托珠海仲裁委员会主任在案件受理后指定一名仲裁员组成仲裁庭以简易程序审理案件，仲裁答辩期为被申请人收到仲裁通知之日起 5 日内，开庭时间由仲裁委员会确定，可于开庭前 3 天通知。仲裁庭有权按照适当的方式快捷地进行仲裁程序，且具体程序和期限不受仲裁规则其他条款限制。仲裁裁决是终局的，对双方当事人均有约束力。甲方同意将××××地址、乙方同意将××××地址作为双方通信及以后发生争议仲裁或诉讼案件法律文书的送达地址，珠海仲裁委员会及司法机构向该地址发送仲裁和诉讼法律文书，即视为已经送达。

决书，开庭后第二天就可以向当事人发出裁决书，充分发挥仲裁快速定纷止争的效果。

金融快裁机制的有效落实，需要当事人和仲裁委员会的高度配合。如果当事人在合同约定仲裁条款和准备仲裁材料的环节，程序约定完备，材料齐全，则可以最大限度地提高整个仲裁环节的效率。因此，在实践中，珠海仲裁委员会积极向有需求的当事人推广该机制，普及仲裁程序知识，并协助制定个性化的仲裁条款。目前，金融快裁机制运转效果良好，成为珠海仲裁委员会金融仲裁的一大亮点。

四　开发网上平台，以网络仲裁处理网上金融纠纷

互联网金融区别于传统金融业的特点是，人员众多，地域广泛，产品模式更新迭代较快。互联网金融纠纷也呈现总体数量巨大、涉众人数庞大、纠纷法律关系复杂多元的特点，而且金融消费者往往缺乏金融和法律相关的专业知识。随着互联网金融的规范化，通过法律手段解决争议成为必需。

网上产生的纠纷通过网络平台解决，是比较理想的方式。2018 年 4 月，珠海仲裁委员会上线互联网金融仲裁平台，通过互联网平台仲裁互联网金融纠纷，体现了低成本、高效率及全程在线的优势。在互联网金融借款案件中，互联网金融企业只需要通过平台对接数据，批量上传案件的电子化证据资料，即可智能化批量、快速处理案件，仲裁的全部程序，包括立案、受理、审理、裁决、送达等都在网上进行，解决了互联网金融参与人分布广泛的问题，也解决了互联网金融借款案件数量大、时间急以及控制催收成本的问题。这种利用网络技术资源提供仲裁服务的网上争议解决办法，非常符合互联网金融业务发展的需要，受到国内众多互联网金融平台的欢迎，已有十余家互联网金融平台与我们的系统对接。截至目前，已处理 6000 余宗案件，案件处理的整体效率不断提升。该平台被列为广东自贸区 30 个"制度创新最佳案例"之一。

为更好地发展互联网金融仲裁，珠海仲裁委员会在案件处理举措上不断创新。为应对部分网贷平台规避监管要求，采用隐蔽方式包装产品以躲避监

管的行为，珠海仲裁委员会调整方式，建立了案件筛查制和会议评估制。也就是在珠海仲裁委员会对接某平台的批量案件之前，先对其模式进行评估，对适合网上仲裁解决的，才予以批量对接，以增强对案件质量的把控。为加强互联网仲裁裁决的执行，珠海仲裁委员会与法院主动沟通，了解法院对互联网金融仲裁的处理意见，并及时调整工作方案，积极处理当事人在执行中遇到的问题。

五　发展金融调解，多元化解决金融纠纷

调解是一种纯粹的民间行为，无法律强制力，更多的体现了当事人之间的友好协商，强调达成共识。作为争议解决重要的一环，调解在金融纠纷处理中发挥了重要作用。金融调解可分为仲裁中的调解和单独调解。仲裁中的调解，可以由仲裁员组织调解，或者当事人自发和解。调解达成协议的，可以出调解书或裁决书，当事人也可以撤案。对于单独调解，当事人可以在启动仲裁之前，或者程序中暂停仲裁，寻求专业调解机构组织调解。

2018年3月8日，珠海国际仲裁院、横琴新区金融业协会、横琴新区消费者协会共同发起成立了珠海市首家专业商事调解机构"横琴新区国仲民商事调解中心"，实行《横琴新区国仲民商事调解中心调解规则》。这是以民办非企业法人登记设立的商事调解中心，性质为从事非营利性社会服务活动的社会组织，中心的设立填补了珠海市商事调解无专业机构的空白。横琴新区国仲民商事调解中心作为独立第三方法律服务机构，独立于珠海仲裁委员会，拥有一支熟悉国际、国内商事法律事务的法律专家团队，可以为金融消费者提供专业的调解服务。

调解遵循自愿原则，当事人发生金融消费纠纷后，可以直接向调解中心申请调解。选择金融调解程序简便，不需要事先约定①，双方协议便可启动

---

① 《横琴新区国仲民商事调解中心调解规则》第二条："任何一方、双方或多方当事人均可向调解中心申请调解，无论当事人之间是否事先有调解的协议。"

调解程序，一方也可以发出调解邀请，待对方当事人同意后启动调解。调解与仲裁程序相互独立，调解中确保当事人畅所欲言，最大限度发挥调解的效果，在之后的法律程序中，除非当事人约定同意，调解员不得就该争议或相关争议，担任仲裁员、一方代理人或证人。调解达成协议的，可以直接启动调解与仲裁的对接程序，由独任仲裁员根据调解协议出具调解书或裁决书[①]，对调解结果赋予强制执行力。当事人也可以选择调解与司法对接，向法院申请司法确认。更为便利的是，该调解中心同时可以承接珠港澳商事争议联合调解中心[②]分配的案件，为涉港、涉澳的金融纠纷提供跨境调解服务。

六　结语

珠海仲裁委员会采取的五项措施逐渐取得成效，线下金融纠纷审理效率提速，线上互联网金融案件的效率和质量逐步凸显，在行业内形成一定影响力。但同时还要看到，珠海仲裁委员会在服务经济建设、促进金融业态良好发展方面还有很大的进步空间。未来，珠海仲裁委员会的互联网金融仲裁平台将更加"智能"化，亟待在珠海仲裁委员会的系统 1.0 版基础上启动第二次更新迭代，使互联网仲裁更加快速和高效，为珠海市金融业界乃至全国的互联网金融企业提供更加优质高效的仲裁服务环境，为营造良好的互联网金融生态环境贡献更多力量。

[①] 双方当事人可以约定调解仲裁对接的条款：经双方当事人协商一致，同意将因履行合同引起的争议提交横琴新区国仲民商事调解中心进行调解。经调解成功的，双方愿意将和解协议或调解书提交珠海仲裁委员会按照简易程序出具裁决书。如调解不成功或调解成功后执行过程中遇到问题，双方愿意仲裁，则接受调解中心引导提交珠海仲裁委员会仲裁。

[②] 该中心于 2016 年由珠海仲裁委员会、香港博信法律专业调解组织、香港联合调解专线、澳门的世界贸易中心仲裁中心等 6 家机构共同发起成立。

B.13
珠海律师积极履行社会责任服务大湾区建设调研报告

珠海市律师协会课题组 *

摘 要: 珠海律师积极履行社会责任,热心参与政府法治建设,在
"一带一路"建设中为大湾区企业保驾护航,防范企业境外
投资风险,加强粤港澳大湾区人才交流,建设人才高地;
首创"粤港澳大湾区"民间组织知识产权合作联盟;在全
省率先创建"一带一路"商事调解中心,为珠海建立多层
级、多时空公共法律服务网络体系作出了应有贡献。珠海
律师参与的一些法律服务项目走在全省乃至全国的前列,
珠海律师成为粤港澳大湾区法治建设和经济发展的重要社
会力量。

关键词: 社会责任 大湾区法治建设 公共法律网络

一 珠海律师及律师行业的概况

截至 2019 年 12 月,珠海市律师执业机构数量为 108 家,其中,律师事务
所 104 家,法律援助处 4 家。律师事务所平均年增长速度约为 8%。律师事务

---

* 课题组负责人:范慧军,珠海市律师协会公共与公益法律工作委员会主任、理事、律师。课
题组成员:李孝平、莫锦玲、欧健成。执笔人:李孝平,珠海市律师协会公共与公益法律工
作委员会副主任。

所有合伙律师事务所、个人律师事务所和公职律师事务所三种组织形式（以下简称"合伙所""个人所""公职所"），其中合伙所是最主要的执业机构形式，共有 74 家①，占律师执业机构总数的 68.5%；个人所有 24 家，占比 22.2%；公职所有 4 家，占比为 3.7%②。

珠海市执业律师总数为 1698 名，平均年增长速度为 16.8%。2014 年以来，党员律师数量逐年增加，目前共有党员律师 400 名，占律师总数的 23.5%；全市律师事务所建有党支部 34 个。珠海律师队伍不断发展壮大，他们积极履行社会责任，是珠海法治建设的重要力量。

二 珠海律师积极履行社会责任的成效

（一）珠海律师履行社会责任

珠海律师队伍作为社会主义民主法治建设的重要力量，承担了应有的社会责任。近六年来，随着公共法律服务体系建设步伐不断加速，珠海律师提供公益法律服务的社会覆盖面越来越广，受益面不断扩展。经过几年的探索与努力，珠海律师在政府、法院、检察院、公安局、工会、妇联、残疾人联合会、中立法律服务社等窗口信访值班接待群众信访咨询、开展专题法律宣讲；通过"一村（居）一法律顾问"服务及在各级公共法律服务中心值班解答法律咨询的形式，2011 年起已实现对珠海市所有的 319 个村（居）组织及村民（居民）法律服务的全覆盖；2016 年起在广东省率先开展律师精准法律服务进重点村（居）活动，广东省司法厅将其列入基层治理的创新项目。珠海律师办理劳动仲裁、诉讼等法援案件，为维权职工、妇女、儿童、青少年、老年人、残疾人等群体义务提供法律帮助；组织"1 + 1"志愿者活动，律师志愿者进西藏、赴新疆等地宣传法治，服

---

① 从合伙所的规模来看，3 ~ 10 人的合伙所有 44 家，占律师事务所总数的 42.3%；10 人以上的合伙所有 60 家，占律师事务所总数的 57.7%。

② 以上数据统计至 2019 年 12 月。

务基层群众，由于工作成效显著，多人获司法部表彰并受邀在人民大会堂作报告；通过组建"律师双拥法律援助服务团""律师人民警察维权服务团""农民工公益法律服务团""民营企业法治体检团""村（居）法治体检团"等方式，为农民工、企业、军队和广大人民群众提供公益法律服务；目前已为全市180家民营企业、319个村（居）开展法治体检，已收到法治体检报告212份；开办以案释法讲座1595场；建立法律援助刑事辩护律师库，实现为犯罪嫌疑人、被告人提供刑事辩护的全覆盖；2018年起，珠海律师进驻看守所，为犯罪嫌疑人、被告人及其家属提供法律帮助和咨询。

（二）珠海律师在法治珠海建设中发挥积极作用

珠海律师作为法治建设的积极推动者，通过各种参政议政平台，以议案、建议、提案等形式发表意见；参与涉法涉诉信访等，为政府提供专业意见。

1. 参与珠海市立法、修订与论证工作

近年来，珠海市律师协会（以下简称"市律协"）多次组织律师参与立法机关、司法机关立法政策的制定和论证工作。通过参与立法起草、立法论证或者承接立法性研究课题等方式，珠海律师深度参与法规的立法、修改工作以及政策制定过程，发挥了律师的独特作用，得到了立法机关和相关部门的高度肯定[1]。

---

[1] 珠海律师参与起草的法规草案主要有：《珠海经济特区海域海岛保护与开发条例》《珠海经济特区知识产权保护条例》《关于广东自贸试验区横琴片区产业培育和扶持暂行办法的补充规定》《横琴新区鼓励和促进企业上市专项扶持办法》《横琴新区进一步促进私募投资基金业发展扶持办法》《横琴新区关于促进保险业发展的暂行办法》《横琴新区保险业改革创新和特别贡献奖励评选办法（试行）》《横琴新区促进金融教育培训产业发展扶持暂行办法》《横琴新区关于支持和服务澳门发展特色金融业的若干措施》《横琴新区区块链产业发展扶持暂行办法》《珠海市横琴新区非法集资举报奖励暂行办法》《珠海经济特区横琴新区金融发展促进条例》《广东自贸试验区横琴片区小额贷款公司、融资担保公司审批备案管理办法（试行）》《珠海市建立完善守信联合激励和失信联合惩戒制度的实施方案》《珠海经济特区横琴新区失信商事主体联合惩戒暂行办法》《珠海经济特区横琴新区商事主体失信行为认定及联合惩戒标准规范》《横琴新区失信商事主体联合惩戒清单》（第一批）《珠海经济特区横琴新区侵害消费者合法权益失信行为认定及联合惩戒暂行办法》等。

2. 担任人大及政府的立法顾问

根据《珠海市人民代表大会常务委员会立法咨询专家工作规定》，共有 10 位律师被选聘为珠海市第九届人大常委会立法顾问，参与法规草案起草、调研、论证、法规清理、评估等活动，也为人大行使重大事项决定权、监督权等履职活动提供了法律咨询服务。近六年来，珠海市共有 96 名律师担任了各级政府及政府部门的法律顾问，为政府提供法律咨询、出具法律意见书、参与重大事项及事件研究等。截至 2019 年底，珠海律师作为政府法律顾问，为各级政府相关部门提供咨询 2793 次，出具法律意见书 3797 份，参与重大项目研究 147 次，参与重大事件研究 20 余次。律师以政府法律顾问的身份为推进政府依法行政与法治政府建设作出了重要贡献。

3. 参与涉法涉诉信访，为政府提供专业意见

珠海各级政府部门都把律师作为重要专业力量纳入信访接待，律师作为中立第三方参与化解和代理涉法涉诉信访事项，对信访人进行释法劝导，提出信访案件的具体处理意见和建议，有效缓解了信访群众的对立抵触情绪，促进了信访事项的矛盾化解，彰显了律师在构建社会主义和谐社会中的独特作用。目前，珠海律师在各级政府及其部门各信访窗口、市看守所、工会、妇联等接待窗口及村（居）参与信访接待，并建立了律师参与信访工作联动机制，工作经验获中央政法委、省司法厅的充分肯定并在全国政法系统推广。珠海律师成为珠海党委和政府实现社会公共法律服务体系建设依靠的重要社会力量。

4. 提供多元化法律服务

珠海律师完成对港珠澳大桥营运状况调研后，向市政府提交了《提升港珠澳大桥运力，助力湾区经济发展》的研究报告，为珠海市政府管理港珠澳大桥提供决策依据，该研究报告引起市委、市政府的高度重视。珠海律师参与编写完成《中国大陆劳动法务指南》，为境外参与"一带一路"和粤港澳大湾区建设来华投资企业提供劳动法务指引。参与珠海市"英才计划"法律服务保障方案的设计。市律协与珠海电台保持着紧密的合作关系，一批

优秀的律师积极参与珠海电台的公益普法栏目建设，2019 年 1 月，6 位律师被珠海电台评为《交通八七五频率》栏目优秀评论员。珠海律师还进驻12348 广东法网网络平台，实时为群众提供在线法律咨询服务。

（三）为"一带一路"建设提供法律服务

1. 组建"一带一路"法律服务专家库及"中拉律师法律服务团"

充分调动和发挥各界优秀法律人才的作用，推进"一带一路"倡议支撑大湾区发展，进一步加强与拉美地区国家的合作。2017 年 7 月至 2017 年9 月，市律协在全国范围内甄选"一带一路"法律服务专家，同年 11 月正式组建了由 68 名来自全国各地及港澳地区的法律学者、仲裁和商务调解领域的专家，以及全国知名律师事务所创始人，组成"一带一路"法律服务专家库，并由 12 名珠澳地区的法律界专家组成了"中拉律师法律服务团"。

2. 参与编写《"一带一路"沿线国家法律环境国别报告》

该国别报告由中华全国律师协会组织编写，旨在介绍"一带一路"沿线国家和地区的法律环境，内容涉及投资、贸易、劳工、环保、知识产权、争端解决等领域，为中国企业在"一带一路"沿线国家投资、合作、发展提供法律支持。同时，也为日后沿线国家和地区国际法律服务人才库建设提供便利。2017 年珠海律师作为阿拉伯联合酋长国和塞尔维亚的协调人，完成了国别报告第一期阿拉伯联合酋长国和塞尔维亚部分、马尔代夫国别报告的编写。2018 年珠海律师再次参与了国别报告第二期东帝汶部分的编写。

3. 成立"一带一路"国际商事调解机构

2017 年 11 月 7 日，珠海律师创设了"一带一路国际商事调解中心（珠海调解室）"，这是广东省设立的首个一带一路国际商事调解中心，也是珠海律师秉持共商共建共享原则，创新法律服务合作方式，主动服务"一带一路"建设的新举措。一带一路国际商事调解中心（珠海调解室）以全新的视角、开放的思维、创新的理念，在珠海建设了一个地域特色鲜明、服务功能完备、市场融入度高、立足珠海辐射周边、效能突出的专业调解机构，这一创新举措受到港珠澳同行的赞誉。

4. 助力企业建立完善的对外投资风险防控体系

为企业开拓国际市场提供法律帮助。为满足珠海企业走出去发展的需要，帮助企业提高境外投资决策的法律风险意识，加强涉外法律服务队伍建设，推进涉外法律服务业发展，增强珠海市核心竞争力。2018 年 11 月 20 日，珠海市商务局、珠海市司法局联合市对外经济合作企业协会、市律师协会承办"境外投资风险防范及应对法律实务培训会"。此次法律实务培训会共有 150 多家单位、220 余名代表参与。通过市律师协会和市对外经济合作企业协会签约合作，推动珠海市"走出去"及"一带一路"法律服务专业律师团队建设，为珠海市"走出去"综合公共服务平台、珠澳商贸合作平台提供全方位法律服务。通过培训，提高了珠海市企业境外投资决策的法律风险意识及防范应对能力，加深对境外投资实际操作方面的认知和理解，有助于企业尽早建立完善的对外投资风险防控体系。

（四）加强大湾区律师人才交流、融通

设立粤港澳合伙联营律师事务所。中国首批内地与港澳合伙联营律师事务所"中银—力图—方氏（横琴）联营律师事务所""人和启邦（横琴）联营律师事务所"在横琴自贸区设立，引进了港澳地区及欧美国家等高端法律人才，目前两个联营所已有 31 位港澳及美国、欧盟派驻律师，其中有 6 位葡萄牙派驻律师，联营所还招聘了内地十多位执业律师，致力于搭建内地与港澳台及国际律师协作平台，减少了内地与港澳台乃至国外法律服务衔接障碍，有利于为自贸区构建国际化、法治化营商环境，促进服务贸易创新发展。两个联营所主要办理中国内地、香港、澳门、台湾及海外业务。人和启邦所还与境外和国内多所大学合作交流，共同创建了"中葡法学院""一带一路法律研究服务会""和邦知识产权战略研究院"，助推涉外法律人才的培养以及涉外业务的交流与合作。

（五）推动成立珠海市知识产权保护机构

由珠海律师发起成立的珠海市知识产权保护协会为珠海市企业在知识产

权方面的法律保护提供了更多的服务，协助成立"广东省知识产权维权援助中心珠海分中心"；构建维权专家智库，市律协知识产权委员会十多位律师入选，为维权援助提供智力支持；珠海律师牵头成立生物医药产业知识产权联盟，建立了专利信息利用和专利导航机制、生物医药产业专利池运营机制，有利于推动知识产权与标准的融合，协调解决知识产权争议，共同防御知识产权风险，搭建知识产权产业化孵化体系。珠海律师参与筹建珠海市科技工作者权益保障联盟，为珠海市科技工作者提供综合权益保障服务的平台，维护科技工作者的正当合法权益。

（六）助力基层治理，为民营企业和乡村开展法治体检

2018年12月，珠海组建了由140名业务精湛、乐于奉献、品行良好的律师组成的珠海市民营企业律师服务团，帮助民营企业分析法律需求和风险点，查找制度漏洞和薄弱环节，健全法律风险预警防范机制，提供法律咨询，解答法律问题，提出法律意见或建议等。至2019年12月底，已完成189家民营企业"一对一"法治体检公益服务。

2019年9月，珠海市司法局、市律协组织珠海96位律师到319个村（居）开展"一对一"法治体检专项法律服务活动，完善基层治理结构，健全村（居）管理制度；对村（居）集体组织开展经济活动把关前置，防范经营风险；梳理法律风险点，制订化解矛盾纠纷的对策，进行法治体检，满足人民群众日益增长的法律服务需求。法治体检实行模块化管理，统一要求，统一验收标准，提高法治体检质量。

（七）服务农民工，维护社会和谐稳定

2019年10月，70名律师组成5个"农民工公益法律服务分队"，偕同工会干部，开展"尊法守法，携手筑梦"服务农民工公益法律服务行动。律师志愿者深入农民工集中的乡镇、街道、社区、建筑工地等场所，围绕农民工需求，通过以案释法、现场咨询等形式，向农民工宣传劳动法律法规，引导农民依法维权、理性维权，维护社会和谐稳定。

三　珠海律师在大湾区建设中履行社会责任的新要求新使命

（一）珠海在大湾区建设中的战略定位

2019 年 2 月 18 日国务院印发《粤港澳大湾区发展规划纲要》，对大湾区的战略定位、发展目标、空间布局、基础设施互联互通、参与"一带一路"等方面作出了全面规划。这标志着国内面积最大、人口最多（并且是人口流入最多的地区之一）、辐射面最广的大湾区建设全面展开。粤港澳大湾区三地同为一个主权国家的地方行政区域，是两种社会制度、三个法域、三大法系、三种关税、三种货币并存的大湾区，在全世界是独一无二的。2017 年大湾区 GDP 就已达 100156 亿元。国家为大湾区 2 + 9 个城市确立了各自不同的战略定位，要求发挥各自优势，增强城市综合实力，提升城市群发展质量。

随着港珠澳大桥的建成营运，深珠通道已正式获批建设，珠海在泛珠三角 9 个城市中区位优势凸显，将是唯一与香港、澳门、深圳形成"半小时生活圈"的城市①，且具有特区立法权。珠海 2018 年 GDP 增幅达 8%，连续两年全省增幅排名第一；常住人口虽相对较少，约 176.54 万人，但人均 GDP 却达 16.8 万元，全省排第二，因此作为大湾区重要节点城市，后发优势明显。处于大湾区核心区域的珠海律师，在波澜壮阔的大湾区建设中，必然要面对国家提出的新要求、新使命。

---

① 2018 年 11 月 15 日，珠海市政府常务会议审议通过了《珠海市干线路网规划》。该规划提到，珠海将对外强化与深港、粤西的联通，新增伶仃洋通道，即为连接深圳、珠海两市的深珠通道。详见 2018 年 11 月 16 日南方网（http://epaper.southcn.com/nfdaily/html/2018 - 11/16/content_ 7763995. htm）。从珠三角城市区位和两岸融合发展趋势来看，在深圳和珠海尤其是中心城区之间构建直连通道，从 2～3 小时车程缩短至 0.5 小时，让西岸更易承接东岸的经济外溢，对完善湾区产业布局，深、珠两市协同发展具有重要的促进作用。

（二）珠海律师在大湾区经济建设中履行社会责任的新要求新任务的探索

1. 珠海律师参与大湾区多元化解决矛盾纠纷合作机制的建设

大湾区内有国家级高新技术企业 1.89 万家，为助力粤港澳大湾区建设，多元化解决争议，2019 年 6 月 15 日、7 月 18 日，北京融商"一带一路"法律与商事服务中心暨一带一路国际商事调解中心（以下简称"商事调解中心"）分别与珠海市香洲区人民法院和横琴新区人民法院签署《建立诉讼与调解相衔接多元化纠纷解决机制合作协议》，设立了"一带一路国际商事调解中心香洲法院调解室"和"一带一路国际商事调解中心横琴法院调解室"，两个调解室分别聘任珠海 15 名和 13 名律师担任调解室的调解员，律师通过商事调解中心以调解方式有效解决纠纷争议，助力粤港澳大湾区建设。

2. 建立大湾区知识产权协调机制①

珠海律师首创提出成立"粤港澳大湾区知识产权纠纷调解中心"，加强粤港澳大湾区知识产权保护。2019 年 5 月 24 日，粤港澳大湾区知识产权合作研讨会在澳门隆重举行，会上首创提出成立"粤港澳大湾区知识产权纠纷调解中心"，这是首个粤港澳大湾区专门从事涉及粤港澳知识产权纠纷的民间调解组织，其中 11 位珠海律师被聘为该调解中心专家。珠海律师首创提出凝聚民间智慧和力量，推动粤港澳大湾区民间组织之间的知识产权合作，以提高粤港澳和葡语系国家科研成果转化水平和效率为目的，创立了以知识产权推进国际化、开放性区域创新体系构建的"粤港澳大湾区民间组织知识产权合作联盟"。

3. 开展多种"走出去、请进来"交流

为推动大湾区和"一带一路"建设的人才深度融合，同时整合香港律

---

① 《粤港澳大湾区发展规划纲要》指出，强化知识产权保护和运用，依托粤港、粤澳及泛珠三角区域知识产权合作机制，全面加强粤港澳大湾区在知识产权保护、专业人才培养等领域的合作。推动通过非诉讼争议解决方式（包括仲裁、调解、协商等）处理知识产权纠纷。

师精通普通法、澳门律师熟悉葡语系国家法律的优势，珠海律师开展多种"走出去、请进来"交流活动，以提高珠海律师涉外法律服务水平。珠海律师任职澳门商标协会、担任中国东盟（澳门）仲裁协会会员暨建设工程专业委员会协调人、担任香港认可的国际调解员。市律协举办"广东青年律师与香港青年大律师交流活动""粤港澳大湾区劳动法高端论坛"等活动，推动内地与港澳律师的交流与合作；市律协"一带一路法律工作委员会"及"粤港澳大湾区法律工作委员会"赴港交流，与香港律师协会和中国国际经济贸易仲裁委员会香港仲裁中心同人进行座谈交流。珠海还聘请港澳律师参与商事、知识产权、"一带一路"等调解中心的工作。

4. 实施"英才卡"计划，为外籍高层次人才提供服务

大湾区经济的持续高质量发展需要打造大湾区的教育和人才高地。《粤港澳大湾区发展规划纲要》指出，要推动湾区教育合作发展，支持粤港澳高校合作办学，鼓励联合共建优势学科、实验室和研究中心，支持大湾区建设国际教育示范区。2019 年 9 月 29 日，市律协成立了主要由执业律师组成的 61 人英才法律顾问服务团，为珠海引进的外籍高层次、持有"英才卡"的人才提供义务法律服务，助力珠海人才战略。

四 珠海律师履行社会责任中存在的问题

（一）大湾区不同法律制度背景下的涉外法律人才缺口较大

2018 年 8 月 31 日，司法部正式公布了"全国千名涉外律师人才库入选名单"。珠海虽有六名律师入库，但涉外法律人才缺口较大。珠海涉外律师及涉外法律服务机构的规模、数量、质量与珠海在大湾区的重要地位及要求不匹配，难以满足企业国际化业务发展的法律服务需求。

（二）法律人才面临知识单一的问题

大湾区需要一批高素质、复合型法律人才，为参与国际合作与国际竞争

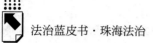

提供国际法律服务。而珠海绝大部分律师事务所律师没有专业化分工，知识结构无法满足大湾区第三产业发展的需要，珠海也缺乏懂葡语或小语种的律师，无法满足与葡语系国家紧密联系与合作的需要。

（三）联营方式的执业问题

由于联营律师事务所成立时间不长，相关资质较少或不具备某些法律业务的投标资格，联营律师事务所和派驻在律师母所的资质不能顺延导致业务范围受限，造成派驻律师在母所和联营律师所两处执业现象，有违现行的律师管理制度；港澳派驻律师与内地律师业务收费提留存在差异，内地律师赋税高于港澳律师，造成律师个人收入受到影响；联营律师事务所虽地处横琴却无法享受税收优惠和租金补贴，其只能另在市区设点办公，增加了营运成本。

（四）律师履行社会责任与传统业务之间存在冲突

珠海律师履行社会责任，成为公共法律服务的主力军，但存在冲击律师传统业务的矛盾。在珠海经济总量相对不高的情况下，珠海执业律师人数增幅却居全省第一。珠海执业律师人数快速增长，律师在社会公益法律服务中开展的"刑事辩护全覆盖"工作、为企业和村（居）进行法治体检等社会公益活动提供了坚实的基础，使大众受惠，基层受益。但"刑事辩护全覆盖"实行后，市场化收费的刑事辩护委托案件大幅减少，律师群体面临较大的生存压力，形成了国家法治大环境需要与律师群体部分业务受影响的矛盾。

（五）资深大律师参与社会公益法律服务相对较少

在提供社会公益法律服务中，如办理法律援助案件、担任村（居）法律顾问参与基层治理、为广大中小企业提供法治体检服务、在各个公共法律服务窗口信访值班等，大部分工作是由青年律师担任，资深大律师参与度相对较低。

五 解决问题的途径及对策

（一）加强引进培训，培养高端涉外法律人才

在大湾区建设中需要一支更高素质的涉外法治人才队伍，才能做好日益复杂的涉外法律工作，珠海要用足用好特区立法权，通过对内培训和对外引进的办法，培养高端涉外法律人才。一方面，对珠海律师专业特长进行摸底，将一批外语基础好，特别是有留学背景的律师外派到全国性的大型律师事务所设在国外的分所实习，学习涉外业务，用"短、平、快"的方式快速培训一批高端法律人才。另一方面，通过立法推动引进香港澳门法律服务人才参与珠海法治建设，从而减少大湾区互联互通中不同法域的法律障碍。全国性的大型律师事务所在珠海的分所以其母所在地香港、澳门、广州、深圳分所为依托，衔接和释放其全球网络人力资源，在很大程度上可以解决大湾区涉外法律人才奇缺的矛盾。鼓励珠海高校进行人才储备，定向培养一批懂小语种的法律人才，为"一带一路"建设服务。鼓励珠海律师事务所律师利用进出港澳的便捷条件，在职到港澳法律院校攻读法律专业学位，同样也要为港澳律师到珠海的法律院校学习内地法律提供便利，增加复合型法律人才。与港澳律师事务所建立互动的、联动的、结排式较为紧密的合作模式，从制度上降低港澳律师执业门槛，解决珠海涉外律师人才缺口较大的短板问题。

（二）挖掘律师潜力，完善律师知识结构

完善律师知识结构、提高律师业务素质是大湾区建设中亟待解决的问题。律师专业化已成为律师行业不可避免的趋势，珠海律师应尽快适应法律服务市场的变化，加强律师队伍建设，促进律师专业化分工，建立专业水平评价体系和评定机制，提高律师专业水平。

澳门拟待国家批准成立证券交易所，珠海律师面临机遇，要适应国家这一

重大决策需求，珠海律师管理部门应尽快制定系统的人才培养方案，培养一批懂证券、熟悉金融的高端法律人才，未雨绸缪，助力澳门证券交易所的发展。

（三）进行制度创新，解决联营律师事务所资质与实现跨界经营

首先，对在横琴设立的联营律师事务所应允许其顺延使用母所资质承接业务，以增强其竞争力，促进其业务良性发展。横琴自贸区政府应在资质评标中对联营所的资质作出变通规定，使广东省司法厅的有关联营律师所享有母所资质的规定落到实处，推进联营律师事务所健康发展。

其次，允许合营律师事务所跨界混业经营，允许联营律师事务所内地派驻的执业律师办理刑事辩护案，增加案源和办案收入，促进派驻律师扎根横琴，与横琴同发展。

最后，横琴自贸区政府对联营律师事务所在税收上比照其他行业给予优惠，在办公房租上给予适当补贴，以帮助联营律师事务所平稳度过创业期。

（四）倡导、鼓励律师履行社会责任

以党建促发展。在党建工作中将党支部或党员是否履行社会责任作为考核标准之一。鼓励、引导入党积极分子提高律师履行社会责任的自觉性。在律师职称评定、工作评优、政府公共项目的评标中，将律师履行社会责任参与率作为重要指标，有利于提高资深大律师参与公益法律服务的积极性，从而提升公益法律服务水平，实现律师参与公益法律服务长效化①。

（五）政府加大公共法律服务投入

政府加大公共法律服务投入，进一步提高律师公共服务补贴标准；提高律师正常业务收费标准，将律师收费标准从政府指导价改为市场调节价，适应律师业发展需要。

---

① 司法部 2019 年 10 月 23 日发布的《关于促进律师参与公益法律服务的意见》倡导律师参与公益法律服务的指导指标，有利于促进资深大律师参与公益法律服务。

平 安 建 设

Safety Construction

B.14
珠海市平安建设的实践探索

中共珠海市委政法委员会课题组*

摘　要：　近年来，珠海市的平安建设按照社会化、法治化、智能化、专业化的要求，不断提升"四化"水平，推动社会治理精细化，坚持在社会协同、公众参与、智慧治理、立体化社会治安防控体系建设等方面积极探索与实践，打造共建共治共享的社会治理格局。未来，珠海将在依法治理、协同治理、智慧治理、科学治理方面创新实践，进一步探索更适合自身发展又能为湾区治理作出贡献的经验。

关键词：　共建共治共享　社会治理　平安建设　珠海实践

* 课题组负责人：温杰，中共珠海市委政法委员会副书记、创建平安珠海工作领导小组办公室常务副主任。课题组成员：王建军、曾鹏、陈海宁、孙莹。执笔人：陈海宁，中共珠海市委政法委员会综治工作室副主任；孙莹，中共珠海市委党校副教授。

党的十九大明确提出，要加强和创新社会治理，建设平安中国，打造共建共治共享的社会治理格局。推动平安建设需要顶层设计，更需要地方的不断探索。珠海的平安建设恰逢"二次创业"号角吹响之时，既迎来了港珠澳大桥的正式通车，又伴随着"一带一路"倡议和粤港澳大湾区建设向纵深推进，这对珠海来说是实现新一轮发展的重大机遇。珠海应担当好新时代赋予的历史责任与使命，把握住新时代赐予的大好良机，将珠海的平安建设推向更高水平。

一 珠海的平安建设实践

（一）党委重视，立法先行，推动平安建设制度化和规范化

2013 年珠海市发布《中共珠海市委　珠海市人民政府关于全面创建平安珠海的意见》（以下简称《意见》），就全面创建平安珠海提出一系列举措，把法治建设贯穿始终，推进依法行政，坚持全面推进科学立法、严格执法、公正司法、全民守法，确保审判机关、检察机关依法独立公正行使审判权、检察权，树立法律权威，营造良好的法治环境，使法治成为平安珠海的核心与灵魂。

珠海市提出用好用足珠海经济特区立法权和设区的市立法权，借鉴港澳地区的经验和做法，加强社会领域立法。2016 年珠海市发布《中共珠海市委　珠海市人民政府关于社会领域制度建设规划（2016～2020 年）的意见》（以下简称《规划》）。在《意见》和《规划》实施期间，珠海市出台了一批围绕平安建设的地方法规与规章。2013 年 10 月 30 日珠海市第八届人民代表大会常务委员会第十四次会议通过了《珠海经济特区社会建设条例》，该条例是珠海市第一部社会建设方面的综合性地方法规，旨在通过对社会建设各方面进行立法规范和引导，为珠海社会建设提供有力的法律支撑，有效推进珠海社会建设事业顺利进行。

（二）创建平安细胞，鼓励多元共治，推动平安建设协同化

《意见》明确提出"全面开展'平安细胞'工程建设，夯实创建平安珠海的基层基础""加快实现基层平安创建活动全覆盖"的目标。六年多以来，珠海市全面推进平安区域、平安场所、平安单位、平安行业和平安家庭五大类 17 项基层平安创建活动。2015 年底，珠海全市各行政区和 90% 以上的镇（街）、村（居）、单位、企业、校园、医院、家庭达到平安创建标准。2017 年，珠海市制定了《2017 年"平安细胞"创建工作方案》和《珠海市"平安细胞"创建考核验收工作方案》，强力推进全市"平安细胞"建设。

1. 鼓励协商共治，培育公民精神，形成平安建设氛围

社区是社会治理的基础单元，社区平安稳定和谐，社会才能健康持久发展。珠海市香洲区以创建第三批全国社区治理和服务创新实验区为契机，通过搭建社区协商议事平台，建立健全社区协商机制，完善协商程序等，探索一条发展基层民主和推进基层治理法治化建设的新路径，打造了一批议事协商的特色品牌。例如，"翠香街道议事厅""狮山街道参与式规划""互联网 + 6D 福石微协商""四位一体华平模式"等，以及兴业社区的"三个一"行动，均突出了协商共治、民事民办的原则。其中南村社区"议事相济"项目荣获全国社区治理创新奖。

民众的事情民众自己协商，政府无法解决的一些冲突与问题得到了圆满解决，使矛盾化解在基层。既节约了政府治理成本，又培养了民众的规则意识、权利意识，为平安社区创建打下了坚实基础。

2. 培育社会组织，构建多元参与体系，增进平安建设主体力量

《意见》指出，"要大力培育发展社会组织"。2016 年 6 月，珠海市委、市政府出台《关于社会领域制度建设规划（2016～2020 年）的意见》，提出"完善社会组织领域的规范，充分发挥社会组织在社会建设中的积极作用"，深入开展社会组织专项治理工作，为发挥社会组织在社会治理和平安建设中的作用扫清障碍。

珠海市积极改革社会组织登记管理体制，开展社会组织直接登记，建

立市、区、镇（街）三级联动的社会组织孵化平台，组织总量连年攀升。截至 2019 年 12 月 31 日，珠海市每万人（常住人口）拥有社会组织 12. 14 家，位居全省前列。搭建社会组织信息公示平台，构建社会组织信用体系，实施第三方评估和联合监管机制，加强社会组织自身建设，提升服务社会能力。开展"社会组织公益伙伴日"活动，拓宽社会组织参与社会治理的渠道。支持枢纽型社会组织参与创新社会治理，评选出 5 家枢纽型社会组织并给予支持。出台《珠海市社会工作专业人才中长期规划（2014 ~ 2020 年）》等，建立起一套相对完善的社会工作政策体系；广泛开展志愿服务活动，利用"i 志愿"信息管理服务平台，通过信息化手段构建快捷规范的志愿服务信息化网络。

3. 关注社会弱势群体，矛盾化解前移，增强平安建设认可度和支持度

一是将婚姻家庭纠纷调解工作纳入珠海综治工作（平安建设）考核指标，最大限度地化解婚姻家庭矛盾纠纷。为进一步畅通家庭纠纷调解渠道，为婚姻家庭矛盾的解决提供精准服务，珠海市推动更多的调解资源向基层下移，全市各区均挂牌成立婚姻家庭纠纷调解委员会。市婚姻家庭纠纷调解委员会以项目购买方式，由社会组织承接服务，为各级婚姻家庭纠纷调解委员会设立工作标准，开展培训、强化指导、示范引领，打造独具珠海标准和特色的专业化人民调解机制。充分发挥"12338"妇女热线为群众提供"方便找、找得到"的家庭纠纷调解渠道。运用"互联网＋"思维，创新宣传手段，结合"3·8"维权月等重大节日节点，开展宣传咨询服务，加强群众对"12338"妇女热线和婚姻家庭纠纷调解工作的认识。

二是进一步完善医患纠纷人民调解体制机制。珠海市成立医疗纠纷人民调解委员会（以下简称"医调委"），采取"政府支持、部门牵头、财政保障、独立运作"模式，由司法行政部门牵头，卫生部门专业指导，第三方独立运作，打造具有珠海特色的医患矛盾纠纷调解新机制。推动出台《珠海市医疗纠纷预防与处置办法》。建立"小额案件上门办理"机制，凡标的小于 1 万元的医疗纠纷，经双方当事人申请或同意，市医调委可派员上门调解并现场出具协议书，简化程序、方便医患当事人，迅速化解小额医疗纠

纷。医调委还与法院建立医疗纠纷诉调衔接机制，通过"诉前移交""诉中委托"等方式，快速化解法院积压多年的医疗纠纷案件，同时构建调解协议司法确认"绿色通道"，通过便捷的法律程序，大大提高了医疗纠纷人民调解协议的可执行性。与市信访局建立工作联动机制，将可能引发群体性事件的案件等预警信息通报给市信访局，并参加市信访局的分析研判，市信访局也引导医疗纠纷信访案件到市医调委进行调解。

三是坚持以人民为中心理念，做好严重精神障碍患者救治救助工作。精神卫生问题既是重大的公共卫生问题，又是突出的社会问题。社区精神障碍患者康复工作的开展对平安社区建设起到了非常积极有效的作用。珠海市香洲区拱北街道岭南社区卫生服务站心宁日间照护中心依托社区卫生服务站，按照服药训练、生活技能训练、人际交往训练、特长及重获价值感训练的康复流程，为辖区内精神障碍患者开展生活技能训练、服药依从性训练、职业技能培训、作业治疗、精神运动康复、表达性艺术治疗、原生艺术治疗等康复服务项目，开展针对服务对象的家访、精神疾病宣传和讲座活动、团体活动或团体心理沙龙活动等，让原本的平安社区建设隐患群体得到及时收治和有效治疗，不仅保障社区其他居民的平安，也让这个特殊群体得到了关注与关爱，让他们回归家庭、服务社会，重获生活的幸福，体现了共建共治共享的社会治理理念，也为创新社区治理提供了一个可资借鉴的新思路和新方向。

（三）精细管理，智能支撑，推动平安建设现代化

1. 形成"物业城市"的城市治理新理念

根据横琴新区独特的地理环境，对区内所有公共区域和各类资源整体作为一个"大物业"实施治理，逐步形成了"物业城市"的城市治理新理念。横琴新区管委会制定出台了《"物业城市"治理模式实施方案》，在治理主体上，通过购买服务，引进高水平物业公司统一管理、服务与运营；在治理保障上，做到"三个全面"，即区管委会全面支持、区属国有企业全面参与、区直属职能部门全面介入；在治理目标上，把横

琴新区建设成粤港澳大湾区乃至全国最有序、最干净、最安全的城市治理样本。

一是实现城市治理智能化。引进万科团队强大的"互联网＋技术"支撑物业管理模式，将"物业城市"与横琴新区智慧城市建设相结合，确保建设同步、信息互通、资源共享，稳步开创科学化、精细化、智能化的城市治理新格局。二是实现服务群众精品化。由物业公司组织保洁、安保、绿化等各类专业公司进驻，为群众提供高效优质的管理与服务；以"城市物业"管理模式的全面优化，促使政府在回应民意诉求、提供行政服务等方面提质增效，整体提升市民的幸福感和满意度，打造五星级精品城市管家。三是实现资源收益最大化。引入万科物业的"城中村"统一租赁和运营管理经验及"万村人才公寓"经验，参与横琴自然村综合整治，实现居民收益最大化；由专业团队统筹管理和运营区内停车场、广告、码头等可收益资源，并将收益反哺城市日常管理、维护、服务，实现资源收益最大化，实现收支平衡甚至略有盈余，实现城市运行的良性循环。四是实现政府投入节约化。将整个横琴新区"打包"作为一个物业进行统筹管理，部分可通过社会各大专业团队实现的事务，将全面交由社会力量进行服务运营，以解决政府人力资源不足、专业水平不高等问题，达成降低政府人力资源投入、提升政务服务质量、强化城市治理的理想效果。五是实现市民参与便捷化。"物业城市"除提供政务服务、智慧停车、信访投诉、律师预约、案件及优惠政策查询等线上便民服务外，还搭建城市治理、城市公益、志愿服务等市民参与城市治理的在线平台，努力实现"群众少跑腿、信息多跑路"的目标。

2. 首创推出"平安＋"市域社会治理指数及配套运行工作机制

2014 年以来，珠海市在国内首创性推出平安指数及配套运行工作机制，有力推动了平安建设的社会化、法治化、智能化、专业化进程，稳步增强了人民群众的获得感、安全感和满意度。平安指数是由违法犯罪警情、消防安全、交通安全 3 项量化指标构成，其计分方法主要是根据镇街实有人口的万人事件数作为测算标准。具体测算方式是以镇街当天该类指数的实际情况与上一年全市该类指数的万人日平均数进行比较，比值小于 0.8 的镇街为优，比值介于 0.8 和 1.2 的为良，比值高于 1.2 的为差，出现因违法犯罪或火灾、交通事故造成人员死亡的为极差。测算出等级后，依照权重，对照评定等次进行分项赋分，各项得分之和即为该镇街当天的平安指数。平安指数生成后，为增强指数的直观性，再按照"蓝、黄、橙、红" 4 种颜色对应"优秀、良好、平稳、较差" 4 种平安状况。以平安指数的颜色向社会预警，并对红色预警的地区作出相应平安提示。

2019 年 11 月，在平安指数基础上，珠海市再次在全国首创"平安 +"市域社会治理指数，为加快推进社会治理体系和治理能力现代化、打造共建共治共享格局注入强大动力。"平安 +"指数以"国家长治久安、社会安定有序、人民安居乐业"为目标导向，由内容体系、方法体系、应用体系等"三大体系"构成，涵盖社会稳定、治安指数、市民诉求、食药安全等 14 个分类指数，以日度、月度、季度、年度指数四种形式发布，具有平安加、平安嘉、平安家、平安佳等"四个 JIA"的内涵，既能实时展示城市动态平安趋势，又能及时把脉城市全方位平安状况，反映全市各镇街社会治理水平。

为强化平安指数的应用效果，珠海市平安办在全市范围内建立了以各区、镇（街）党委政府为主体，各相关职能部门积极参与，集动员、研判、预警、督导、考核"五位一体"的平安指数应用机制，全面强化各区和公安分局、镇街和派出所的捆绑作战作用，从而促使指数偏低地区的党委政府、公安机关及相关部门协同开展整改工作，形成党委领导，政府主导，综治协调，公安主力，各部门共同参与的立体化社会治安防控新格局。平安指数发布以来，取得了明显的工作成效，珠海全市治安状况持续好转，违法犯罪警情数实现大幅下降，城市安全感持续位居广东省前列。珠海市平安指数被评为全国社会治安综合治理典范案例。

二 珠海平安建设存在的问题

近年来，珠海在平安建设方面虽然取得了一些成绩，但是依然存在一些薄弱之处，主要体现在以下方面。

一是平安建设的群众知晓率和参与度不高。自珠海开展平安建设工作以来，平安办采取了多样化的宣传手段，不断扩展平安建设的知名度和宣传范围，但是与预期目标相比还有较大差距。在平安建设过程中，群众参与平安建设的比例较低，政府依旧是主要推手，群众对食品安全、乱摆放、环境保护等问题的参与度不高，群防群治的意识尚未完全形成，平安建设的氛围有待加强。

二是社会治理和平安建设领域的法律仍需完善。平安建设不能只靠政府出财出力，应该调动全社会的力量投入平安建设。为确保平安建设规范有序推进，需要明确的法律法规来保障。虽然近年来珠海出台了一系列与社会治理和平安建设相关的法规规章和规范性文件，但是目前相关的法律法规依旧缺位，如关于志愿警察的经费与培训等方面缺少相应的法律支撑。

三是社会治理和平安建设的领导责任制落实力度不够，社会治理和平安建设应建立长效工作机制，实现平安建设工作常态化。责任制是平安建设得以落实的基本保障，责、权、利之间需要有效协调才能确保平安建设顺利推进。平安建设的重点在基层，在实际运行过程中，基层资源紧张和属地原则的不协调问题较为突出，需要建立有效且科学的基层平安建设工作机制，以确保平安工作落实到位。

四是平安建设工作的人财物保障有待持续加强。平安建设基层基础工作有待夯实，且需建立有力的统筹管理机构。珠海作为粤港澳大湾区的节点城市，流动人口比较多，平安建设的压力增大，传统的社会治安综合治理方式已经不能应对当前的流动人口管理。由于公安力量有限，对越来越多的流动人口管理已经力不从心、捉襟见肘。基层专职人员相对较少，待遇不高，很难吸引到专业人才。由于资金有限，很多地方在大数据运用方面遇到瓶颈，缺少相应的资金投入，人口数据等方面信息的搜集与统计都不够精准，一定程度上影响了平安建设的效果。

三　粤港澳大湾区背景下珠海平安建设发展路径与方向

（一）坚持依法治理，完善平安建设法治保障

法治建设是创新社会治理的应有之义和最重要的制度保障。创新社会治理、推进平安建设，需要用法治思维主动应对社会问题，用法治方式有效化解社会矛盾，用法治力量维护社会公平正义，用法治精神营造社会法治氛围。新时期出现的新情况与新问题，要用制度化的途径有效化解各种利益冲突，加快公平、高效、权威的司法制度建设，用法治的力量维护广大人民群众的合法权益，使人人都能够获得法治社会的公平正义。同时，强化社会治理多元主体的法治思维能力，运用法治方式有效化解社会转型期出现的各种社会矛盾和冲突，最大限度地增加和谐因素，消除不和谐因素，营造任何组织、个人在法律面前没有特权，一切违反法律的行为都必须予以追究的法治社会氛围，使法治思维和方式真正融入实现政府治理和社会自我调节、居民自治的良性互动。

（二）坚持协同治理，扩大平安建设公众参与，增强平安建设基层活力

在平安建设中改进社会治理最大的创新点是多元共治。在目标和价值取向上应以维稳和维权双赢为目标，改进单纯依靠政府和传统方法化解社会矛盾的做法，既要充分发挥社会组织专业调解者的作用，又要善于运用非对抗方式化解社会矛盾的"软法"，形成社会组织协同政府化解社会矛盾、解决社会问题的新的社会治理方式和调解机制。

第一，进一步理顺乡镇（街道）、村（社区）两级关系，厘清基层政府与基层自治组织的事权划分，让村委会（居委会）回归自治，主要精力放在组织群众开展自治事务上；积极探索基层自治组织协助政府治理工作实施委托管理机制，促进政府行政管理与基层自治的有效衔接和良性互动。

第二，激发社会组织活力。在基层社会治理中积极引入和培育市场力量、社会力量，有针对性地发展各类社会服务类组织、经济合作组织、文化娱乐组织和志愿者组织，增强基层群众的自我组织和自我管理服务能力，使社会组织成为党委、政府进行社会治理和公共服务的重要帮手。

第三，激活群众参与动力。研究参与机制、拓宽参与渠道，将与群众利益密切相关的公共问题纳入基层治理，将社会治理事务具体化，促使群众主动积极参与。把志愿服务作为群众参与社会治理的一种重要形式，组建党员义工、青年志愿者、巾帼志愿者、"五老"（老干部、老专家、老军人、老教师、老模范）志愿者等服务团队。

（三）坚持智慧治理，健全信息化支撑机制，强化平安建设技术保障

"互联网＋"为多元主体明确了职责分工，提供了疏通相互间信息交流和协商合作的渠道，化解由于政府一家独大带来的治理矛盾，有机整合新技术带来的社区资源，形成协同治理机制，解决社区治理难题。

第一，以"互联网＋"建立信息共享机制，基层政府应为社区治理提供海量数据，适度合理地向多元主体放权。充分发挥大数据优势，打破相关部门利益藩篱，提高办事效率，实现信息资源共享。

第二，以"互联网＋"支撑云政务公共平台建设。将包括人口管理、交通检测、公共安全、综合执法在内的综合社区服务向平台化、系统化整合，不仅可以降低政府运行的行政成本，还可以创建信息公开、听取民意、回应诉求、吸引公众参与的新平台。

第三，以"互联网＋"创新社区治理。各级政府需要增加资金投入，加强网络基础设施建设，逐步扩大网络服务的覆盖范围，为"互联网＋"在社区治理中的运行提供硬件基础保障和物质保障。

（四）坚持科学治理，优化考评办法，用好考评结果

第一，科学设定考评指标及权重。按照"动态性、重结果"的要求，

有针对性地修改调整并完善考核指标和权重。按照共性与个性相结合的要求，结合各个地方不同社会治安状况和工作起点的差异，对一些考评标准适当加以分层分类，确保考核考评的客观公正性，更好地发挥考核导向作用。

第二，强化考评过程的客观性。以规范的程序、客观的事实反映平安建设的实际情况。特别是对一些定性指标，要尽量多用事实和数据说话，提高考评结果的精确性。更多采用明察暗访等方式，全面了解各地平安建设的真实情况，为提高考评结果的真实性提供可靠准确的依据。

第三，把考评结果落到实处。要真正把平安建设考核结果纳入各级党政领导班子和领导干部实绩评价体系，作为衡量干部政绩、晋职晋级和奖励惩处的重要依据。完善奖励惩罚机制，及时兑现奖惩措施，对成效卓著、工作扎实的单位和个人给予表彰奖励，对工作失职、渎职引发影响稳定的重大问题，要严查责任，追究有关领导和相关人员的责任，切实推动平安建设的各项工作落到实处。

B.15
大湾区背景下全链条提升
公安执法服务水平的探索

摘　要： 珠海市公安局紧扣"依法治国"时代主题，在全国公安机关中率先提出建设"法治公安"的战略构想和工作目标，以严格、规范、公正、文明执法为总要求，将抽象的公安改革理论和要求，通过法治化途径转化为可操作的具体改革实践，积极推动公安地方立法，积极探索公安执法机制创新，在提速公安行政审批、提质公安行政管理、提效公安政务服务以及提升粤港澳警务合作方面取得新突破，全链条提升了全市公安机关执法能力和执法水平。未来，将在践行法治建设、打造法治公安、全面服务保障粤港澳大湾区建设方面提供源源不断的动力。

关键词： 法治公安　粤港澳大湾区　执法服务

《中共中央关于全面推进依法治国若干重大问题的决定》实施以来，进一步强调把"法治"作为治国理政的基本方式。积极践行法治建设，着力打造法治公安，成为公安机关参与社会治理的必由之路和现实选择，也成为依法治国方略中不可或缺的重要组成部分。推进粤港澳大湾区建设，是以习

---

* 课题组负责人：牛岩军，珠海市公安局党委委员、副局长。课题组成员：胡保红、罗波、王爱宇。执笔人：王爱宇，珠海市公安局法制支队一大队大队长。

近平同志为核心的党中央作出的重大决策，是习近平总书记亲自谋划、亲自部署、亲自推动的国家战略，是新时代推动形成全面开放新格局的新举措，也是推动"一国两制"事业发展的新实践。对于珠海而言，服务保障粤港澳大湾区建设，是珠海高举改革开放旗帜、重铸特区精神、再燃改革激情、加快"二次创业"的核心任务。近年来，珠海市公安局党委紧扣"依法治国"时代主题，在全国公安机关中率先提出建设"法治公安"的战略构想和工作目标，以此为抓手和依托，始终坚持执法为民，坚持改革创新，积极探索大湾区背景下法治引领公安工作新模式，以严格、规范、公正、文明执法为总要求，以执法规范化建设为载体，将抽象的公安改革理论和要求，通过法治化途径转化为可操作的具体实践，全链条提升了全市公安机关执法能力和执法水平，为粤港澳大湾区建设贡献了珠海公安力量。

一 厘清思路，准确把握法治公安内涵实质

"法治公安"建设是新形势下珠海市公安局（以下简称"市局"）结合自身发展作出的大胆尝试和有益探索，是对公安工作进行全面总结基础上形成的经验升华和系统规划，相比以往提出的"公安法制化""执法规范化"等概念，"法治公安"的内涵和意义更为深远，是一个全新的、整体的、动态的概念。其不仅从宏观层面指明了公安工作的运行方式，即通过法治的途径、法治的方式推动公安工作开展，也指明了公安工作的最终状态，即依靠法律手段并在法治框架下运行。可以说法治公安本身就是公安工作的外在形态，而不仅仅是公安工作的一部分。法治公安建设不能仅仅是执法制度或者执法方式的完善，而应该是一项贯穿公安工作全局的综合性、系统性、基础性工程，涉及公安价值观、执法理念、执法方式、执法制度、执法保障、执法监督等方方面面。同时，法治公安建设还是一项长期的、动态发展的工程，需要结合社会形势和时代发展持续不断地向前推进。

"法治公安"建设伊始，市局党委就把厘清"法治公安"内涵实质作为突破口和落脚点，着力从顶层设计上强化对"法治公安"建设方向的把握。

2014 年底，组织制定了《珠海市公安局关于推进法治公安建设的意见》；2015 年，开创性地提出"法治引领"理念，制定了《珠海市公安局打造法治引领新模式　推进法治公安建设的意见》，不断丰富"法治公安"理论内涵，从宏观上为珠海法治公安建设指明了方向。与此同时，市局党委不断加强对"法治公安"建设的理论研究，通过全面加强与高校的"局校合作"，举办高端理论研究论坛等方式来借脑思考，深入挖掘"法治公安"的科学内涵。

二　创新理念，科学设定法治公安实施目标

在准确把握"法治公安"科学内涵的基础上，市局以深入贯彻落实党中央决定和全面深化公安改革、争创全国先进公安机关工作为契机，具体绘制法治公安建设新蓝图。2015 年 11 月，制定下发了《珠海市公安局打造法治引领新模式　推进法治公安建设工作规划（2015～2017 年)》；2017 年，进一步将法治公安建设贯穿执法全流程，出台了《珠海市公安局关于进一步规范执法行为　加强执法规范化全链条建设的通知》；2019 年，持续深化法治公安建设，出台了《珠海市公安局执法规范化建设暨"法治公安行动计划"贯彻推进工作方案》。上述文件明确了法治公安建设的工作规划和推进路径，着力强化法治公安主体法治思维，提高公安机关运用法治方式维护平安稳定的能力，并从两个层面对法治公安的近期和远期建设目标进行了部署：一是要实现公安机关本身的法治化，即通过培育法治思维、树立法治理念、提升主体素质、严密执法流程、完善执法制度、加强执法监督、优化执法环境等，建立一套在法治框架内科学运转的公安工作模式，打造一支知法守法、擅于用法、严格执法的公安队伍，形成一种法律至上、崇尚法治的公安文化氛围，这也是法治公安近期的建设目标；二是要依托公安机关本身的法治建设，通过公安机关在执法服务与社会管理过程中与社会各界和广大人民群众的充分接触和积极互动，推动全社会形成相信法律、遵守法律、服从法律、践行法律的法治信仰，继而推动实现整个社会的法治化，此为法治公

安远期建设目标。在法治公安建设进程中，切实把握好两个建设目标的逻辑关系，根据时代发展特点和当前社会形势，明确法治公安建设的内容、方式、要求和采取的措施，统筹开展好具体实践工作。

三 多措并举，深入推进法治公安落地实施

（一）推动公安地方立法，打造公安法治文化

市局将法治与改革相结合，将珠海经济特区的特殊性和依法治国的普遍性相结合，创新性地推进特区立法。按照重大改革举措立法先行、于法有据的思路，充分发挥珠海两个立法权优势，大力推动公安地方立法，包括出台《珠海经济特区道路交通安全管理条例》《珠海经济特区消防条例》《珠海经济特区见义勇为人员奖励和保障条例》《珠海经济特区公共安全技术防范条例》等系列地方性法规的制定与修订工作。其中，《珠海经济特区公共安全技术防范条例》创造性地从立法层面拓展技防系统信息资源的开发利用，并高度重视公民合法权益包括个人隐私的保护，为全国第一部地市级公共安全技术防范领域的地方立法。

在公安法治文化建设方面，充分利用警营文化设施和网站、微博等载体，开展形式多样的法治文化建设，引导全体民警恪守法治理念、强化法治思维、运用法治方式、践行执法为民工作要求，推动公安机关和广大民警在法治价值观和理念指导下的实践行为不断聚合、累积、发酵和升华，真正把法治文化的精髓渗透到全体民警的执法工作和日常生活，营造健康的法治文化环境。

（二）突出公安执法创新，体现法治为民精神

一是着力提升执法公信力和群众满意度。在最大限度减少审批事项的基础上，全市公安机关创新推出出入境"一证办"、自助办证"一体机"、临时身份证"同城办"、户口登记"一证通"、机动车年检"一证办"等便民

措施，以科技手段规范行政事项办理程序，减少审批环节、缩短审批时间。还制定出台《珠海市公安局证明管理工作暂行规定》，在全国率先推出证明"正面清单＋长效管理"工作机制，取消需要办事群众提供的证明 74 种，精简办事环节 161 个，取消公安机关对外开具的证明 28 项。同时，发布"马上就办，办就办好"事项清单，推动实践中"证明多""证明繁""办事难"问题的有效解决，切实增强了人民群众对公安改革的获得感。

积极探索柔性执法，化解矛盾纠纷，率先在全国推行人民调解进驻派出所，加强对轻微案件的调解与和解工作，实现人民调解与行政调解有效对接，这一做法被司法部誉为"珠海经验"。在案件办理和行政管理活动中严格落实执法说理制度，将法治教育工作贯穿执法活动的始终，实现执法的法律效果与社会效果有机统一。贯彻落实《珠海经济特区行政执法与刑事司法衔接工作条例》，大力推进"两法衔接"工作，"两法衔接"工作被评为"2015 年珠海社会治理创新最佳案例"，全国人大常委会调研组在珠海考察时评价其经验开创了全国工作先河。在全国率先实现律师无障碍会见的基础上，出台《珠海市公安监管场所被监管人员合法权益保障办法》，设立珠海市法律援助处驻看守所工作站，开设律师会见专用通道，开通看守所远程视频法庭，切实保障被监管人员的合法权益。

二是深入推进执法信息公开。出台《珠海市公安局执法公开工作规定》，坚持"以公开为常态，不公开为例外"原则，最大限度公开执法依据、执法程序、执法进度、执法结果，推动公安机关和人民警察依法履行职责。2014 年 1 月，向社会推出案件办理信息公开平台，让案件特定关系人可以通过手机短信、互联网、微信等渠道了解案件办理情况，并实现告知、查询、评价和反馈四大功能。案件办理信息公开平台项目被《人民公安报》《新加坡联合早报》等多家境内外媒体宣传，在首届广东省公安机关"粤警创新"大赛中勇夺银牌，并于 2018 年正式在全省推广使用。

三是改革权力运行机制。从职责环节、决策环节、制约环节三个方面把握好公权力运行。首先，按照"法定职责必须为、法无授权不得为"的要求，全面梳理、准确界定公安机关刑事、行政执法和行政管理各项权力，以

《珠海市公安局权力清单》的形式在市政府网站和市局网站上公开发布，厘清公安机关权力边界。同时，针对基层执法的热点、难点问题，建章立制，不断完善执法制度体系，先后下发了《关于律师查阅治安行政案件有关问题的通知》《珠海市公安局办理编造、故意传播虚假恐怖信息违法犯罪案件执法指引》《关于在查处非法住宿服务中采取取缔措施的指引》等一系列工作规定和执法指引，规范执法行为。其次，按照决策科学化、民主化、法治化的要求，出台《珠海市公安局重大行政决策程序规定》，完善决策程序，落实决策制度，建立决策审查机制，约束关键少数权力。制定《珠海市公安局法律顾问工作规定》，建立以公安机关法制部门人员为主体、吸收法律专家和律师参加的法律顾问队伍，完善法律顾问工作机制，发挥法律顾问在决策中的作用。最后，坚持以问题为导向，完善权力制约机制，出台《珠海市公安局内部工作人员过问、干预、插手案件处理的记录、通报和责任追究暂行办法》和《珠海市公安局关于规范侦查工作中公安民警与律师接触行为有关问题的通知》，健全落实公安机关领导、民警与当事人、律师、特殊关系人、中介组织、公司企业人员接触、交往行为的规范，杜绝关系案、人情案、金钱案。

（三）整合公安监督力量，确保权力规范运行

一是率先构建"大监督"工作新格局。2014年，在全国公安机关率先构建"大监督"工作格局。通过优化整合内部执法监督机构和资源，构建政工、纪检监察、法制督察、案审和一线执法部门"五位一体"的监督架构，形成以基层执法单位自我管理监督为基础，以专门部门管理监督为补充的"执法大监督"格局，并实现监督部门资源共享、手段并用。同时，有针对性地建立了执法管理联席会议制度、所队执法监督管理工作规定等一系列制度规范，努力打造以所队自我管理、自我监督、自我约束为主，上级公安机关执法监督管理为辅的执法监督管理新机制。特别是在法制与督察工作融合、优势互补方面狠下功夫，把法制的事后监督和督察的事前、事中监督结合起来，把法制的静态监督和督察的动态监督结合起

来，把法制专业优势和督察的即时监督手段结合起来，把法制的"权"和督察的"威"结合起来，打造了"全流程、全链条"的动态监督新模式。

二是探索案审机制改革。为顺应司法体制改革要求，市局把案审改革作为全市公安工作改革的破题之举，通过在市局成立案审监管支队、在分局成立案审大队的方式，理顺案审部门和侦查部门、法制监督部门之间的关系，对执法工作实行链条式全流程监督和网格化全方位管理，提前实现了公安部提出"百分百落实刑事案件统一审核、统一出口制度"的要求，全市公安机关打击效能和审讯攻坚能力提升明显。2014 年，市局"六大专项"行动综合绩效位列全省第 3 名；2015 年，"3＋2"专项行动获评全省优秀等级；2016 年至今，在每年的飓风行动专项行动中，市局的成绩均位于全省前列。

三是落实执法责任追究机制。近年来，市局先后出台多项有关追究违法执法办案和违法实施行政管理责任的规定，建立办案终身负责制和执法过错责任追究制，让执法办案和行政管理工作"通上高压电"。同时，将法律赋予的执法职责细化分解到每个执法单位、执法岗位，构建有权必有责、用权受监督、失职要问责、违法受追究的执法责任体系。2014 年以来，全市公安机关先后对 100 余名民警追究了执法过错责任。

四 结出硕果，公安执法服务工作取得新突破

"法治公安"建设实施以来，各级公安机关的执法服务水平得到大幅提升，多项工作取得新的突破，特别是在服务粤港澳大湾区方面，市局通过"法治公安"建设引领公安政务服务改革，深化粤港澳警务合作，为全市营商环境改革提供坚强的公安保障。2013 年以来，成功打造了以出入境、车管所为代表的享誉全国的政务服务品牌；在珠海市机关事业单位年终考评中是全市唯一连续 7 年（2012～2018 年）荣获优秀的单位，其中行政服务创新成果评选连续 6 年（2013～2018 年）获得一等奖。

（一）推进简政放权，全面提速公安行政审批服务，实现了行政权力"大瘦身"

一是大幅精简审批项目。累计取消行政审批事项 36 项，废止规范性文件 140 余件；行政审批总环节从 152 个减少为 116 个，审批时限压缩幅度达 37.6%。二是持续开展减证便民行动。清理和取消要求群众提供的证明 74 种、减少办事环节 161 个，分别精简 62.7% 和 51.9%；对外开具的证明 55 种，取消 28 种，保留 27 种；率先推行出入境"一证办"、户政业务"一证通""容缺受理"等模式，大幅减免提交证明材料，减轻了企业和群众负担。三是编制公布权责清单。梳理确认全局行政权力事项 718 项，"全城通办"事项清单 127 项，调整下放两批 25 项市级公安行政管理执法权限，实现了行政权力"大瘦身"。

（二）深化监管创新，全面提质公安行政管理，营造了护商利企的优质环境

一是建立健全"五位一体"行政执法大监督体系。优化整合政工、纪检监察、法督、案审、一线执法部门的监督职能和资源，进行精确监督，推行人机一体、常态运行的动态监督评价机制和责任倒查制度，形成了全链条行政执法权力运行监督工作格局。二是创新推行"科技＋制度"智能化监管模式。管理数据挂接、相关业务系统迁移入云、电子证照库建设等智慧警务基础性工程走在全省前列，实现对管理对象的全流程全领域智能化监管，进一步实现精细管控；"双随机、一公开"监管制度实现对市场主体的常态监管检查和随机抽查全覆盖；制定实施重点物品、重点行业分级分类安全监管制度，物流寄递实名率达 95%，手机实名率达 96.5%。三是在全国首创"三同"警税合成办案新机制。坚持"协同联治、精准打击、化解风险"三管齐下，在全国首创推出"主动介入同调查、集中行动同收网、统一标准同取证"的"三同"警税合成办案新机制，在全省率先建立企业涉经济犯罪风险监测预警系统和涉税犯罪专业办案基地，常态开展对经济金融领域风

险和涉众型经济犯罪的预警分析、评估监测、风险稳控。通过集群打击、联侦快破，相继侦破"1·16"跨国网络赌博案、"12·26"虚开增值税专用发票案等一批大案要案，挽回经济损失近10亿元，受到了公安部、省厅通报表彰，全方位护商利企的营商环境逐步形成。

（三）锁定优质高效，全面提效公安政务服务，打造享誉全国的服务品牌

一是精心打造"一网贯通、端端相连、标准运作、集群服务"的网上服务体系，做优网上服务。77项公安服务事项实现"一网通办"；率先推行珠海公安政务微信矩阵服务模式，让群众享受"指尖服务"；全面推广自助办理智能化设备，出入境、户籍、公章刻制等业务办理实现"最多跑一次"。二是推出系列公安政务服务智能精品项目。首创推出以"一证办""自助办证一体机""自助发证机"为核心的出入境智能服务新系统，实现出入境证件立等可取、24小时自助服务，入选全国公安改革案例（全国50个），荣获2016年全国公安机关改革创新大赛金奖（全国20个）；全省首个"出入境智慧办证大厅"建成启用，继续领跑创新全流程智能化办证服务新征程。成功打造网上网下并联办理、移动微信一体运行、受理审批自动流转、服务窗口统一出证的便捷化交通管理服务体系，38项车辆管理业务实现网上受理、后台审核、牌证邮寄送达，全面推行车辆全国"通检"、18类业务一证即办、便利驾驶证省内异地申领等措施，车管所在2017年和2018年先后荣膺"全国优秀公安基层单位""全国一等车管所"。三是实行"一站式"惠民利民服务新举措。累计推出三批34条惠民利企举措，21项行政审批服务项目实现"一证通办"，12项实现"零跑腿"，52项纳入"马上就办"清单；申请领取、换领、补领居民身份证核发等39项户籍业务实现"全城通办"；在高新分局试点推动公安服务进驻区政务服务中心，在拱北口岸分局整合建成4个户政服务中心，为企业和群众提供"一站式"服务。四是创新举措服务粤港澳大湾区建设。广东自贸区建设及创新驱动发展16项出入境政策已在横琴新区全部实施，其中6项政策已推广至全市落地

实施。53 个国家外国人 144 小时过境免签政策已于 2018 年 3 月开始实施，目前已受理符合条件的申请 4000 余人次。国家移民管理局 5 项移民和出入境便利措施于 2018 年 9 月 1 日起在全市同步实施。主动配合推进市委市政府"英才计划"，对全日制本科及以上人才、高级工以上高技能人才等青年人才实施更便利的落户政策，在全市实行高层次人才落户手续 5 天内办结。积极争取上级公安机关的支持，非营运粤港直通车免加签直接通行港珠澳大桥政策于 2018 年底实施，积极促成澳门入出横琴自贸区机动车指标增加到 800 个，受理申请澳门机动车入出横琴业务 2435 余宗，核发临时入境牌证 1649 个，开设港澳居民办理车管业务"绿色通道"。

（四）深化粤港澳警务合作，三地警方联合执法，提升大湾区建设警务保障效能

一是加强粤港澳警务协作。加快推进港珠澳警方加密电邮专线建设，推进落实港珠澳警方跨境犯罪情报交换机制，两次举行澳珠警方高层工作会晤，成功举办第五届"澳门·珠海警务论坛"，有效推动了澳珠警务合作向更深层次、更广领域发展。同时，严格对标上级要求，加强工作对接，在《粤港澳大湾区发展规划纲要》出台后，立足公安职能和工作实际，认真做好任务对接、方案细化和工作部署，对照《粤港澳大湾区发展规划纲要》梳理涉及公安 16 项事项，已经通过对表推进、建立台账，加强与上级业务主管部门的请示汇报，梳理需要上级支持的重点事项和政策，谋划研究具体落实措施，积极稳妥地推进和服务大湾区建设。二是深化完善港珠澳警方联动执法协作机制。在全力推进设立大桥消防中队、交警中队的基础上，2018年 9 月 26 日正式启用运作港珠澳大桥珠海公路口岸派出所，10 月 21 日珠海市公安局交警支队港珠澳大桥珠海公路口岸大队揭牌启用。依托经公安部批准成立的国际警务合作办公室，建立与港澳警方直通联络机制和定期会晤与联络工作会议制度，设立 24 小时热线电话专线，开通港珠澳警方联络专邮专线，全面落实情报交流、行动配合、业务联系、情况互通、多层会晤、互访交流等工作制度，实现对跨区域和互涉犯罪的精准打击。

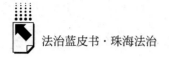

五　展望未来，全面服务保障大湾区建设

积极践行法治建设，着力打造"法治公安"，成为公安机关参与社会治理的必由之路，也成为落实依法治国方略不可或缺的重要组成部分。未来，持续深化"法治公安"，不断提升执法能力，也必将是打造平安和谐珠海，全面服务大湾区建设的现实选择。为此，珠海公安将继续以"法治公安"为目标和抓手，全面做好各项执法服务工作，为大湾区建设提供源源动力！

（一）聚焦公安主责主业，助力打造平安湾区

充分发挥维护稳定、服务发展主力军作用，全面落实以打开路、以打保稳、以打促安各项举措，建立健全涉企经济犯罪预警机制，开辟涉企经济犯罪案件侦办"绿色通道"，主动配合相关部门建立完善知识产权保护、失信企业常态整治等机制，从多层面、宽领域全力打造一个平安稳定、和谐有序的社会治安环境。

（二）聚焦精准高效服务，助力打造便利湾区

严格对标上级部署要求，积极争取上级业务主管部门的支持，推动下放更多政策权限和改革空间，着力在人员通关、港澳车辆进出珠海、高层次人才引进等领域加快探索出台一批标志性、引领性、突破性的重点改革举措，促进各类高端要素资源在珠海高效流动。持续推进公安"放管服"改革，深入落实营商环境综合改革行动方案，认真抓好"全城通办"公共服务事项落地实施，创新建立服务重点企业、重大项目落地建设全流程优先服务机制，最大限度地减轻企业负担，方便群众创新创业。按照国务院和省政府的统一部署，依托国家政务服务一体化平台和粤省事政务服务平台，统筹推进公安政务服务事项"一网通办"、上线办理，不断提升公安机关的服务水平和服务效能。

（三）聚焦跨域警务合作，助力打造共享湾区

全面参与粤港澳深度合作示范区建设，主动加强与港澳警方的沟通交流，着力在案件立案联手侦查、犯罪嫌疑人缉捕、逃犯和证据移交、跨境调查取证以及协助扣押、冻结赃款赃物等领域，推动出台具有司法协作性质的执法协作协议，探索建立三地刑事鉴定检验相互认证与交换机制、涉港澳同胞刑事案件办理的联合办案机制，提高警务合作效率，提升联合打击效能。全面借力、积极对接"广州—深圳—香港—澳门"科技走廊建设，全面升级珠澳警务论坛，积极推动港珠澳警务创新资源的深度整合，探索建设研学战训四位一体的警务创新平台，推动三地警务创新研究成果转化为警务产品，引领和支撑警务实战。

（四）突出规范运作，探索构建标准化行政审批服务体系

依托珠海公安人财物直管的体制优势，充分发挥标准化在构建新时代服务民生特区体系上的基础性战略性引领性作用，明确审批规范，细化工作标准，优化服务流程，注重持续改进，加快制定实施标准化行政审批服务体系。一要对行政服务事项开展再梳理。对标对表国家政务服务标准化改革部署，加强与上级业务主管部门和市相关部门的对接沟通，系统梳理、科学分类公安审批服务事项，全面摸清标实政务服务基础数据。二要完善权责清单。进一步精简行政许可事项、办事环节、审批时限和申请受理要件，编制规范统一、权责清晰的事项清单，建立完善权责清单动态调整和统一发布机制。三要编制出台政务服务标准规范。围绕修订后的公安行政服务事项清单，制订出台线上线下服务标准、服务指南和办事手册，规范实施清单要素，推动实行同一事项无差别受理、同标准办理，不断提升服务质量和服务水平。

（五）突出精细治理，探索构建协同化综合监管体系

主动适应新时代改革发展对监管创新提出的新要求，强化科技创新和制度创新，推动监管信息资源的跨域整合与互联共享，探索构建"区域融合、

精细监管、靶向治理、精准执法"的协同化综合监管体系，全面提升监管效能。一要深化完善审批与监督分离、分工明确、相互制约的内部监督运行机制。依照权责清单，在纵向上全面理顺事权划分，在横向上推动职能整合，明确监管主体，细化职责分工，解决内部职能边界问题，减少多头执法监管，消除监管盲点。二要探索跨域执法监管协作联动机制。探索与国际接轨、对接港澳的管理规则与制度，着力在人员跨境往来、车辆跨境通行、产业要素跨域流动等方面，构建完善跨部门、跨区域执法监管联动响应和协作机制，加快建立与国际接轨的服务监管标准，推动实现违法线索互联、监管标准互通、处理结果互认。三要推进综合监管。探索构建以信用为基础、以准入为基准、以释放活力为基线、以可追溯为基态的涉企监管新机制，加快推进改革后的公安行政法规地方立法建设，主动参与建立信用联合惩戒机制，推行登记注册、行政审批、行业主管相互衔接的监管模式，扎实推进"双随机一公开"和"互联网+监管"工作，加强涉企矛盾纠纷预警化解，精准打击经济领域违法犯罪，全面维护经济发展和市场运行的公平秩序。

（六）突出集成高效，探索构建普惠化公安政务服务供给体系

借鉴并引入现代商贸运行的先进理念，以解决"手续烦、门槛高、事难办"等问题为核心，以"四同"（同一事项、同一名称、同一标准、同一流程）为主线，精心打造交互化服务、模块化联动、平台化推送的供需匹配的警务服务产品全链条供给体系，为企业和群众提供普惠化、均等化服务。一要加快推进行政许可权相对集中改革，整合分散在各部门警种的行政审批职能，将部门分设的办事窗口整合为综合窗口，推动公安行政审批事项受理窗口下移，持续落实"全城通办"等服务模式，打通服务群众"最后一米"。二要主动对接重点企业、重大项目，推行多证合一、多规合一、告知承诺、容缺受理、并联审批等服务制度，完善"前台统一受理，后台分类审批，统一窗口出件"模式，为办事企业和群众提供便捷服务。三要深化推进"互联网+公安政务服务"。加快推进全局自建网站、系统与国家、省、市一体化在线政务服务平台的对接，认真抓好内容保障、系统与数据的

整合迁移和接入等工作，实现统一标准规范、统一技术平台、统一安全防护、统一运维管理、服务信息同源发布。全面推广政务微信等移动政务服务，并统一接入"粤省事"平台；深化推进线上线下深度融合、合一通办，实现线上线下一套服务标准、一个办理平台办理。

（七）突出协调顺畅，探索构建扁平化公安行政审批服务运行体系

坚持以扁平化对接和促进公安政务服务标准化普惠化建设，全面依托现代科技推进业务融合、一口管理、服务集成、精准推送，形成对社会需求的全面感知、点对点精准推送、人对人在线互动、事对事及时办理、服务与管理同步推进的政务服务高效运转格局。一要借鉴广州、深圳等地的做法，探索成立行政审批服务专职机构，建立一级受理、一级审批的扁平审批制度和垂直管理机制，以适应"放管服"改革对法律性政策性专业性日益提高的新要求。二要加快推动与各级政务服务中心、网上服务平台的联接和融合，形成以各级政务服务中心和社区服务网点为依托、以自助办证一体机、移动服务终端为主体、一体联动、覆盖城乡、统一规范的公安政务服务网络。三要大力推进公安政务服务一体化管理。全面对标扁平化行政审批服务机制，对应设计扁平化、分布式管理流程，制定完善相关管理制度，健全统一认证服务体系、实名制互认机制和共享实名认证资源，形成线上线下一体化运行管理机制。

B.16
推动警务指挥跨越式发展的实践与探索

珠海市公安局课题组*

摘　要： 珠海市公安局紧紧抓住推动服务粤港澳大湾区建设和智慧新警务建设的契机，深入推进新时代珠海公安警务指挥规范化、专业化、智能化建设，从警务指挥的机制、科技、作风等方面着手，有效提升警务指挥作战快速反应和处置能力、决策和服务能力以及警力执行和战斗能力，推动珠海公安警务指挥工作提档升级，为营造安全稳定的社会环境提供强有力的支撑。未来，珠海公安警务将进一步强化110社会联动、警务指挥区域合作以及情报指挥联动融合，推动警务指挥跨越式发展。

关键词： 警务指挥　跨越式发展　联动机制

　　党的十九大对习近平新时代中国特色社会主义思想的确立，标志着一个伟大新时代已经到来，新的美好征程已经开启。习近平总书记对广东工作提出了"四个走在全国前列"的希望和要求，特别是习近平总书记亲自谋划、亲自部署推动的粤港澳大湾区重大国家战略，为新时代珠海改革开放再出发创造了重大历史机遇。随着港珠澳大桥通车和珠海经济特区"二次创业"

＊　课题组负责人：邓文，珠海市公安局党委委员、副局长。课题组成员：刘塾、杨卫平、裴涛、田庆野、史伟、贝辉军。执笔人：史伟，珠海市公安局警令部指挥调度室教导员；贝辉军，珠海市公安局警令部指挥调度室副主任。

带来的大发展，人财物进一步加剧流动和扩容，给珠海的公安工作带来了新的机遇和挑战。作为公安工作中发挥重要作用的警务指挥部门，如何因应新时代的变化，奋力开创新时代警务指挥工作新局面，成为摆在我们面前的一个重要课题。

一 发展历程和形势需求

警务指挥的主要职能是110报警服务台接处警和应急指挥处置各类突发案/事件、自然灾害事故。快速反应、打击犯罪、服务群众是警务指挥的基本要求，也是110诞生以来的不懈追求。1993年3月18日，珠海市公安局正式设立了珠海市公安指挥中心，同年开通珠海110匪警电话，1996年12月24日珠海市公安局110报警服务台（以下简称"珠海110"）正式成立，随之开发了第一代110接处警系统，实行"集中接处警，一级指挥与二级指挥混合"指挥模式。2003年，原珠海市斗门县公安局110报警服务台并入珠海110，依托第二代110接处警系统，实行"全市集中接警、分区调度、一级指挥"的指挥模式，110快速反应能力大幅提升。2005年，珠海110接警组成立，面向社会招聘专职接警文员，推进接警专业化发展。2007年，珠海110开发了第三代110接处警系统，实现"110、122、119"三台合一，实行"集中接警，分区分专业同步处警，一级指挥"运作模式。2015年，开通110微信报警，110接入海盾安防电脑报警系统，实现集语音、短信、互联网、微信、技防五位一体的报警接入方式。

2017年，党的十九大胜利召开，新时代的开启对警务指挥工作提出了更高的要求。新时代进入经济转轨、社会转型的特殊历史时期，公安工作面临的形势异常严峻。随着群众法治意识的提升，对110接处警工作的期待和要求也会越来越高，作为警务指挥部门，要着力构建运行规范、实战高效的现代警务指挥体系，才能确保在重大突发案/事件发生后第一时间快速有效地组织指挥各警种的优势警力、装备，协同政府相关部门和社会资源共同做好处置，平息事态。

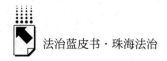

2018 年以来，珠海市公安局深入贯彻习近平总书记"对党忠诚、服务人民、执法公正、纪律严明"十六字总要求，积极面对新时代公安工作新形势，传承弘扬以"以人民为中心，做人民的保护神"为核心的新时代"漳州 110"精神。珠海 110 紧紧抓住推动服务粤港澳大湾区建设和智慧新警务建设的契机，按照省公安厅智慧新警务战略规划和推动警务体制机制革新的理念，深入推进智慧警务新指挥建设，开发了第四代 110 接处警系统，全力打造契合珠海实际的 110 接处警工作机制，全面提升了珠海 110 接处警工作效能和处置突发案/事件的能力，倾力守护好人民群众的安全线、生命线。

二 实践探索及主要成效

新时代珠海公安警务指挥工作主要从机制、科技、作风等方面抓建设、强措施、提能力，警务指挥快速反应和服务群众能力显著增强，群众安全感、满意度进一步提升，为服务粤港澳大湾区建设和珠海"二次创业"作出了应有的贡献。据统计，2018 年全市警情出警平均到场时长为 7 分 54 秒，同比 2017 年的 11 分 1 秒提速 28.29%，2019 年平均到场时长为 5 分 39 秒，同比 2018 年再提速 28.48%，通过快速接处警，当场抓获一大批持刀伤人、入室盗窃、寻衅滋事、强奸等现行案件嫌疑人，全市违法犯罪警情量持续走低。2019 年以来，110 出警共抓获嫌疑人 950 人，违法犯罪警情同比下降 17.22%，其中可防性"两抢"警情同比下降 49.04%、盗窃警情下降 13.61%，重复警情下降 3.40%，110 接处警回访满意率达到 99.8%。同时，圆满完成重大节假日及敏感节点期间的各项安保工作；及时先期处置，统筹应对，妥善处置了多起利益诉求群体聚集、上访事件，最大限度减少了群体性事件带来的负面影响。

（一）狠抓机制建设，夯实警务指挥基础，提升指挥作战快速反应和处置能力

高效的指挥调度体系和严密的巡逻防控体系是警务指挥快速反应、有效

处置的根基。珠海市公安局围绕实战化牵引、合成化指挥、扁平化运行的目标，着力在指挥机构、指挥模式、警力调度等方面加大机制创新力度，统筹推进集约配警、精准调度和精准指挥，形成了精准高效的运作模式和以110为龙头的合成作战体系。

一是明晰职责，合成作战，指挥调度更精准。在指挥机构改革上，优化重构市局、分局、派出所三级指挥架构，科学划分各自职责定位和职权边界，实现警情的科学指挥和有效处置。在指挥模式上，全面实行"集中接警、分类调度、协同指挥、合成作战"指挥模式，强化了市公安局对重大、紧急警情的综合指挥力度。在警力调度上，推行了扁平化、点对点的调警机制，依托新一代指挥作战平台实现一键式、扁平化、可视化调度警力，实现指令直接向一线警力、最小作战单元等指挥末梢拓宽延伸；同时规范了重大突发警情按照应急处突机制，实行逐级响应、梯次调警，确保专业处置力量在第一时间应急响应、集结到位，有效提高了快速反应和社会面管控能力。

二是严密巡控，加大投放，警力到场更迅速。在巡逻防控机制上，珠海市公安局创新性制定了全市常态化和等级勤务期间社会面巡逻防控警力投放标准，深化落实机关民警支援基层制度，明确了巡控民警的工作规范和统计方法。在固化实施动中备勤①、PTU②、武警联勤、处警巡组、"五长"③ 带班巡逻制度的基础上，大力推行以派出所"治安管控责任区"为基础的"社巡处合一"立体化巡逻防控机制，推动巡区与社区无缝对接。制定了出警到场底线时长标准，倒逼基层处警单位根据辖区警情高发时段、区域、性质，科学合理部署警力，加大辅警投入，最大限度屯警街面，同时灵活使用摩托车和汽车互为补充的接处警交通工具，有效提升了110机动能力和快速反应能力。

---

① 动中备勤：动中备勤警力。
② PTU：市局、分局特警机动武装巡逻队伍。
③ "五长"：1. 市公安局局长（含市局党委委员）；2. 巡警支队支队长（含支队班子成员）；3. 分局局长（含分局班子成员）；4. 分局巡警大队大队长（含大队班子成员）；5. 派出所所长（含派出所班子成员）。

三是统筹资源，加强联动，警情处置更高效。实施情报与指挥业务融合联动，推动指挥情报与反恐维稳、治安防控、侦查破案等公安实战无缝对接，实现情报研判、决策指挥、行动处置的闭环运行。积极协调相邻地市110以及各类应急救援机构和组织，建立110警情区域联动协作、专业应急支撑保障等工作机制，及时高效处理群众各类报警求助。积极推进与12345、114、12348、12355、12338等服务热线建立联动机制，对于非警务报警求助，及时引导群众正确拨打联动热线得到专业帮助，积极为110减负提效。

（二）狠抓科技建设，打造智慧内核，提升警务指挥决策和服务能力

2018年以来，珠海市公安局根据省厅智慧新警务战略部署，以云计算、大数据、"互联网＋"等新技术、新理念为引领，对标先进地市，紧贴实战需求，深入推进智慧新指挥建设，开发并应用了智能接处警、图上指挥、接处警App、高分大屏展示4个系统，强力助推警务指挥效能大提升。

一是精确定位，可视指挥，警力调度更科学。通过与手机报警定位系统、勤务报备系统、数字集群定位系统等信息化系统的融合对接，增加短信辅助定位功能，提升警力定位信息、电子地图等系统的反应时间，在电子地图上实时精准显示警情位置、警力分布、勤务状态，以及视频、预案等资源，依托系统克服以往警力调集的盲目性和被动性，实现扁平化、可视化调度，最大限度压减调度处警耗时，使指挥更加精准高效、贴近实战，大幅提升指挥部门处置效能。

二是态势感知，主动预警，指挥决策更智能。通过对重大警情、多次报警警情、聚集类警情及报警人背景信息自动分析及提示功能，改变以往重点警情掌握滞后的情况，指挥人员能够快速反应，及时介入，为重大敏感案/事件处置夺取先机。通过系统多维度分析警情，实现辖区分色预警，引导警力跟着警情走，实现科学安排勤务，精准布警防控。通过高分大屏展示系统和各项业务系统，在指挥中心大屏上高分辨率实时显示警情、勤务、交通态

势、社会面视频、重点人员管控等动态情况，为领导决策和突发案事件处置提供了强有力支撑。

三是拓宽渠道，警情掌控，受理转处更便捷。依托信息化系统进一步拓宽了报警渠道，开发了多元化报警方式，实现了电话、短信、微信、视频、技防、互联网等报警接入方式，满足不同群众在各种场景下的报警需求。开发应用接处警 App，将报警信息和警情指令"点对点"推送到处警民警单警装备移动警务通，并开通了出警导航、查看处警指引、拨打报警电话、现场信息采集等功能，实现签收警情、反馈情况一键式操作，应用更实用便捷，服务更细致贴心。

（三）狠抓作风建设，强化考核监督，提升指挥作战警力执行和战斗能力

警务指挥和 110 接处警工作关乎群众的切身利益，关乎警队的声誉，"执法规范，纪律严明"是做好警务指挥和 110 接处警工作的关键。珠海市公安局大力强化队伍作风建设，激发民警内在动力和活力，有力推动了警务指挥和 110 工作提质增效。

一是科学考核，奖惩并行，工作干劲更充足。珠海 110 坚持接处警工作速度与质量并重，科学设定考核指标，首创 110 接处警全流程定量考核，实行以完成既定目标为主的正面考核与以倒查问题为主的负面考核有机结合的考核机制，从出警及时率和提升率、勤务报备、警情定性及三次反馈①、群众满意度、抓获现行违法犯罪人员成效、举报投诉等方面制订

---

① "三次反馈"。"第一次反馈"：指挥部门通过对讲机对处警民警下达处警指令后，处警民警要第一时间回复收到指令，立即赶赴现场；处警单位收到 110 接处警系统流转的警情后，要第一时间点击确认，查收警情（即收到指令出动）。

"第二次反馈"：处警单位警力到达现场后，要立即向指挥部门反馈到达现场，并视情况报告现场情况。到达现场是指处警民警见到报警人或到达现场开展处置工作（即报告到场）。

"第三次反馈"：现场处置完毕后，处警警力要及时向指挥部门反馈；同时，处警单位要通过 110 接处警系统对该警情具体处理结果进行反馈，如实反馈警情基本情况及处置结果，确认警情性质（即回报先期处置结果）。

考核指标，并全流程查找问题短板，将接处警考核作为各单位综合绩效考核的重要指标，实行每月一通报。考核有效激发了全局各接处警单位的积极性，各分局形成良性竞争局面，陆续推出了30秒上警车出警、8分钟未到现场提醒、每日超时处置警情通报、可视化动态监督倒逼言行规范等创新举措。

二是制定规范，强化标准，责任意识更强烈。为强化民警工作责任心，形成良好的工作习惯，市公安局统一制定了接处警工作指引，对接警、出警和76种警情现场处置的言行、装备、流程及行为进行了规范，实现了警情处置的标准化操作；建立了派出所值班领导前台值守制、警情首接责任制、警情流转和如实立案等制度，有力促进了基层日常接处警规范化运作，杜绝了因工作扯皮、接处警情况不掌握、跟进不及时、工作不作为等情况导致的重大问题发生。

三是减少盲区，抓细抓实，监督整改更给力。指挥部门除常态化开展110短信测评、路面警力勤务抽查、警情暗访测试、警务投诉核处等监督检查外，还利用大数据分析、移动定位等智慧新警务技术，对警力到场情况进行有效监测；对发现的每一个问题均倒查原因，结果及时反馈相关单位整改，对工作失职的行为依纪严肃追责。各接处警单位和部门以问题为导向，查漏补缺，全方位压减出警时耗，提升处警质量，群众对接处警工作满意率稳步提升。

三　问题与展望

受体制机制制约，珠海公安警务指挥工作的开展还存在一些困扰和短板。一是110接处警承担大量非警务活动。群众对政府各职能部门职责范围不太了解，过度依赖110的快速反应能力，造成大量非警务求助出现，不仅挤占了有限的警务资源，也使群众求助得不到及时有效处置。二是粤港澳大湾区建设和港珠澳大桥的通车给三地警方的区域合作提出更高要求，需要建立高效畅顺的三地沟通协作机制，以应对日益复杂的反恐、治安形势。三是公安部情报指挥中心的成立，给情报和指挥业务的高度融合运作提供了强大助力，各地需进一步探索构建高效的情报一体化运作机制。

未来，珠海警务指挥工作的发展还需要从以下方面予以完善和强化。

（一）进一步强化110社会联动

实践中，人民群众需求的不断提升，而社会上长期存在对110职责任务的曲解误会，政府相关职能部门不能迅速跟进群众的求助，公安机关被迫越位，导致110接处警承担着大量的非警务求助活动，影响了110接处警正常运行，制约了公安机关职能作用的充分发挥。因此，要强化政府相关职能部门职责，解决相关部门无24小时值班、指挥协调效率低等问题，并加强对110工作的宣传。在政府推动下，必须加强新形势下110社会联动工作，积极搭建各职能部门的应急联动机制，并推动将实施非警务求助联动处置纳入市政府机关事业单位绩效考评等工作措施，切实解决好110接处警承担大量非警务活动的问题，使110回归打击犯罪、维护社会治安稳定的本职工作，构建社会治理共建共治共享格局，提升社会治理智能化、科学化、精准化水平。

（二）进一步强化警务指挥区域合作

2018年港珠澳大桥通车之前，港珠澳三地政府推动建立"港珠澳大桥三地口岸执法联络协调工作机制"和"港珠澳警务、应急救援及应急交通管理合作协议框架"，对港珠澳大桥相关案/事件应急处置和应急救援的联络、协同及合作机制进行了明确约定，为警务指挥的区域合作高效、有序开展奠定了基础。随着港珠澳大桥东人工岛的旅游开发和粤港澳大湾区的深度融合，港珠澳大桥人流车流的迅速增加，三地警务指挥的区域合作将日趋常态化，工作机制也需要进一步磨合、细化，三地警务指挥部门需要进一步加强合作，积极探索完善24小时沟通联络、情报信息共享、突发事件处置、反恐和刑事治安案件及交通事故处理等方面的协作机制。

（三）进一步强化情报指挥联动融合

2019年6月，公安部情报指挥中心正式成立，并定位为公安部机关的"司令部""参谋部"和"中枢指挥机构、情报研判机构、快速反应协调机构"。这是公安部面对当前严峻复杂的国家安全和社会治安稳定形势作出的重要决策部署，体现了对情报指挥工作的高度重视和殷切期望。珠海公安的警务指挥工作要进一步研究谋划对情报信息的应用和依托，立足实战化要求，增强联动和深度对接，大力推进情报、指挥、行动一体化建设，积极构建统一高效权威的情报指挥体系，不断提升快速反应、高效指挥、应急处置能力和水平，在110接处警和突发案/事件处置中更加主动、科学、精准、高效。

基层治理法治化

Social Governance under the Rule of Law

B.17

社会治理法治化的珠海实践

中共珠海市委全面依法治市委员会办公室和珠海市司法局联合课题组*

摘　要：　"法治""依法治理"是党的十九届四中全会通过的《中共中
　　　　　央关于坚持和完善中国特色社会主义制度、推进国家治理体
　　　　　系和治理能力现代化若干重大问题的决定》的高频关键词。
　　　　　本文从社会治理法治化在珠海的实现路径方面，就如何营造
　　　　　共建共治共享的社会治理格局相关问题进行探索。

关键词：　社会治理　法治化　珠海实践

* 课题组负责人：李红平，中共珠海市委全面依法治市委员会办公室副主任，珠海市司法局党
　组书记、局长。课题组成员：刘卫兵、饶宏忠、陈军生、郝湘军、管会珩、叶方军、李元。
　执笔人：李元，珠海市公安局法制支队一大队四级警长。

"法治""依法治理"是党的十九届四中全会通过的《中共中央关于坚持和完善中国特色社会主义制度、推进国家治理体系和治理能力现代化若干重大问题的决定》的高频关键词。社会治理是国家治理的重要方面，也是有效解决改革发展稳定问题、促进国家治理体系和治理能力现代化的必由之路。有效的社会治理、良好的社会秩序是社会发展和人民群众获得感的保障，也是珠海市委、市政府为民谋福祉的一贯追求。

珠海位于中国珠江口西岸，东临香港，南接澳门，是中国最早设立的四个经济特区之一，是珠江口西岸的核心城市，也是粤港澳大湾区的重要节点城市。特殊的地理位置给珠海的社会治理工作带来了机遇，也带来了挑战。近年来，珠海市委始终认真学习贯彻习近平总书记关于法治建设的新理念新思想新战略，立足于"一国两制三法域"的区位特点，适应粤港澳大湾区建设新要求，主动服务"一国两制"伟大实践，促进澳门经济适度多元化发展，努力提升社会治理现代化水平，开创性地提出"基层党建、民本理念、法治思维、社会组织、现代科技"珠海社会治理"五个要素"①，积极探索具有"时代特征、区位特点、珠海特色"的社会治理新模式，取得了显著成效。其间，2015 年、2017 年珠海市荣获"全国社会治理创新优秀城市"，2018 年荣获"全国社会治理创新示范市"；香洲区连续 3 年获"全国创新社会治理优秀案例"，金湾区荣膺首批"全国社会治理创新优秀地区"，一系列珠海特色的社会治理品牌精彩纷呈。

一 强化基层党建引领，增强社会治理定力

习近平总书记在党的十九大报告中强调："把基层党组织建设成为宣传党的主张、贯彻党的决定、领导基层治理、团结动员群众、推动改革发展的坚强战斗堡垒。"对此，需要把基层党建置于新时代社会治理的核心位置，

---

① 张强：《"五个要素"破解社会治理难题》，《法制日报》2018 年 12 月 26 日，求是网转载，http：//www.qstheory.cn/zhuanqu/bkjx/2018 – 12/26/c_ 1123906911.htm。

把抓基层打基础作为社会治理的固本之举，将思想建设、组织建设、作风建设、制度建设等基层党建工作与社会治理有机结合起来，强化基层党组织的政治功能，以党的建设引领社会治理创新，着力探索基层党建引领和推动社会治理创新的可行路径。一方面，发挥其凝聚社会力量的强大组织优势，适应社会群体结构和社会组织架构的变化，通过基层组织实现党的组织网络与社会组织网络的有机统一，促进社会良性互动；另一方面，发挥其协调政府、人大、政协和群团组织的优势，整合利用各方资源有效解决基础民生问题，促进社会和谐稳定。比如，珠海打造以社区党组织领导为核心的城市基层党建模式，创新"社区党建网格＋""红色业委会"等新举措，积极探索党建引领基层治理有效路径。又如，珠海市委出台加强村党组织对村各类组织和各项工作的全面领导、加强全市党群服务中心建设管理、进一步激励保障农村"两委"干部干事创业等意见文件。

二　加强法治政府建设，形成社会治理内力

"为政者须率先奉法。"政府在社会治理中发挥重要的主导作用，其权力必须受到宪法和法律的约束。政府的权力关进制度的笼子里，在法治的框架内开展社会治理，自身成为守法的模范，才能产生良好的示范作用，其治理行动才能得到人民群众的信任、理解和支持。

（一）立法厘清政府权力边界

制定《珠海市人民代表大会常务委员会关于市人民政府机构改革涉及珠海地方性法规规定的行政机关职责调整问题的决定》，确保行政机关依法履行职责。在政府管理体制改革领域大胆探索和创新，制定政府投资项目管理、相对集中行政处罚权等条例，用立法厘清政府和社会的边界。充分发挥双重立法权优势，推动出台《珠海经济特区物业管理条例》等一批群众高度关注的社会治理法规规章和规范性文件。同时，发挥立法对社会治理的规范性和保障性作用，加强城乡社区治理、农贸市场管理、医疗纠纷调处、保障性住房建设和最低生

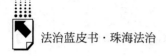

活保障等领域制度建设，基本形成了以《珠海经济特区社会建设条例》为总纲，覆盖全市各项社会事业和社会治理领域的社会建设制度体系。

（二）政府规范社会领域制度建设

为贯彻落实习近平总书记对广东工作的重要讲话精神，在系统总结社会治理工作经验的基础上，市委、市政府研究制定了《关于在营造共建共治共享社会治理格局上走在全省前列行动方案》，突出"市级统筹、区级负责、多方联动、全域覆盖"，大力推进"平安共创、依法共治、基层共建、民意共商、幸福共享""五大工程"建设。加强全市社会领域制度体系重点项目规划设计，出台《中共珠海市委、珠海市人民政府关于社会领域制度建设规划（2016~2020年）的意见》，规范公共服务、基层治理、社会组织等领域制度建设，共梳理社会领域需要立改废的相关制度47项，有效促进社会领域制度建设的制度化和科学化。

（三）行政权力规范运行取得新突破

自觉接受人大、政协监督，认真执行向市人大及其常委会报告工作制度、接受询问制度。推动全市行政机关主动履行人民法院生效裁判，维护法律权威；全面清理行政机关未履行法院生效裁判案件，行政机关履行法院生效判决率达100%。修订行政应诉工作规则，全市行政机关负责人出庭应诉率达31.4%。严格落实社区行政事务准入制度，厘清行政事务、政府委托事务与社区自治事务的职责边界，加强对社区行政事务准入实施情况的监督评估，真正为基层"松绑减负"。优化整合17个专业领域执法职权，横琴试点"实现一支队伍管执法"。规范行政执法行为，完成对政府各部门行政执法职权的核准界定和公告工作；推进"行政执法三公开"制度；推广"双随机、一公开"规范监管；出台行政执法争议协调办法，防止行政执法不作为、慢作为；开展全市行政许可、行政处罚案卷评查，审查行政行为的合法性和合理性。健全重大行政决策制度，出台《珠海市重大行政决策程序规定》。全面公开财政信息、重点项目、公共资源交易等领域政府信息，政务透明度进一步增强，珠海市政府财政透明度自 2013 年起连续四年在广东省 21 个地级市中位居第二。以简政提效能，审批事项（主项）精简率达 73.7%，下放市级行政管理事权 390 项，向社会转移 77 项职能。以清单定权责，全省率先开发运行"权责清单管理系统"，全面清理取消非行政许可审批事项，有效减少寻租空间，减少腐败，以放权增活力。创新审计体制，在非建制区设立审计派出机构填补审计监督"盲区"；在全省率先建立市级审定区级审计工作报告机制，"提级审理"覆盖率从 20% 提升至 50%。市纪委开发党风廉政建设主体责任评估系统被全省推广；横琴纪委实施重大工程项目全过程同步跟踪审计，有效防范建设工程项目的廉洁风险。

三　坚持民本理念，打造社会治理动力

习近平总书记指出，加强和创新社会治理，核心是人。落实到社会治理工作中，就是要以实现人民群众利益最大化为价值取向，建设人人有责、人人尽责、人人享有的社会治理共同体，确保人民安居乐业、社会安定有序。就珠海而言，随着粤港澳大湾区建设的深入推进，社会治理主体更加多元、需求更加多样，需要进一步促进社会联动融合、开放共治，努力让社会更有黏合度、更有温度。

（一）推广民主协商，贴近民生需求

在社区居民议事协商方面，健全党组织领导下的村（居）民自治机制、民主协商机制、群团和社会组织参与机制，构建社区居委会、业主委员会、物业管理公司、社区社会组织等多方互动合作机制，增强村（居）民议事协商能力。目前全市共建立城市社区协商示范点 41 个、农村社区协商示范点 27 个、村民议事平台 147 个，围绕居民公共场地使用、社区公共设施改造等具体事项，推行议事代表选举、规范议事程序和完善监督机制等创新举措。"议治相济、社区协商"的社区治理新格局，让社区居民逐渐由"要我

参与"转向"我要参与"，基层服务从"为民做主"向"由民做主"深化，使社区治理更加精准贴近民生服务需求，初步实现政府治理、社会治理与居民自治的良好互动，有效提高城市社区居民自治意识和自治能力，初步形成具有珠海特色的社区协商模式。

（二）强化社会协同，凝聚治理合力

大力培育发展社会组织，特别是发展镇街枢纽型社会组织，壮大公益性、服务性等社会组织，推进社会组织管理体制改革，依托市、区、镇（街）三级社会组织发展平台，通过优化社会组织发展环境、提升服务能力等方式，有效促进社会组织健康发展。拓宽社会组织参与社会治理的渠道，发挥社会组织在提供公共服务、协调社会关系和维护社会稳定等方面的积极作用。目前全市在册社会组织2459个，市级1249个，区级1210个。全省率先建立"珠海市社会组织信息公示平台"，自建设（2015年）至今全市公示政府购买社会组织服务项目4152个，预算金额达6.6亿余元，涵盖行业服务、社会福利、安置帮教、社区矫正、人民调解等领域；深入推进"三社联动"，充分发挥社区平台作用、社会组织载体作用、社工骨干作用，培育一批居民互助融合项目，助力基层社会治理。目前全市民办社工机构102家，持证社工2582人，万人持证率达到14.76，位居全省前列。

（三）扩大公众参与，凝聚社会共识

壮大和发展专业社工力量，出台了包括《珠海市社会工作专业人才中长期规划（2014~2020年）》在内的一批规章制度，形成了较为完善的社会工作政策体系。截至2019年底，全市通过国家社会工作者职业水平考试的共有2987人，万人持证率超过14.76。深入开展"专业社工　全民义工"专业社会工作服务试点，拓展社会服务领域，推进农村社会工作，发挥社会工作者在矛盾调解、社区矫正、社区戒毒、心理服务等领域的专业优势，为各类社会弱势群体及特殊人群提供人性化和精准化服务。

广泛开展志愿服务活动，通过整合社会资源、建立长效机制、建设服务

阵地、培育优质项目等方式，积极推动珠海志愿服务朝阵地化、专业化、社会化、常态化方向发展。目前，珠海市实名注册志愿者 36.78 万人，占常住人口的 25.6%，位居全省首位。

完善社会治理创新"三大平台"建设，发挥社会治理创新专家咨询委员会"参谋部"、民情观察员"联络部"、社会治理创新研究基地"丰产田"的作用，为政府有关部门提供决策参考和咨询服务。充分发挥居民公约、乡规民约、行业规章、团体章程在社会治理中的作用，根据新的形势修改和完善居民公约、村规民约，强化道德约束，规范社区文明行为，增强居民的规则和法治意识，使之成为除法律法规之外规范村居运作的有益补充。

礼法结合、德法共治，推动社会和谐与社区发展。多元法治共宣传，基层普法增实效，从知识普及到文化传输，从案例评论到热点交锋，从法治广场到主题公园，将法治元素与社区文化、城市文化品牌相结合，制度性地安排在各种社区共同体规则中，让法治元素融入社区巷街角落，形成基层全方位立体化普法。这些项目在实践中实现了从政府主导的基层法治文化供给模式向公众参与的居民自给普法模式的转变，推动基层法治建设由"法律知识"向"法律意识"转化。

四　法治保障解决社会矛盾，发挥社会治理质效

化解矛盾是社会治理的重要内容。以法治解决各类社会矛盾，就是运用法治方式，引导群众通过制度化法律化的方式维护权益；就是坚持共治理念和新时代"枫桥经验"，发挥多样性的社会主体在矛盾纠纷解决中的作用，建立多元化纠纷解决机制，是实现司法为民、公正司法的重要举措，是提升社会治理水平、发挥司法资源最大效能的有效途径。

（一）畅通和规范群众诉求表达和利益保障通道

在全国率先创新实行行政复议开庭审理，开设港澳籍自然人与企业服务专窗，并优先选择协商、调解和和解争议方式，充分发挥行政复议作为人民

群众权益表达和救济晴雨表的作用，推行"阳光复议、便民复议"定纷止争。健全律师参与矛盾纠纷化解的工作机制，通过律师代理涉法涉诉信访案件和提供法律援助的方式，为村居提供"精准式""订单式"法律服务，相关经验做法被中央政法委和省司法厅推介。发布国内首部临时仲裁规则，标志着临时仲裁在中国境内真正落地。全国首创"诚信承诺＋免费仲裁＋先行赔付"为小额消费纠纷仲裁机制，实现快捷、有效、免费处理消费争议纠纷。

（二）完善人民调解、行政调解和司法调解联动工作体系

成立珠海市涉港澳纠纷人民调解委员会，推动人民调解工作向新的社会阶层领域延伸拓展。家事审判方式和工作机制改革方面，建立司法、行政和社会力量广泛参与的家事纠纷多元调解机制，试点经验被国家立法吸收，形成珠海品牌。构建消费、医疗、金融、劳动争议、道路交通等领域诉讼调解对接机制，通过人民调解、行政调解和司法调解"三衔接"，司法审判与社会力量优势互补，便捷、经济、高效促成矛盾纠纷化解。强化行业性、专业性人民调解组织建设，成立市交通事故人身伤害综合服务中心和全省第一家市级婚姻家庭纠纷调解委员会等"一站式"纠纷解决服务平台。

（三）健全社会心理服务体系和危机干预机制

在全省率先出台了《关于推进珠海市社会心理服务体系建设的意见》，把心理疏导服务项目引入信访工作，促进社会不稳定因素的源头化解和有效预防。"珠澳心理危机干预服务队""珠海市突发事件心理危机干预救援队"开展有序、高效的个体危机干预和援助队伍的专业化、系统化建设，为两地个人、集体提供及时的心理危机干预和心理援助，探索大湾区社会心理服务模式。发挥特殊区位优势，与起步较早的港澳地区在港澳社会心理服务领域深化交流合作，依托港澳专业心理服务机构，推动珠海心理服务工作的制度创新、项目创新与实践创新，提高全市社会心理服务工作水平。

（四）发挥司法在纠纷解决机制中的保障作用

横琴法院引入港澳籍法律人士担任特邀调解员，有效提升了涉港澳纠纷解决的能力和效率；集中管辖珠海市一审涉外、涉港澳台民商事案件，跨行政区域管辖打造特色品牌；编写发布涉澳民商事审判白皮书，打造涉澳审判精品；率先提出开辟区际司法协助便捷通道，获省高院采纳。设立最高人民法院中华司法研究会涉澳研究基地，加强涉澳司法研究。推行类似案例辩论制度、提出开辟区际司法协助便捷通道、与公证处展开审判辅助事务协作、推进三语工作，在全国都具有领先示范作用。珠海检察系统围绕生态保护、食药安全等公益保护核心，守护好青山绿水，化解好民生难题，努力扮演好国家利益和社会公共利益"守护人"的角色；"检护春苗行动"坚持"儿童利益最大化"的未成年人检察理念，开展修复性救助、社会化帮扶、多元化预防的"四位一体"未检工作模式，实现未成年人综合司法保护的社会共治。设立广东首个"一带一路国际商事调解中心（珠海调解室）"，设立中国首批粤港澳合伙联营律师事务所，为消除内地与港澳台乃至国外法律服务衔接障碍提供珠海样本。

（五）完善社会治安防控体系

推进市、区、镇（街）、村（社区）四级综治中心规范化建设，各类矛盾纠纷调解率达100%，调成率达99.7%，消除各项安全隐患，为珠海"二次创业"创造良好的社会治安环境。深化网格管理，全市划分综治网格1346个，配置网格员1692名（均为兼职），网格事件办结率99.35%；整合公安、司法、计生、民政、安监等职能部门资源，打造全科网格服务管理模式。继续以珠海心宁日间照护中心为试点，健全新型精神障碍社区康复机制，为社区精神障碍患者康复工作提供可复制推广的珠海经验。珠海市在全省2018年度综治和平安建设工作考评中排名第五，蝉联优秀。

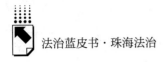

五　科技支撑提质增效新时代社会治理

党的十九届四中全会首次将"科技支撑"与"民主协商"一道，纳入社会治理体系，社会治理体制由"五位一体"拓展为"七位一体"，更加彰显了用现代信息技术手段提升治理效能的鲜明导向。

遥远不远、未来已来。5G、大数据、物联网、区块链、人工智能、量子信息等的快速发展，让人们"脑洞大开"，人类社会生产方式、生活方式和思维方式正在深刻改变，给国家治理带来广泛而深刻的影响。变中求新、新中求进，实现互联网思维领先一步、治理效能领跑一路。坚持以"后发"对"先发"，不断增强对现代科技的适应力、掌控力、驾驭力，跟得上、用得好、管得住，使互联网这个"最大变量"成为促进国家治理体系和治理能力现代化的"最大增量"。

坚持以"智治"促"善治"，健全大数据辅助科学决策和社会治理机制，加快智慧社会、智慧城市和数字政府建设，推进政府决策科学化、社会治理精细化、公共服务高效化，构建全流程一体化在线服务，让信息多跑路、群众少跑腿。坚持"一盘棋"应对"一张网"，适应国家治理从线下到线上线下相结合的转变，把更多资源力量投向网上，积极推动专门力量和互联网企业、网站、网民等社会力量相结合，经济、法律、技术手段相融合，构建网络社会和现实社会相贯通的治理体系。

2014年"平安指数"横空出世后，珠海就已成为全国首个每日发布镇街平安状况量化指数的城市。五年来，通过"小指数撬动大平安"，稳步增强人民获得感、安全感和满意度。在2019年"平安指数"发布五周年之际，珠海立足粤港澳大湾区"平安湾区"建设现实需求，又下先手棋，开社会治理之先河，2019年11月27日又正式发布珠海"平安+"市域社会治理指数，与党的十九届四中全会之"中国之治"同频共振，迈进社会治理的新时代。完善立体化、信息化社会治安防控体系，推进"综治中心+网格化+信息化"建设，成为全省首个构建省、市、县、镇、村五级互联互通"综治视联网"的城市。在全省率先建立"打非云平台",运用大数据手段实现非法集资活动的提前预警、精准预防。打造"物业城市"App,服务覆盖城市治理、便民服务、政务服务、校园服务、志愿服务、城市公益等六大板块,形成了由市民、志愿者、专业公司、商家、执法者共同参与的城市治理"生态圈"。全省率先开展交通非现场执法。建设了全国第一套交通执法远程办案系统、全省第一套营运车辆违法行为智能分析系统和航道疏浚监管智能取证分析系统,打造交通执法天眼。珠海两级法院打造以珠海法院司法查控系统 V3.0 为核心、多种信息化查控系统齐头并进的查控系统,做好保障人民群众胜诉权益的最后一步;全国率先装备并运用执行"单兵"系统,实现远程指挥实时化、执行全程可视化。突破地域限制,建立全省乃至全国第一个互联网金融纠纷网上争议解决平台,打破了传统的解决争议方式,破解了"地域限制、周期长、成本高"的难题。采用"互联网 + 法律服务"模式上线的中拉企业法律服务中心,为中国和 17 个拉美国家(地区)和 7 个葡语系国家的 115 个律师事务所建立合作平台。

新时代赋予社会治理新的内涵。2018 年 10 月,习近平总书记在改革开放 40 周年、粤港澳大湾区建设全面推进的关键时刻,专程视察广东并首站来到珠海,表明总书记对作为改革开放"试验田"的经济特区始终寄予厚望,这为珠海重整行装再出发、全方位推动社会治理领域改革创新注入了强大动力。站在新的起点,珠海将继续坚持以习近平新时代中国特色社会主义为指导,全面贯彻党的十九大和十九届二中全会、三中全会和四中全会精神,贯彻落实习近平总书记对广东重要讲话和重要指示批示精神特别是对珠海重要指示精神,按照中央政法委、省委政法委的工作部署,强化以政治强引领、以法治强保障、以德治强教化、以自治强活力、以智治强支撑,全力打造"党委领导、政府负责、民主协商、社会协同、公众参与、法治保障、科技支撑"的社会治理体系,努力把珠海建设成为全省最安全稳定、最公平公正、法治环境最好的地区,打造全国领先的新时代"枫桥经验"珠海版,为实现营造共建共治共享社会治理格局走在全国前列的目标提供"珠海经验"、贡献珠海力量。

B.18
珠海市城乡社区治理创新实践与思考

珠海市民政局课题组*

摘　要： 珠海市按照中央和广东省关于社会治理工作的有关部署，完善城乡社区治理体系，创新体制机制，强化社会参与，激发社会组织活力，提升基层行政效能和公共服务水平，努力将党的路线方针政策落实到"最后一公里"，初步形成具有珠海特色的城乡社区治理格局。未来，珠海将主动融入粤港澳大湾区建设，完善"一核多元"的城乡社区治理共建共治共享运行机制，打造基层管理和服务两大平台，促进社会治理力量"重心下移"，创新"互联网＋"治理手段，健全村（居）"自治规则"，促进珠海市在营造共建共治共享社会治理格局方面走在全省前列。

关键词： 城乡社区治理　共建共治共享　"珠海模式"

党的十九大报告高度重视社会治理问题，将"加强和创新社会治理，维护社会和谐稳定"作为习近平新时代中国特色社会主义思想的重要内容。习近平总书记2018年视察广东时再次强调，要在营造共建共治共享社会治理格局上走在全国前列。珠海市认真贯彻落实党中央治国理政新理念新思想

---

* 课题组负责人：陈耀平，珠海市民政局党组书记、局长。课题组成员：梁翠乔、夏四海、杨柳、陈磊。执笔人：杨柳，珠海市民政局基层政权和社区治理科副科长；陈磊，珠海市民政局办公室主任科员。

新战略，按照中央和广东省关于社会治理工作有关部署，完善城乡社区治理体系，创新体制机制，初步形成具有珠海特色的城乡社区治理格局。

一　强化制度建设，明确城乡社区治理方向

珠海市充分利用特区立法权和设区的市立法权的双重优势，建立健全党委领导、政府负责、社会协同、公众参与、法治保障的体制机制，充分发挥政策体系在城乡社区治理领域的全局性和保障性作用。近年来，珠海率先全国出台《珠海经济特区社会建设条例》《珠海经济特区志愿服务条例》《珠海市社会工作促进办法》等具有创新性、示范性的地方性法规和政府规章。2016 年，市委、市政府出台《中共珠海市委、珠海市人民政府关于社会领域制度建设规划（2016～2020 年）的意见》，要求完善社区自治制度，规范社区公共服务，深化农村社区治理机制改革，规范镇（街道）职权，实现管理重心下移，打好社区治理制度根基。2018 年，印发《关于在营造共建共治共享社会治理格局上走在全省前列行动方案》，明确健全党建引领基层治理体制机制，优化社会多方治理模式，推动社会治理智能化等重要任务，构建共建共治共享社会治理格局。2019 年出台《珠海市实施乡村振兴战略规划（2018～2022 年)》《关于加强和完善城乡社区治理的实施方案》《珠海市城乡社区治理示范点建设工作方案》等政策文件，形成了覆盖城乡社区治理领域的制度体系。珠海提出健全完善乡村治理体系，完善农村公共服务供给，改善和保障农村民生；打造富有凝聚力的社区治理体系、公平正义的社区法治环境、和谐友善的社区生活共同体、具有获得感的社区治理城市，形成城乡社区治理的"珠海模式"；全力建设一批城乡社区治理示范点，打造可借鉴、可复制、可推广的社区治理和服务创新样板。

二　强化组织建设，巩固基层执政基础

推进社会治理，关键在党，重心在基层，要把党的政治优势和组织优势

转化为基层社会治理优势，努力打造共建共治共享的社会治理格局；把加强基层党的建设、巩固党的执政基础作为贯穿社会治理和城乡社区建设的主线，确保党的路线方针政策在基层全面贯彻落实。珠海市委出台了一系列文件，加强村党组织对村各类组织和各项工作的全面领导，加强全市党群服务中心建设管理，进一步激励保障农村"两委"干部干事创业。坚持和加强党对农村工作的全面领导，明确村党组织领导核心作用发挥的重要事权、关键环节和主要方式，做到重大事项、重要问题、重要工作由村党组织研究决定；加强村级"两委"班子建设，优化"两委"班子结构，强化基层党组织领导核心作用，在 2017 年全市村（社区）"两委"换届选举中，村（社区）书记、主任"一肩挑"比例为 92.7%，"两委"班子成员交叉任职比例为 95.5%；全力推进党群服务中心建设，实现村（社区）党群服务中心 100% 覆盖；建立村干部"选聘分离"制度，村干部选举产生后，须竞聘村党群服务中心工作岗位，通过竞聘的，由镇聘用为村务工作者；全面推行村党组织书记通过法定程序担任集体经济组织负责人；深入开展扫黑除恶专项斗争工作，推进涉黑涉恶村整治重建，确保基层组织牢固稳定。

三 强化社区自治，激发基层组织活力

基层民主协商的实质是实现和推进公民有序政治参与，充分发展基层民主，畅通民主的渠道。2016 年，珠海市委办、市府办出台《珠海市加强城乡社区协商实施方案》，以香洲区和斗门区为示范点探索建立城乡社区协商模式，打造城乡社区协商示范样板。香洲区建立社区议事规则，构建"一核一线、两面四点"①的城市社区多元协商治理模式；斗门区按照"产权相同、利益相关、文化相近、规模适度、群众自愿"的原则，探索农村基层

---

① "一核一线、两面四点"是指：以党建引领为核心，以议事规则为主线，以制度建设和活力建设为两个方面，以协商主体、协商内容、协商形式、协商机制为四个支点。

民主治理模式，做到"事事商量、件件表决"。目前珠海市全面推动城乡社区协商，真正做到社区事务民主协商、民主决定，以此实现各方利益的最大公约数，提升了社区的自治活力。健全基层群众自治机制，全市 319 个城乡社区全部建立村（居）务监督委员会，并按照"九有"的标准构建了工作平台①；122 个村全部达到村务公开"五化"标准，有效保障村（居）民对村（居）务的民主决策、民主管理和民主监督；制定和完善自治章程、村规民约、居民公约，在社区环境卫生、设施管护、互助服务、移风易俗、矛盾化解等方面形成公序良俗，塑造社区和谐友善、守望相助、向上向美的文明风气，提高了居民对社区的认同感、归属感和居民的满意度。其中，斗门区乾务镇夏村村规民约被民政部评为优秀范例。

四　强化社会参与，凝聚多方治理力量

社会组织是国家治理体系和治理能力现代化的有机组成部分，是城乡社区治理的重要主体和依托。珠海市大力培育发展社会组织，整合社区服务资源和力量，激发各社区治理主体的积极性，引导和促进多方力量参与基层社会治理，实现"社区管理"向"社区治理"转型。截至 2019 年 9 月底，珠海市依法登记社会组织 2431 家，市级社会组织 1226 家、区级社会组织 1205 家，珠海还在全省率先建立"珠海市社会组织信息公示平台"，2019 年 163 家单位通过平台购买社会组织项目 1169 个，预算金额约 1.84 亿元，涵盖行业服务、社会福利、安置帮教、社区矫正、人民调解等领域。目前，全市社工机构 102 家，持证社工 2987 人，万人持证率达 13.65，位居全省前列。在社会组织和社工队伍逐步加强的基础上，深入推进"三社联动"②，充分发挥社区平台作用、社会组织载体作用、社工骨干

---

① "九有"是指：有人员、有场所、有牌子、有章子、有经费、有制度、有奖惩、有培训、有作为。"五化"是指：设施建设标准化、公开内容规范化、公开时间经常化、公开形式多样化、公开地点公众化。

② "三社联动"是指：以社区为平台、社会组织为载体、专业社工为支撑的工作机制。

作用，培育一批居民互助融合项目，助力城乡社区治理。香洲区探索具有特色的"五社联动"①和"社区微公益"模式。广泛开展志愿服务，推动"专业社工＋全民义工"发展模式，覆盖禁毒、农村、学校、企业、家庭、妇女、青少年等8个专业社会工作服务领域。社会力量在社区治理中发挥积极作用，实现政府治理与社会调节、居民自治良性互动，有效提升了城乡社区治理能力和水平。

五 强化政务服务，提升基层行政效能

城乡社区是基层社会治理的综合平台，随着社会建设的深入发展，社区所承担的社会管理事务越来越多，如何切实减轻社区"负担"，改善社区行政事务现状，理顺社区工作关系，关键还在于"归位""赋权"和"增能"。近年来，珠海市深入推进"放管服"改革，注重简政放权和政府效能建设，推进社区居委会职能归位，清晰界定社区职责边界，建立行政事务社区准入制度，将130项社区行政事务调整、删减为95项，将"工商执照年审""综合治税"等15项事项纳入社区行政事务禁入目录，规范社区印章管理使用和社区考核评比活动，厘清社区考核事项清单，切实减轻社区负担，增强社区服务功能。全部村居建立社区公共服务站，基本实现统一名称、统一标识、统一制度、统一办事流程的"四统一"模式，为社区居民提供劳动就业、社会保障、救济救助、卫生计生等"一站式"政务服务。依托"互联网＋政务服务"工程，搭建区、镇（街）、社区三级基层公共服务综合信息平台，推进"一窗式"综合服务模式，实现由"居民办事跑腿"向"社区指尖服务"转变，尽量以最快的速度、最小的成本提供更多更好的公共产品和公共服务，不仅极大地降低行政成本，提高办事效率，也让群众获得最大的实惠。

---

① "五社联动"是指：在"三社联动"的基础上增加了高校社团、社会力量。

六 强化公共服务，回应群众美好生活需要

城乡社区是社会治理的基本单元，是打通"最后一公里"满足居民日益增长的美好生活需要的重要阵地。加强社区公共服务供给，关乎惠民政策落地，关乎党群血肉联系，关乎居民获得感、幸福感、安全感。珠海市率先在全国以镇街为单位发布"平安指数"，成功打造平安指数 2.0 版，建设成全省首个省、市、县、镇、村五级互联互通的"综治视联网"城市，有力推进"平安社区"建设；在全省率先出台了《关于推进珠海市社会心理服务体系建设的意见》，依托区、镇街、社区三级综治中心建设心理咨询室和心理辅导室，鼓励社会组织和社会工作者、心理咨询师入驻，基本实现社区心理服务工作室的全覆盖；全部城乡社区建有村居文化中心，100% 达到综合性文化服务中心标准，基层体育健身设施基本实现全覆盖；全部城乡社区建立医疗卫生服务站（中心），形成"15 分钟医疗服务圈"；加快推进社区居家养老配餐服务，开展社区日间照料，已建成社区居家养老服务站 76 处、长者饭堂 80 处。同时，积极推进镇街敬老院、养老院、福利中心一体化改造、提升和建设运营，破解失能特困人员集中供养率偏低、供养服务不到位的难题，全面提升社区居家养老服务质量。

七 困难与挑战

珠海市城乡社区治理基础扎实，成效明显，但也要清醒地看到，目前还存在一定的短板和不足，亟须尽快解决。

一是统筹协调不力，联动机制欠缺。由于长期以来城乡社区治理领域缺乏有效统筹和领导，各治理与服务主体缺少充分沟通和协调，党政部门、社区党组织、村（居）委会、驻社区单位、社会组织以及社区居民之间无法形成治理合力，缺乏整体思维，"多元共治"成了"多头分治"。城乡社区治理大多停留在调整组织架构，或者包装效应，内在机制没有根本性革新，

难以实现治理系统性、体系化，不能形成星火燎原之势。

二是公平可及缺乏，服务均等化不够。人民群众能够公平可及地获得大致均等的公共服务，是共享发展成果的核心价值追求。当前，受发展水平、治理理念和能力等的制约，全市存在东西区域之间①、城乡之间、社区之间公共服务资源配置不均衡的问题。医疗卫生、公共教育、养老育幼、文化体育、残疾康复等服务要素碎片化突出、开放共享不足，服务设施零星分散，服务内容缺乏标准，服务水平参差不齐，导致社区居民在公共服务的享受机会、享受内容、享受品质等方面均等化不足。

三是供需结构失衡，群众获得感不强。增强人民群众的获得感，最根本的在于公共服务的有效供给与群众的真实需求相匹配。受民意表达渠道、沟通联系机制、群众发声意愿等的限制，当前各级党委政府对社情民意了解不太充分，加之重管理轻服务的传统思维仍然存在，虽然政府出台了很多惠民政策举措，也不断加大资源投入力度，公共服务供给能力和水平也难以满足群众不断增长的服务需求，多数群众获得感仍有待提高，公共服务供给侧改革亟待提上日程。

四是社会参与薄弱，自治能力不强。实现党领导下的居民自治和社区共治，是基层社会治理的理想目标。当前，社区党组织优化设置已基本到位，但作为领导核心，组织能力和服务能力有待加强，需要进一步提升引领基层社会治理的威信力和向心力。当前社区治理中，城市社区居民结构复杂，差异性较大，社区信任感、认同度、凝聚力缺乏，居民个人到社区组织的参与意识和参与能力均有待提高；社区协商平台尚未广泛建立，协商机制还有待健全或全力运作，社会自治仍然任重而道远。

八　未来展望

一是完善城乡社区治理体系，形成"一核多元"共建共治运行机制。

---

① 珠海市共有香洲区、金湾区和斗门区三个行政区，横琴新区、高新区、高栏港区、万山区四个功能区。由于主城区位于珠海大桥以东的香洲区，珠海大桥以西的其他区相对发展不平衡。

城乡社区治理是一项基层社会治理工作，覆盖群体面广、涉及部门较多、内容要素多元、政策关联度高，需要各方高度重视、深度参与、协同合作。各级党委要充分发挥总揽全局、协调各方的领导核心作用，提高党委把方向、谋大局、定政策、促改革的能力和定力；强化各级政府责任制，建立健全跨政府部门协同合作机制，形成权责明晰、分工负责、齐抓共管的社区治理责任链条，提升各部门社区治理功能整合和聚力效应，实现统筹共建共享，避免重复建设、资源浪费；发展壮大社区治理参与力量，大力培育扶持社会组织、社会企业等社会力量。扩大开放公共服务市场，畅通社会参与渠道，健全村（居）民议事厅、村（居）民会议、村（居）民代表会议、议事会、网络协商等协商形式，挖掘社区能人、新乡贤及新青年等，培育社区居民的公共意识，带动提高居民主体意识和责任意识，促进社会力量广泛有序参与社区治理，增强社区治理能力和活力。

二是打造基层管理和服务两大平台，促进"重心下移"，做实基层社会治理力量。习近平总书记指出，"社会治理的重心必须落到城乡社区，社区服务和管理能力强了，社会治理的基础就实了"。在切实推进"人员下行、资源下沉、权力下放"的基础上，一方面，明确镇街管理主体地位，建设镇街社会综合管理平台，整合基层行政执法力量、各类网格以及党政部门、社会组织、驻社区单位等人财物资源，集中力量切实把矛盾问题化解在基层，需要上级解决的问题，推行"镇街吹哨、部门报到"。同时，发挥镇街社会服务资源库的作用，通过一套科学的资源配置机制，不断优化社区服务供给，满足群众服务需求。另一方面，明确社区服务主体地位，建设城乡社区综合服务平台，以新建、改造、购买、项目配套和整合共享等形式，高质量高标准升级社区党群服务中心，坚持以党建为引领、法治为保障、公共服务均等化为目标，在做好政务服务基础上，弱化行政色彩，强化公共服务功能，将心理服务、养老服务、育幼服务、医疗康复、文化教育、志愿服务、协商议事、人民调解等服务纳入平台，打造"15分钟综合服务圈"，提升基层政府服务群众的能力和水平，全面提升居民获得感、幸福感、安全感。

三是建设城乡社区治理信息平台，创新"互联网＋"高效便捷社会治理手段。依托智慧城市，借鉴横琴新区"物业城市"App经验，以应急管理、公共服务、城市管理为纽带，建设"智慧社区"，将分散于政府、市场、社会的各方资源和信息集合在一起，打破社会治理和服务领域中供给与需求之间的壁垒，并向社会开放入驻端口，统一群众服务供给出口，促进社区治理和服务供给与需求的动态平衡。通过联通镇街综合管理和社区综合服务两大平台，形成线上线下协作运行的全周期社区治理和服务生态。居民通过客户端实现随时随地"一键办事、一键服务、一键咨询、一键上报、一键督办"，真正做到治理精细、服务到位、管理高效。

四是切实加强村（居）民自治，健全"自治规则"营造向上向美的村风民风。推动健全党组织领导下自治、法治、德治相结合的基层社会治理机制，厉行法治，强化规则意识、程序意识，推动修订和完善融入社会主义核心价值观、操作性强、符合社区实际、体现群众意愿的自治章程、村规民约、居民公约，充分发挥乡规民约、自治规则的软法功效，实现软法与国家法律的相互补充、相互支撑，形成完善的社区治理法制体系，让群众自觉遵守、执行、监督社区自治规则，有序参与社区治理，做好自我管理、自我服务、自我教育、自我监督。

五是全力参与粤港澳大湾区建设，立足"开放、创新、合作"推进社会治理现代化。建设粤港澳大湾区是新时代珠海改革开放再出发的大机遇，是推动珠海城乡社区治理迈向更深层次更高水平的大平台。积极引入港澳品牌社会组织和社区服务项目，融入珠海特色，创新基层社会治理；将港澳居民纳入城乡社区协商主体范围，引导港澳居民融入本地社区文化；针对港澳居民服务需求，加强相关服务人才培养，发展与港澳居民生产生活相适应的社区公共服务项目；推动"琴澳新街坊"项目，加强与澳门规则的衔接，参照澳门相关标准和规范，为澳门居民提供优质、高效、便捷的公共服务，把珠海建设成独具特色、令人向往的大湾区魅力之城。

B.19
运用综合治理理念进行城市
治理的改革实践

珠海数字城管课题组*

摘　要：　珠海数字城管在顶层设计上运用综合治理的理念，对城市治理工作进行了积极探索。建设市、区两级数字"大城管"平台，从巡查员制度、网格化管理、城市应急响应、部门责任绩效评价等方面，不断创新城市治理模式，打通"全民城管"通道，打造一站式"城市管家"便民服务超市，实现城市到农村的数字城管功能全覆盖，有效解决了城市治理难题，提升了城市治理成效。珠海数字城管为城市治理精细化、品质化提供了"珠海方案"。未来，珠海数字城管将以智慧城市建设为契机，以网格化管理、社会化服务为方向，充分发挥现代信息技术的优势，加快形成与经济社会发展相匹配的城市治理能力。

关键词：　城市治理　数字城管　大数据平台　珠海方案

　　"数字城管"是在信息化条件下将城市划分为若干个单元网格，运用大数据网络，实现由被动向主动、由粗放向精细转变的"新型城市管治模

---

* 课题组负责人：黄海涛，珠海市数字化城市管理中心主任。课题组成员：张小川、曾维明、郑雅颖、许雪妮。执笔人：郑雅颖，珠海市数字化城市管理中心政策法规室副部长；许雪妮，珠海市数字化城市管理中心政策法规室主管。

式"。"珠海数字城管"作为全市唯一的综合性信息化平台，由 21 个子系统构成，是建设智慧城市的核心项目之一。为积极贯彻落实《中共中央国务院关于深入推进城市执法体制改革　改进城市管理工作的指导意见》（中发〔2015〕37 号）文件要求，"推动城市管理走向城市治理"，珠海数字城管拓展平台功能，建立了用数据说话、用数据决策、用数据管理、用数据创新的"四梁八柱"。在珠海数字城管大数据平台的指挥下，责任单位反应迅速，市民参与城市管理热情高涨，城市管治成效显著。

一　运行模式

2014 年 1 月以来，珠海数字城管实现了从"小城管"到"大城管"的华丽转身，亮点纷呈，形成了在广东省内具有影响力的珠海经验、珠海模式，并逐渐在全国享有一定知名度。

（一）平台运行信息化

1. 形成市、区两级数字"大城管"格局

珠海数字城管充分发挥城市管理指挥员的作用，以数字城管为抓手，市、区两级都建立健全了数字化城市治理（数字城管）联席会议制度。联席会议每月第一周召开，向责任单位通报月度数字城管综合评价结果和城市管理基本情况，分析存在的主要问题，有针对性地提出解决方案，并由珠海数字城管牵头组织相关责任单位开展统筹协调和综合整治，形成常态化、制度性工作机制，市、区两级"大城管"格局全面形成，结束了城市管理责任单位长期各自为政的局面。

2. 实行"三三制"城市管理模式

珠海七个区级数字城管中心先后组建完成并上线运行。为确保市区两级平台分工明晰、运转顺畅，在吸取全国各地成功经验和失败教训的基础上，珠海数字城管在运行机制上实行"三个统一"和"三个分级"运行模式。"三个统一"是指市一级中心对数字城管案件实行"统一巡查、统一受理、

统一核实"工作方式；"三个分级"是指"分级管理、分级派遣和分级评价"，区一级中心负责辖区案件派遣，并对区级城市管理责任单位和镇（街）进行综合评价。通过实行"三三制"管理模式，市区两级指挥平台运转更为顺畅。

3. 设立独立的第三方城管"裁判员"

自 2014 年 1 月机构重组后，珠海数字城管由职能部门内设科室变更为具有独立法人资格的单位，成为独立的第三方城管"裁判员"，与建设、审批、养护、执法等城市管理的"运动员"分离，革命性地改变了过去既是运动员又是裁判员两位一体的畸形体制。为充分履行城管裁判员职责，珠海数字城管每天有《巡城日报》、每周有《城管周报》、每月有《城市治理月报》、每年有《城市治理白皮书》，而且在全国率先发布了城管综合指数①。

4. 实现数字城管功能全覆盖

为让城市管理真正做到"分得清责任单位、派得出任务、解决得了问题"，珠海数字城管将业务终端安装至各个城管责任单位，努力实现"纵向到底横向到边"，业务覆盖全市 8 个区（功能区）、24 个镇（街）和所有的 197 个居委会、122 个行政村，业务终端包含市政、路灯、园林绿化、环卫、城管执法和建设、规划、国土、林业、海洋、环保、水务、农业农村、交通、公路、交警等涉及审批、养护、执法三类 16 个城市管理主要领域，以及市场监督、应急管理、公安、民政、文体旅游 5 个城市管理相关领域，且历史性地扩展到了珠海警备区，进而覆盖到城建、交通、公交、水务、市场、燃气 6 家市属企业和南方电力、有线电视、电信、移动、联通、邮政 6 家城市管理相关央企。

5. 开展城市管理综合评价

对城市管理各责任主体根据按期结案量、按期结案率、效率评价、基准

---

① "城管综合指数"是指从城市管理的量（每日热点案件数量）与质（案件对群众生活、城市秩序影响的权重）入手，涵盖了噪声扰民、乱搭建、乱摆卖、市政设施缺损等十大类民生热门案件，综合反映了群众最关心、最直接、最现实的城市管理问题。指数越低，城市管理综合情况越好。

系数等指标进行客观、科学的专项评价，综合评价按月度、年度进行，并将结果通过媒体定期向社会公布，科学履行城市管理裁判员职责。自 2015 年 5 月始，珠海数字城管将综合评价系统与市纪委效能监察联网，通过制度性安排，综合评价做到了权威、刚性，确保所有问题能及时解决。2016 年 5 月，珠海各区数字城管也实现了与区纪委效能监察联网，并对所辖镇（街）和区级城市管理单位开展月度综合评价。

（二）城市治理精细化

1. 创建"自查自纠"城市治理新模式

珠海数字城管巡查员通过积极开展"自查自纠"行动，对轻微违规行为试行免责处理，予以劝导教育、预警提示和纠正处理，将大量轻微违法违规行为消除在萌芽状态，较好地解决了乱摆卖、乱张贴、乱拉挂等反复性强的高发类问题。

2. 改变"案件围绕执法转"的做法

珠海数字城管将城市管理的关口前移，根据"谁审批、谁监管"原则，要求审批单位加强事后监管，将城市污染类案件派遣至审批责任单位处理，变"末端执法"为"源头治理"。从源头上预防和减少违法违规行为，有效解决了老百姓反映最为强烈的城市管理难点。

3. 完善城市管理应急响应机制

为有效提高突发事件处置能力，快速响应市民诉求，在灾害天气预警发布一小时之内，珠海数字城管系统即自动切换转入应急状态：巡查员全员上岗，在事前全力排查基础设施和人为造成的安全风险隐患，并要求责任单位快速响应，处理时限不得超过 12 小时；事中会启动视频监控系统，实现巡查不间断；事后还会发布交通拥堵（水浸黑点）信息，在应对突发事件时，可出动无人机定点巡航，提供地下管线信息资料，让抢修单位精准施工。

4. 打通"全民城管"通道

2014 年 3 月，打造"城市管家"系统，变"大家骂城管"为"全民当城管",把城市的管理权、监督权交还给广大市民,实现"你的城市你做主,我为市民当管家"。市民反映城市管治的任何问题和提出建议,都可以通过下载的终端软件上传到数字城管平台进行处理,并可查询问题和建议处理的过程及结果,通过信息化提高广大市民参与城市管治的积极性。

5. 建立城管巡查新型绩效评估模式

数字城管对业界普遍采用计划定量为主的巡查方式进行重大创新,不再每天简单地给巡查队员下达额定计划指标,巡查员在巡查、核实和核查工作中,实行因地制宜分类指导,一案一积分,每个案件予以相应分值,只有不重数量重质量,才能完成当月积分,建立了一种新型绩效评估模式。不仅如此,每周实施一个专项巡查,如建筑工地、疏导点、取土场所、混凝土搅拌站等,以点带面,解决一类。城管巡查业务积分制改革的实施,有效推动了城市精细化管理实现从量变到质变的飞跃。

(三)公共服务均等化

1. 推出"珠海城市管家",打造一站式便民服务"超市"

拓展数字城管平台功能,用数据创新,推出"珠海城市管家"手机应用,并拓展至微信公众平台,开发与百姓生活息息相关、集中涵盖日常衣食住行的服务功能,实现集投诉建议、信息查询、网上预订功能于一体的大数据便民服务平台,提供超过9000条实时更新的海量资讯。目前,使用人数已达10万之众,推送的城市治理方面的文章最高阅读量占用户总量的20%,打造成全国首个政府类便民信息服务平台。

一是精简操作,降低百姓参与门槛。市民无须注册和实名即可直接登录"城市管家"平台,消除个人身份信息外泄顾虑。登录主页面后,系统智能识别案发地址,市民只需简单文字描述后即可提交反映问题,操作简便快捷,仅需三个步骤就能完成一个案件的上报。

二是精准识别,高效落实部门责任。珠海数字城管大数据库收录全市超过100万个城市部件信息,市民通过数字城管大数据库能迅速甄别确定案件责任部门和责任人,确保所有城市管理方面的案件都能确定责任单位,所有任务都能落实到位、及时处理、如期答复。

三是精细管理,确保案件基本解决。各城市管理责任单位对案件处理并回复后,珠海数字城管巡查员到现场对照核查属实后才能结案。珠海数字城管实现与效能监察联网的综合评价,对案件巡查、业务受理、正式立案、任务派遣、现场核实和系统结案等环节自动记录存档,对各城管单位开展量化、客观和科学的绩效评价,从制度上保障市民投诉的问题得到解决。

四是案件结果,做到可用可查可评价。市民通过城市管家可实时查询案件的处置进展情况和结果,做到心中有数。结案后,市民可对责任单位的处理结果进行评价,真正做到随时随地可用可查可评价,大大增强市民参与城市管理的积极性和主动性。

2. 延伸城市治理服务,补齐农村公共服务短板

结合珠海实际情况,科学贯彻中央、省、市振兴乡村的决策精神,全市122个行政村都纳入数字城管网格,在要素配置、公共服务等方面采取有力措施,将公共服务向农村延伸,形成了改善和保障农村人居环境的长效机制,让村民享受市民待遇,让农村成为安居乐业的家园。

一是创建了主动服务平台。坚持以问题为导向,安排巡查员下乡进村主动发现问题,重点关注农村垃圾乱倒、污水乱排、乱搭乱建、厕所恶臭等破坏生态环境的行为,解决路灯、路桥、公厕、垃圾桶等基础设施方面的问题以及危房、管线等领域的安全隐患。

二是开拓了快捷的投诉渠道。村民通过"城市管家"微信反映问题,简单快捷省心省力。"城市管家"变身成为"农村管家",通过其上报案件、反映问题、提出建议等均方便可靠。

三是建立了长效管理机制。珠海数字城管业务终端的全覆盖,实现了村村都有终端负责人,村村都是数字城管网格,村村都有专职巡查员,事事都能找到责任部门,事事基本能得到解决。

3. 设置便民小微市场,引导流动商贩有序经营

利用综合治理的创新方式,因地制宜设置小微市场,规范管理,方便市

民就近买菜，打通服务群众的"最后一公里"。

一是选址上注重因势利导。采取由街道出钱、社区负责、第三方公司管理的模式，将流动菜贩聚集的人行道改造成小微市场，收集归拢社区里无序乱摆卖的流动菜贩，让他们入场经营，较好地解决了居民就近买菜难，又标本兼治改善了市容环境。据统计，全市共设置了临时性社区便民小微市场55处，有摊位2000多个，大多经营水果、蔬菜鸡禽、肉类、鱼类、熟食等农副产品和日用品。

二是管理上引入第三方公司。为对小微市场摊贩进行有效管理，引入第三方公司作为具体责任主体，对进场登记、台位抽签安排、经营行为、食品安全、环卫保洁、治安联防、纠纷协调、交通指挥等进行管理，并参照珠海数字城管制定的《珠海市临时疏导区积分管理办法》，引入管理积分制，制定相应的积分细则进行细节管控。

三是经营上实行"保本微利"模式。小微市场在经营上坚持社会效益优先的原则，实行"保本微利"。降低小微市场租金，保证小微市场的肉菜价格低于大型农贸市场，体现其公益性特点，又能真正做到便民又惠民，解决了流动商贩及社区低保、无业人员的生计问题。

四是监督上纳入综治网格。根据《珠海市便民小微市场综合评价办法》，将便民小微市场问题纳入珠海数字城管对各区和镇（街道）月度考核内容，对疏导区在设置、准入机制、经营环境、经营行为、食品安全等方面进行综合评价，并定期发布月度评价结果。同时，建立了流动摊贩监督机制，主要包括对小微市场经营户的经营行为和退出行为的监督，引导协助摊贩做好自治管理。

二　工作成效

珠海数字城管通过积极探索，大胆改革创新，有效解决了城市治理难题，提升了城市治理成效，拓宽了市民投诉渠道，提高了市民参与热情。

（一）城市治理总案件量逐年下降①

珠海数字城管充分发挥城市管理指挥员、监督员和裁判员的职责，对城市治理中的重点、难点、热点问题积极协调，在综合治理的理念下精准施策，使问题得到有效解决。针对案件量最多的乱摆乱卖、乱张贴乱涂画、环卫保洁三类问题，各区在珠海数字城管的指导下，大力推动"门前三包"责任制，规范商铺入室经营。与此同时，巡查员对轻微违规行为进行自查自纠，使乱张贴、暴露垃圾等市容类案件发案率迅速得到控制。市容类案件量从 2015 年的 27.8 万宗降至 2018 年的 10.8 万宗。2015～2018 年，总案件量②也呈现逐年下降趋势，由 35.8 万宗降至 23.8 万宗（见图1）。

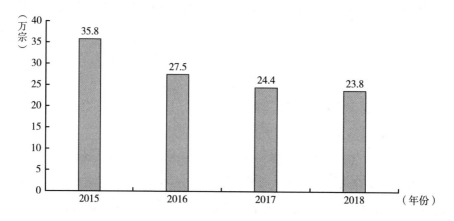

图1　2015～2018 年珠海数字城管总案件量分布

（二）城市治理成效显著改善

珠海数字城管上海岛、进农村，覆盖面不断扩大，案件类型不断扩充，

---

① "城市治理案件"是指所有与城市治理相关的部件类（如设施缺损、公用设施、交通设施等出现破损或存在安全隐患情况）和事件类（如乱搭乱建、乱摆乱卖、乱堆放等影响城市管理秩序）案件。

② 总案件量来自于案件巡查员上报量、案件巡查员自查自纠量、城市管家量、其他公众投诉量的总和。

数字城管案件结案率进一步提高，城市治理水平稳步提升。据统计，2018年珠海数字城管平台的案件量与上年相比减少了 2.5%，但结案率由 95.6% 提高至 95.8%（见图 2）。2017 年 3 月至 2018 年，珠海数字城管共巡查处理农村生态环境案件 7.8 万宗，结案率达到 96.2%。村民最为关注的垃圾乱倒、污水乱排、乱搭乱建等高发类问题得到了处理，有效改善和巩固了珠海的村容村貌，实实在在地提升了农民的获得感、安全感和幸福感。自珠海数字城管开展自查自纠工作以来，大量的轻微违法违规行为在萌芽状态及时消除，避免了行政部门简单的"以罚代管"，减轻了职能部门的行政压力。2018 年珠海数字城管的自查自纠案件共结案 10.62 万宗，约占同期案件立案数的 45%，从根本上提升了城市治理能力（见图 3）。

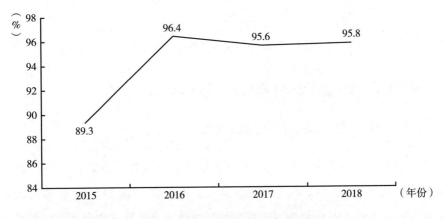

图 2　2015～2018 年数字城管案件结案率分布

（三）责任单位工作积极性充分调动

实现综合评价系统与效能监察联网工作，保证评价结果的刚性约束力。通过对城市管理责任单位进行量化考核、科学分析，并定期向社会公布，确保综合评价结果有理有据、客观公正。同时，根据综合评价结果对相关排名靠后的单位下发督查通知书，并协助属地政府组织相关队伍进行综合整治。自 2015 年 5 月以来，城市管理责任单位责任感大大增强，珠海数字城管案

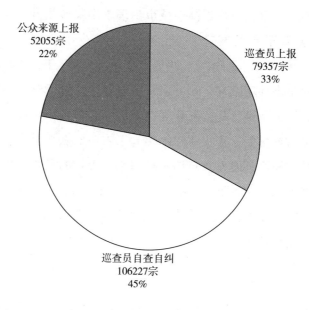

公众来源上报
52055宗
22%

巡查员上报
79357宗
33%

巡查员自查自纠
106227宗
45%

图3 2018年数字城管案件来源分布

件的结案率由55%上升至2018年12月的95.8%。

（四）市民参与城市管理热情高涨

自推出"城市管家"便民服务系统以来，市民投诉的大部分问题都能得到及时有效的处理和回复。数据显示，市民满意度评价每年均保持在98%以上。为激发群众参与城市管理的积极性和主动性，珠海数字城管建立起激励机制，多次开展话费、小礼品赠送等活动与市民进行互动，营造了社会参与城市管理的浓郁氛围。2018年"城市管家"举报案件就有2.2万宗，占公众来源案件总量的42.2%，按时结案率为89.4%。

三 未来发展方向

珠海数字城管将遵循《中共中央 国务院关于深入推进城市执法体制改革 改进城市管理工作的指导意见》要求，继续创新城市治理方式，以网格化管理、社会化服务为方向，以智慧城市建设为契机，充分发挥现代信息技术的优势，加快形成与经济社会发展相匹配的城市治理能力。对此，在接下来的工作中，珠海数字城管将以数字化城市管理信息系统为基础，在"大城管"工作格局下，重点搭建城市综合管理服务平台，构建适应高质量发展要求的城市综合管理服务工作体系。

一是强化统筹、落实"大城管"机制，高位协调。城市管理问题是一个综合性的社会问题，涉及各种社会矛盾，非城管部门一家能够解决。需要树立"大城管"的理念，更需要落实"大城管"机制，数字城管将继续发挥城市管理协调委员会统揽全局、协调各方的作用，协调解决城市管理工作的重大事项，督促推动有关部门执行具体的工作任务，真正使城市长效管理工作常态化。

二是以问题为导向，常态长效管理。突出问题导向作用，一件一件跟踪督查促落实，一项一项"回头看"抓长效，逐一攻克薄弱点，着眼于长效管理工作不放松。使长效管理督查考核工作始终处于发现、督促、整改这样一个良性循环中，针对热点难点、历史遗留等问题，实行疑难案件处置制度，督促解决。

三是稳步推进，优化"大数据"平台建设。搭建城市综合管理服务平台是落实习近平总书记重要指示的具体实践，是构建适应高质量发展要求的城市综合管理服务工作体系，增强城市管理统筹协调能力，提高城市精细化管理和服务水平，全面提升城市品质的重要手段。同时也对构建党委政府领导下的"大城管"工作格局发挥重要作用。

一是建立综合性城市管理数据库。整合或对接多部门公共数据资源，强化城市运行数据的综合采集和管理分析，形成综合性城市管理数据库。完善城市管理网格、基础地理、事件部件等城市管理基础数据。整合市政公用、市容环卫、园林绿化、城市管理执法等数据。对接公安交管、交通运输、自然资源、生态环境、城乡规划等城市管理相关部门数据。

二是提升城市综合管理服务能力。整合12319城市管理服务热线，完善"统筹布置、按责转办、重点督办、限时反馈"的闭环工作机制，使城市管理问题"上得来、有人管、管到位"。通过门户网站、手机客户端App、微信公众号、微博等多样化服务渠道，提供一站式"互联网＋"便民服务，推动形成多元共治、良性互动的城市治理新模式。加强群众诉求反映问题的规律性研究，为政府科学决策和社会风险评估提供数据支撑。

三是地市建立城市综合管理服务指挥中心，县（区）建立城市综合管理服务中心，发挥市县城市管理委员会的作用，统筹协调平台建设运行中的重大问题。

珠海数字城管将不断扩展和完善数字化城市管理系统平台功能，进一步理顺城市管理体制，逐步扩大城市管理覆盖面，力争把珠海市数字城管平台打造成一个全民参与城管事业、各部门联动处置城管问题的监督指挥中枢，建成具有珠海特色，规范化、精细化、应急化的数字化城市管理体系，全面提升城市管理和服务水平。

B.20
横琴新区城市治理创新调研报告

珠海市横琴新区综合执法局课题组*

摘　要： 横琴新区注重突出人民的主体性这一社会治理的核心思想，紧紧围绕提升人民群众的参与感和安全感，大胆探索、主动创新，把一座城市当作一个小区，对区内所有公共区域和各类资源从整体上作为一个"大物业"，运用市场机制，借助"专业服务＋智慧平台＋行政力量"融合的方式，对城市公共空间、公共资源、公共项目实行全流程的"管理＋服务＋运营"，像"绣花"一样将城市打造成管理精细、服务到位、运营高效的"星级城市"，着力推动城市治理模式由"政府全包"向"市民治理"方向转变。

关键词： 城市治理　治理创新　物业城市　横琴新区

一　背景

珠海作为全国唯一以整体城市景观入选"全国旅游胜地四十佳"的城市，历来重视城市治理工作并取得明显成效，但仍有一些问题亟待解决，传统城市治理工作的弊端表现在以下方面。城市治理的主体方面，社会发育不足、城乡主体不均衡发展；城市治理结构方面，政府强、市场和社会力量

---

* 课题组负责人：赵振武，珠海市横琴新区管理委员会综合执法局局长。课题组成员：温玉发、湛福祥。执笔人：湛福祥，珠海市横琴新区管理委员会综合执法局综合业务科副科长。

弱；城市治理方式方面，行政强、法治弱、参与少①。这些情形在珠海也存在，政府部门监管职能越位、错位、缺位现象并存，管理方式不够精细，工作人员执法靠前容易激化社会矛盾。

广东自由贸易实验区珠海横琴新区片区（以下简称"横琴新区"）肩负为澳门经济适度多元化发展提供服务的重任，肩负向全国输出创新经验的职责。城市治理创新是推动粤港澳深度融合的必由之路，也是珠海发挥比较优势的关键节点。为此，横琴新区不断深化对社会治理规律的认识，积极贯彻落实中央"简政放权、放管结合、优化服务"改革工作要求，大胆探索"物业城市模式"，推动"管理型政府"向"服务型政府"转型，在城市智慧化管理方面率先探索"市民治理"与"互联网＋"理念，着力推动城市治理模式由"政府全包"向"市民治理"方向转变，在运用先进理念、科学手段、专业方法提升社会治理成效方面，取得先行先试的经验。

二 "物业城市"模式

（一）"物业城市"建设思路

物业城市模式是指把横琴新区的城市公共空间与公共资源从整体上作为一个"大物业"，参照物业小区管理模式，将政府非核心管理工作委托给高水平的物业公司，基于大数据智慧管控，对整个城市进行专业化、精细化、智慧化的统筹整合，实现管理、服务、运营的高效统一，最终打造管理精细、服务到位、运营高效的"星级城市"。

根据"物业城市"的思路，横琴新区在城市治理上分为横向与纵向两个框架：横向上形成"管理＋服务＋运营"结构，即通过加大源头治理力度，充分利用现代科技和物业公司的人力资源优势，进行物业式管理，为企

---

① 周红云：《城市治理的现状、问题与趋势》，浙江省城市治理研究中心网站，http：//cszl. urbanchina. org/demo25001/index. php/news/news－01/news－01a/2411－2018－10－25－01－41－21，最后访问日期：2019 年 8 月 3 日。

业、个人提供精细服务；解决政府服务不到位的问题，把城市的公共资源按照市场化进行运营，盈利部分进行反哺，解决城市长期投入没有产出的问题，不断提高社会治理水平。纵向上形成"物业公司＋大数据中心＋大综合执法"的治理结构。对政府非核心管理工作，依法委托物业公司，以服务的方式解决群众的问题，化解社会矛盾；广泛应用大数据、云计算等科技手段，有效预判城市问题，有的放矢，精准解决；政府实行大综合执法，提供方向引导和执法保障。

（二）"物业城市"的实现目标

一是平台智能化。利用物联网技术将城市公共空间进行系统化、网络化升级，实现公共资源的智能化识别、定位、跟踪、监控和管理；建立大数据指挥中心，构建城市治理信息化体系；推行"物业城市"App 系统，疏通社会参与渠道，做到共建共治共享。

二是标准精细化。对标国际高标准，在城市保洁、绿化、路灯、管网、隐患处理、综合巡查、秩序维护、矛盾化解、社区治安等领域，提供精细化的社会治理服务，按照项目、部件制定标准化的操作和考核规范实施。

三是队伍专业化。物业公司组建专业化团队，通过市场机制，吸引公共管理、物业服务、IT、法律等专业人才，共同推动"物业城市"更好更快发展。

四是参与社会化。坚持走群众路线，将志愿服务和有效激励相融合，构建起市民、志愿者、企业、城市治理领域专业公司和执法人员五个层级，由外而内的社会治理"新生态圈"，推动实现"人民城市人民管"。

三　做法与成效

横琴新区率先开展"物业城市"试点创建工作，发挥互联网作用，并调动各方力量相结合，将"线上＋线下"同步推动相结合，力主将各类城市隐患消解于无形，让幸福之花开遍城市角落。

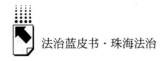

（一）线下：引进专业公司，统筹推进"物业城市"模式落地，实现城市公共空间的有效管理与服务，城市公共资源的高效运营

2018 年 5 月 24 日，万科物业发展股份有限公司与珠海大横琴投资有限公司签订战略合作协议，以此为契机，全国首个"物业城市"建设试点在横琴拉开序幕。

大横琴投资公司是横琴新区开发建设的骨干企业，肩负着城市开发、产业投资、公共资源、高端服务等城市建设运营任务，万科物业作为中国物业管理行业领跑者，在服务理念、现代制度、市场化经营上经验丰富。两大企业组成珠海大横琴城市公共资源经营管理有限公司（以下简称"大横琴城资公司"），在遵循市场经济规律和企业发展规律的基础上，运用市场化机制，整合各自优势，创新城市治理。目前，横琴 13 个物业项目用上了万科物业信息化系统，环卫、绿化、综合管廊 3 个管理系统正式上线，城市照明、垃圾清运、电缆沟运维、水利运维等 4 个系统建设正在实施，城市公共空间管理与服务信息化水平直线飙升。"物业城市"正式从城市治理的新概念向实体运作的新模式转变。

横琴新区相关部门将城市公共空间与公共资源、市政管养公共项目，以政府采购方式委托大横琴城资公司统一管理，在节约、集约、高效上提出新要求，大横琴城资公司陆续引进市政、园林、物业、IT 等专业人才，提升服务质量和工作效率。市政管养自动化水平大幅提升，部分市政主干道投入自动驾驶扫路车、湿扫车等机器人设备，建成"无人作业示范路段"，作业车辆增长 200%，彻底告别传统人工作业方式，整体机械化覆盖率从 40% 提升到 75%。对全岛排污口进行信息化编号，编制水利设施"一图两表"，通过"截污、清障、打捞、清淤、修复"等一站式服务，还净水于民。在全岛启动垃圾分类工作，垃圾分类试点范围内常住人口平均参与率为 43.97%，准确率为 37.86%。为解决横琴新区难停车、乱停车问题，大横琴城资公司整合横琴口岸等重点区域停车资源，应用智慧停车管理系统的停车指引、自动识别、扫码付费、网上查找空余车位等服务。横琴口岸公共停车资源累积停放车辆 15 万车次，口岸交通秩序持续向好，公共资源高效运营。

横琴新区联合大横琴城资公司筹建的横琴镇人民调解委员会"橙子调解工作室"，在做好民事调解工作的同时，还协助开展法律咨询、法律援助、劳动巡查等工作，成为"物业城市"试点建设以来，首个专业团队运营的服务于社会治理事前环节的创新项目，为营造共建共治共享社会治理新格局奠定了坚实基础；切实解决公共资源领域市民关注的热点难点问题。截至 2019 年 11 月 30 日，大横琴城资公司辅助政府部门调解事例 2000 余宗。其中，调解纠纷矛盾 800 余宗，占比 31.25%，涉及金额约 12300 万元，调解率达 100%；协助处理特大劳动事例 7 宗，占比 0.53%（见表 1）。

表 1　"物业城市"（部分）工作完成情况一览（截至 2019 年 11 月 30 日）

序号	项目名称	主要工作成果
1	9 个自然村物业管理	处理事项超过 5000 宗；查处整治村内乱排污污水口 103 个；清理排洪渠垃圾超过 124.58 吨，保洁排洪渠面积超过 36776 万平方米；清理村边杂草超过 13440 万平方米；清理村边马路超过 686 万平方米；清洁"牛皮癣"、小广告超过 15179 处；保洁背街小巷超过 9296 次；进行消毒杀虫控制超过 241 次；清洗垃圾屋超过 5881 次，清洗垃圾桶超过 27729 个；对村内 28 项基础数据（户籍、人数、居民数、常住居民等数据）进行摸底统计
2	大物业、大综合、大法治城市管理服务	大横琴城资公司组建了"神盾橘训练营"，选拔出 29 名特勤及安保人员，开展了第一期集训，提供公司内部专业培训
3	区指挥中心统筹管理	完成各项目执法数据月度汇总上报工作；按要求制定考核制度、考核表格及项目管理服务方案；完成各项目考核细则
4	信访矛盾调解服务	调解矛盾纠纷 821 起，协助提供法律援助 316 件次，协助提供法律咨询 895 起，协助接访事例（包括巡查工地）418 宗
5	口岸及建筑工地疏导点	十字门疏导点共入驻商户 32 家，创意集市疏导点入驻商户超过 18 家
6	城市管理及国有土地储备管理服务	共协助清理占道经营（红旗村、银鑫花园）超过 1492 宗次，巡查清理各主干道流动摊贩超过 4571 宗次，驱赶房地产中介、拉客仔超过 1323 人次，出动辅助执法队员超过 21776 人次

　　（二）线上：开发"物业城市"App，搭建城市治理智能化平台，实现社会参与城市治理的便利化，构筑城市治理"新生态圈"

　　"物业城市"App 是一个以"市民治理"为理念，充分运用"互联网＋"技术，将志愿服务和有效激励相融合的新型互动式手机应用软件。软件为市民、志愿者、企业提供便利平台，鼓励市民参与城市共治，激发市民作为城市主人翁的责任感，推动实现"人民城市人民管"。

　　"物业城市"App 系统一期、二期力求通过建立积极的奖励机制，激发市民共同参与的热情。例如，对于市民用户，举报环节统一定为每个事例给予 30～50 分积分奖励，抢单处理环节每个事例给予 100～150 分不等的积分奖励，以奖励方式鼓励市民在发现问题的同时，勇于解决问题。对于志愿者，则提供一定额度的人身意外商业保险和志愿补贴予以激励。App 系统的审核、积分兑换或变现环节，一概采取网上操作，并经必要的评价便可获得相应的奖励和服务，大大提升了市民参与度。

　　"物业城市"App 系统三期更加注重对群众不同需求的供给。一方面，搭建跨区域接入系统平台，支持不同区域应用接入，实现综合执法、应急管理、安全生产、公共安全等全部门的协同互动、即时联动。另一方面，实现多服务功能，包括统一身份认证服务、工作流引擎服务①、数据抓取服务②、AI 服务③、地图服务④、API 服务⑤、数据分析服务⑥及后台基础管理功能。在此基础上，推出"五个一键"功能：在维护社会秩序方面，做到"有事

---

　　① 工作流引擎：实现工作流流程定义，创建并初始化流程实例，控制流程流动的路径，记录流程运行状态，挂起或唤醒流程，终止正在运行的流程。

　　② 数据抓取服务：购买数据抓取服务，从互联网上抓取公共交通、酒店、饮食、景点、公共设施数据，进行数据清洗、审查，存储到数据库。

　　③ 人工智能（AI）服务：事件上报、事件办理、城市服务、事件咨询融入人工智能（AI）技术，实现 AI 语义分析、内容审查、自动分发的目标。

　　④ 地图服务：支持公共地图服务，本项目使用百度地图接入，支持 shp 格式的空间数据导入。

　　⑤ API 服务：提供自助服务注册、服务配置、服务发布。

　　⑥ 数据分析展现服务：分析处理系统中的业务数据，生成报表，提供一年报表制作服务，通过 2D/3D 图形进行统一展现。

情，一键报"；在申请政务审批方面，做到"少跑腿、易办事"；在政府处理工作方面，做到"高效率、更透明"；在事务咨询方面，做到"有问题、一键询"；在日常生活方面，做到"找服务、一键搜"。

"物业城市"App 得到社会层面的广泛关注，社会各主体参与城市治理的愿望得到极大满足。截至 2019 年 12 月 24 日，共有 112790 名市民、780 名志愿者注册使用"物业城市"App（见表2）。

表2　"物业城市"App 注册用户情况（截至 2019 年 12 月 24 日）

序号	用户类别	用户数量(名/家)
1	市民用户	112790
2	志愿者用户	780
3	专业服务机构	10
4	企业用户	168

"物业城市"App 共受理事例 16226 宗，上报事例类型主要集中在乱摆卖、派传单/拉客、占道经营、违章停车和乱堆放等五个类别（见表3）。

表3　"物业城市"App 受理事例分类情况（截至 2019 年 12 月 24 日）

序号	类别	数量(宗)	占比(%)
1	乱摆卖	3330	20.52
2	派传单、拉客	1379	8.49
3	占道经营	1355	8.35
4	违章停车	3607	22.22
5	乱堆放	760	4.68

全部受理事例中，市民抢单处理 375 宗（占2.31%），物业公司处理事例 14598 宗（占89.97%），执法人员处理事例 981 宗（占6.05%），272 宗因重复上报无效事例被列为不处置事例。经过市民参与、物业公司前期处置，执法人员可以集中力量专注于后期疑难事例的处理（处理 981 宗，占6.05%），源头治理和执法后移大大节省了行政成本，也促进了社会和谐，横琴新区年内未发生暴力抗法事件。

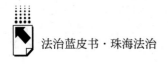

四 创新经验

（一）城市治理模式由政府"大包大揽"向社会"协同参与"方向转变

"物业城市"模式让政府机关按照权力清单行使职责，以建设法治政府为目标，推进综合执法用权规范化、法制化，有效缓解了社会矛盾，廉政风险大为降低；引入专业化公司对城市公共空间和公共资源进行管理与运营，不仅确保了社会治理工作体系的完整性，同时促进了管理精细化、专业化；运用志愿服务和有效激励相结合的形式，激发市民作为城市主人翁的责任感与荣誉感，实现以最小的公共支出、最大的社会参与，达到最好的工作实效，形成"从群众中来，到群众中去"的生动工作局面。

（二）"物业城市"App 推动共建共治共享社会治理格局形成

横琴"物业城市"App 运用互联网、大数据、云平台等现代科技，将城市中政府、企业、商户、市民以及社会组织等相关方融合成一个利益共同体，通过"物业城市"App 系统，老百姓对事例可以全程查看、监督，构建了开放、动态、透明、便民和阳光机制。让政府的管理更为高效，市民的需求得到更精准的满足，企业发展出新的经济业态，社会组织作用有效发挥，横琴社会治理工作的"新生态圈"正在形成。

（三）扶持培育社会组织发展壮大

横琴新区综合执法局将"物业城市"App 平台交由公益性社会组织——横琴公共秩序协会负责运营，在政府、企业、志愿者和市民之间发挥重要的纽带功能。社会组织的参与对横琴未来全民共治的城市治理格局形成至关重要，对于横琴学习港澳社会组织的经验、发挥社会组织的作用是一种尝试，也为今后类似组织的发展壮大提供探索经验。

（四）理论成果和实践经验快速形成

横琴新区综合执法局、大横琴城资公司邀请专业研究部门开展物业城市白皮书研究，初步形成反映城市公共空间与公共资源管理、服务与运营工作要求的工作体系，完成相关项目的标准化制定工作。自"物业城市"创建一年来，全国各地100多批次考察团来横琴学习，国内深圳、雄安、青岛等先进地区陆续借鉴横琴"物业城市"经验，新模式复制、推广工作成效突出。

五　面临的问题和挑战

（一）理论研究需进一步加强

作为城市治理工作的创新之策，"物业城市"模式已建立起基本框架内核和实现路径，但与国家社会治理顶层设计的衔接尚待研究。"物业城市"模式的内涵仍需丰富，标准化体系亟须构建，具体目标和任务的实现路径和举措有待研究，具有普遍指导意义的理论体系建设有待探索、建立和完善。

（二）市场化配置需进一步加快

城市治理模式由"大包大揽"向"协同参与"方向转变过程中，非核心城市治理主体工作正转向专业公司、社会组织和市民，尤其是专业公司正发挥越来越重要的作用。但该领域的市场化配置进展较慢，企业参与的门槛和壁垒依然存在，优质社会资源在城市治理中未能充分发挥作用。

（三）主体协同需进一步提升

政府部门与专业公司的职责与事权尚未清晰界定，相对可行的事权清单和服务规范尚未形成，造成一定程度的管理困难；社会组织的协调润滑剂作用有待进一步加强；市民对社会参与的认知有限，参与深度和广度不够，政府宣传和引导力度亟待加强。同时，信息化系统的纽带作用亟须加强，行政部门之间、部门与企业之间、政府与社会之间的信息互联互通工作仍需深入推进。

六 前景展望

横琴新区"物业城市"模式，使横琴城市治理工作由"被动管理"向"主动服务"转变，向市民提供最佳居住体验和服务转变，向对标国际发达城市迈进。未来，将进一步完善"物业城市"理论体系，用2~3年时间，在以下三个方面进一步探索。一是形成"物业城市"的规范化体系，建立一整套"物业城市"的标准化体系和技术方案。二是着力把"物业城市"App打造成为政府与企业、市民的城市指挥管理对接平台、分享即时服务的互动平台，参与城市运营的活力平台。三是以市场化手段，扶持专业化公司培养一批公共管理、物业服务、IT、法律等领域的"物业城市"专业人才，打造一个管理精细、服务到位、运营高效的城市精细化管理新模式，使横琴新区"物业城市"作为粤港澳大湾区最有序、最干净、最安全、最和谐的城市治理样本，为提升社会治理社会化、法治化、智能化、专业化水平提供有力的支撑，并形成可复制、可推广的经验，向珠海其他地区以及全国其他城市输出。

B.21
"三治联动"打造乡村治理新格局

珠海（国家）高新技术产业开发区管理委员会（唐家湾镇）综合治理局课题组*

摘　要： 珠海高新技术产业开发区唐家湾镇的会同社区地处革命老区，也是珠海著名的侨乡。会同社区不断创新社区治理，积极探索多元组织共建共治共享路径，通过自治为基、法治为本、德治为先的"三治"优势互补、良性互动和效应叠加，有效地维护乡村秩序，化解基层矛盾，完善公共服务，增强居民的安全感、获得感、幸福感，形成了"三治联动"的乡村治理新格局。未来，会同社区将着力融入粤港澳大湾区建设，打造"枫桥经验"升级版的乡村振兴战略样板。

关键词： "三治联动"　乡村治理　乡村振兴　会同社区

乡村治理既是国家治理体系的重要组成部分，也是实现乡村振兴战略的基石。党的十九大报告指出，"加强农村基层基础工作，健全自治法治德治相结合的乡村治理体系"，"加强社区治理体系建设，推动社会治理重心向基层下移，发挥社会组织作用，实现政府治理和社会调节、居民自治的良性

---

* 课题组负责人：王建灵，中共珠海（国家）高新技术产业开发区管理委员会副书记；罗维雄，中共珠海（国家）高新技术产业开发区管理委员会委员、珠海市公安局高新分局局长。课题组成员：彭志斌、徐永富、傅智谋、莫若飞、杨文龙、郑玉婷、林濯。执笔人：杨文龙，珠海（国家）高新技术产业开发区管理委员会（唐家湾镇）综合治理局副主任科员；郑玉婷，珠海（国家）高新技术产业开发区管理委员会（唐家湾镇）综合治理局职员；林濯，珠海（国家）高新技术产业开发区管理委员会（唐家湾镇）综合治理局职员。

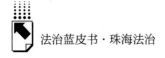

互动"。

会同社区位于珠海高新技术产业开发区唐家湾镇的西南部，东起北京师范大学珠海校区，南接凤凰山北麓，西至那洲社区，北临官塘社区，是革命老区，也是珠海著名的侨乡。为深入贯彻党的十八大以来加强和创新社会治理的新理念、新举措，积极探索打造共建共治共享的基层社会治理新模式，会同社区结合发展实际，全力推动乡村振兴战略实施，以自治为基、法治为本、德治为先，通过"三治"的优势互补和效应叠加，有效地维护乡村秩序，化解基层矛盾，完善公共服务，增强居民安全感、获得感、幸福感，形成"三治联动"的乡村治理新格局。

一 主要经验做法

（一）以"自治"为抓手，实现乡村治理有力

自治贯穿于人类社会全过程，它是社会治理的基础。作为加强和创新基层社会治理的"内生力"，可以有效整合社会资源，发挥各类社会组织的作用，并调动广大人民群众参与的积极性，顺民意、借民力、用民智，形成人人参与、人人共享的新型基层治理格局。一直以来，会同社区扎实推进"民事民提、民事民议、民事民决、民事民办、民事民评"，取得了积极的成效。

1. 重视群众参与，构建多元共治新形态

居民积极参与社区事务的意识形成是一个从潜在到激活的过程，会同社区多举并措，在有效保障民众知情权、决策权、参与权和监督权的基础上，激发居民参与的积极性，形成对社区治理秩序的认同感。

一是重视群众组织化参与。推广以党组织为核心的"民主商议、一事一议"居民协商自治模式，设有居民议事厅等协商平台，制定协商工作制度，明确议事清单、流程和规则，建立协商成果的执行、反馈和公示机制。2018年以来，会同社区组织开展协商会议21次，参与居民2100多人次，

将村党组织负责人、村班子成员、村民代表、集体经济股份公司股东代表、有威望的老党员、社会组织代表等组织起来，对乡村振兴"三清三拆三整治"①、集体产权改革、经济分配等涉及居民政治权利、经济利益、社会福利的重大公共事务共同协商讨论，通过组织化程序实现群众利益表达，达成共识。从而避免了个体利益表达的碎片化和无序化，实现公共利益最大化。

二是整合多方资源扩大群众参与。一方面，发挥社区党建作用，积极与社区驻点团队开展结对共建活动，深入走访群众，建立驻点联系群众问题台账，及时跟进解决。定期开展综合宣传服务活动，专设党员联系群众摊位，随时听取群众"说事"。2019 年累计接待群众 130 多人，入户走访 53 户，收集各类民生问题 55 件，已解决问题 53 件，解决率 96.36%。另一方面，通过充分调动社区内企事业单位、乡贤能人、老干部老党员、居民群众、社会组织等多元主体参与社区公共事务的积极性，许多居民代表以身作则，带头出钱出力主动担当起清理村巷道、拆除乱搭乱建等工作的重任。

三是群众参与居务、政务公开。会同社区自 2017 年成立居务监督委员会以来②，加强对社区的有效监督，定期召开居务监督会议，主要监督社区财务、"三重一大"决策等方面工作③。在不断推进基层自治秩序建设的过程中，充分发挥居民的监督和管理作用，把居务监督工作贯穿于民主选举、民主决策、民主管理和民主监督的各个环节，让权力公开透明运行，夯实基层监督基础，让社区形成风清气正的良好氛围，基层治理体制更加民主，社区更加和谐稳定。

2. 紧扣居民需求，实现幸福共享新家园

会同社区围绕居民需求，以幸福和谐为目标，从提升居民生活水平、

---

① "三清三拆三整治"：三清即清理村巷道及生产工具、建筑材料乱堆乱放，清理房前屋后和村巷道杂草杂物、积存垃圾，清理沟渠池塘溪河淤泥、漂浮物和障碍物；三拆即拆除旧房危房、废弃猪牛栏及露天厕所茅房，拆除乱搭乱建、违章建筑，拆除非法违规广告、招牌等；三整治主要是整治垃圾、生活污水及水体污染，对乡村环境进行美化绿化。

② "居务监督委员会"是社区民主监督组织，在社区党组织的领导下，对社区事务实施监督，成员由居民代表会议选举产生。

③ "三重一大"是指重大事项决策、重要干部任免、重要项目安排和大额资金的使用，必须经集体讨论作出决定。

强化社区环境整治、丰富社区服务及文体活动等方面入手，打造宜居宜业宜游的美丽新家园。

一是发展壮大集体经济，提升居民生活水平。会同社区在保护好生态的同时，因地制宜发展特色产业，实现了集体经济综合效益的提高。UIC新校区选定在会同村南面20公顷的用地上，UIC公租房工程项目为村集体争取到了长远和稳定的收益①。除此之外，北师大珠海校区西门南侧原来由多条铁皮棚、集装箱、伸缩棚等搭建的会同饮食街，经改造后已于2016年开业，全部商铺通过高新区"三资"监管交易平台进行公开竞投招租，由股民代表会议表决商铺竞投底价、租期、租金递增方式。通过现场竞价的方式，全部商铺顺利拍出，成交均价达107.7元/平方米，比底价增加了13.3%，每年村集体租金收入达430多万元，切实提高了社区居民生活水平。

二是重视社区街巷整治，打造宜居生活环境。在会同社区整洁的小巷行走，两旁树木绿意盎然，仿佛"世外桃源"。实施"三清三拆三整治"行动，已完成清理杂草杂物、河道障碍物、建筑垃圾等57处，已完成危旧房拆除8处，投入资金超过12万元，有效提升了社区生态环境质量。2019年，还新建了从柏叶林村直接通往UIC市政配套路的公路，缩短了会同村、UIC、北师大珠海校区到社区综合楼的距离，方便了群众出行，也为今后柏叶林村、正坑村、燕子埔村宅基地的规划奠定了基础。在街巷整治改造的同时，社区的公共文化娱乐配套设施也逐步完善。目前，已建成2000平方米社区文化广场，设有篮球场、休闲小公园、健身路径、儿童乐园等，以满足居民的户外休闲娱乐需求，方便群众就近享受公共文化服务。

三是着力开展志愿服务，营造和谐的邻里关系。会同社区将社区志愿者纳入群防群控体系，开展邻里互助、家政服务、文体活动、消防安全宣

---

① "UIC公租房工程项目"是指采取由村集体提供用地，由合作方提供资金进行建设、学校长期承租的合作模式建设住宅，建成后产权属集体所有，由合作方负责经营管理，村集体收取长远和稳定的收益。此项目每年为村集体经济增加收入300万元以上，并随学校的发展收入也会不断提高。

传等接地气、顺民意的活动项目。联合珠海市京工爱心公益服务中心、高新区青年之家、北京理工大学珠海学院航天科技馆和爱心义工协会、中山大学团委青年实践中心、社区妇女联合会等社会组织以及高校团体，累计开展了一系列公益活动以及志愿服务活动 50 多场次，服务对象超过 2500 人次，志愿服务延伸到社区的每一个角落、每一个家庭、每一个有需要的人。

3. 统筹网格管理，营造平安共建新常态

城乡社区作为社会治理的基本单位，是社会治理的"总阀门"，而推行网格化管理就是在"总阀门"前安装"小开关"。将城乡社区作为社会治理的基本单元，依托社区综治中心建设，拓展网格化管理服务，让基层在第一时间发现问题，并将问题解决在萌芽状态。会同社区以创建平安社区为契机，全面推进"社区综治中心 + 网格化 + 信息化"建设工作。一方面，依托"数字高新"平台、"消防管家"平台等网格化平台，将社区分为 4 个网格，每天 2 名网格员巡查并根据实际将问题上报网格长，形成良好的长效机制。2019 年上报案件共 260 宗，其中事件类 166 宗，部件类 94 宗；案件总受理率 100%，结案率 93.85%。另一方面，启动"互联网 +"益民服务，建设以微信和各类 App 为依托的网上办事服务公众平台①。居民通过平台中的"发现问题描述"模块，人人成为"网格员"，及时反映城市管理和社会治理中的有关问题，形成主动发现、自主处理的有效机制，提升了居民的"主人翁"责任感，营造全民共治的氛围。互联网和信息化技术不断开拓基层治理的创新模式，不断彰显其在密切联系群众、提升社区管理工作效率、促进社会平安稳定等方面的优势。

---

① "网上办事服务公众平台"是一个群众参与城市管理和社会治理的平台。通过平台中的"发现问题描述"模块，将发现的城市管理和社会治理中的有关问题及时反映给"数字高新"指挥中心，指挥中心对收集到的问题及时汇总、分类，并根据事件性质派遣给相应的社区或职能部门解决。通过门户网站、微信公众号、政务微博等平台，将问题处理的整个流程向社会公开，居民通过平台中的"处理进展查询"功能，随时可以查询问题所处的阶段和责任单位及责任人，并对问题处理结果进行评价或提出意见。

（二）以"法治"为保障，实现乡村治理有序

社会法治是法律之治、规则之治。习近平总书记强调，"法治的精髓和要旨对于各国国家治理和社会治理具有普遍意义"。立足新时代我国社会主要矛盾的新变化，必须强化法治的力量，更多地运用法治思维构建社会治理规则体系，更好地运用法治方式解决社会治理领域的突出问题。"让人民群众感受到公平正义"，这正是法治在"三治联动"实践中所承载的使命。

1. 增强"主心骨"，发挥党建引领作用

坚持和完善党对乡村基层治理的领导，是中国特色社会主义制度在乡村工作的具体贯彻。只有从基层党建架构着手调整、完善和改革，才能确保基层治理现代化各项目标任务落地生根。会同社区结合新的时代条件和实践要求，把党的全面领导贯彻于各项事业发展全过程，确保总览全局、协调各方。

一是突出加强社区党建引领。2018 年 8 月 26 日，会同社区党支部顺利升格为"中共珠海市唐家湾镇会同社区委员会"，党委设班子成员职数为 5名，下设 3 个党支部，各支部设置支委班子成员 3 人。社区集体经济的党组织作为社区党委第一支部，党员的组成成员是集体经济股份公司的董事成员、股民代表、职工等。定期牵头召开联席会议，科学部署集体经济组织发展长远规划。组织完善决策议事机制，把集体经济股份公司的重大事项纳入社区党委议事范围，提交社区党委会研究讨论，有效提高决策的科学性。以党的领导保证集体经济发展的正确方向，把基层党组织的组织优势、组织功能、组织力量充分发挥出来，把广大基层党员的思想、行动、力量和智慧凝聚起来。

二是着力构建党内活力机制。通过社区"两委"换届选举，吸纳一批优秀非户籍常住居民进入社区"两委"，增强基层组织活力，提升社区"两委"能力素质和代表性。选聘党建指导员充实到社工队伍，指导推进社区党建工作。选聘一批优秀大学生担任社区主任助理，参与社区建设和管理，

提升社区治理水平。同时，认真做好社区发展党员工作，对发展党员各项流程严格把关，不断壮大党员队伍，为党组织补充新鲜血液提供人才保障。目前会同社区党委共有正式党员 37 名、预备党员 1 人、入党积极分子 2 人、入党申请人 2 名，2015 年以来新增党员 3 人。

三是切实增强党内组织建设。会同社区党委坚持"三会一课"制度，落实社区党委第一会议制度。结合社区新时代讲习所、"两学一做"、书记带头讲党课等学习要求，制订社区实施党员教育工作方案，坚持每月开展社区党委会、支委会和党员大会活动，将学习习近平新时代中国特色社会主义思想和党的十九大精神列为第一议题；积极组织社区党委班子成员、各支部书记和支部委员参加镇党校学习，形成党员干部带头学习的良好氛围。

2. 打造"主力军"，推进法律服务深入基层

法律服务进社区对于维护社区稳定、保一方平安具有重要作用，是解决群众法律需求的重要举措，也是法治化治理的重要保障。会同社区切实把法律服务工作做实做细，做好做优，延伸到社区各个角落。

一是充分发挥村居法律顾问的作用。会同社区配备法律顾问，并设有固定的法律顾问值班场所，为居民提供定期值班法律服务，提供面对面的免费法律咨询平台。社区工作中涉及居民切身利益，包括制定或修改村规民约、收入分配方案、征地拆迁补偿以及各类经济合同等重大事项，均由法律顾问提供专业的法律意见。2018 年以来，法律顾问累计入村居开展工作 104 次，开展法治宣传活动 10 场，解答群众咨询 276 次，审核村集体经济合同 13 份，服务对象 1500 余人次。

二是着力化解社区矛盾纠纷。会同社区充分发挥辖区调解委员会的作用，由专职和兼职人民调解员为居民提供法律咨询、人民调解等服务。化解基层矛盾纠纷工作，主要涉及婚姻家庭、邻里关系、侵权损害赔偿、劳动争议、征地拆迁等问题，社区人民调解员始终秉承大事化小、小事化了的原则，着力避免居民邻里矛盾升级，确保每件事得到妥善处理，对维护社区稳

定起到了不可或缺的作用①。2018 年以来，化解群众矛盾纠纷 43 起，调解成功 43 起，成功率 100%。

三是深入推进法律援助进社区。社区积极开展法律援助宣传活动，邀请律师到现场解答居民的法律问题和难题，耐心讲解关于法律援助的范围和申请程序，提高辖区居民的法律援助知晓率。同时，联合社区学校、律师开展"成长护航"青少年暑期未成年人法治宣讲活动、"双千"青少年普法宣讲活动，进一步提高青少年法治观念、营造青少年全面健康的成长环境。2018 年以来，累计开展法律援助宣传活动 13 场，解答群众疑惑 400 多人次，开展青少年专题活动 26 场，覆盖 3 个自然村，受众人数超过 2000 人次。

3. 奏响"主旋律"，深化民主法治社区建设

社区是群众生活最基础的平台，是和谐幸福社会的基石，会同社区以"民主法治社区"创建工作为载体，着力夯实社区法治基础建设，不断提升基层治理体系和治理能力现代化水平。

一是齐抓共管健全社区法治建设。会同社区把"民主法治社区"创建工作列入重要议事日程，建立了相应的工作领导小组，由书记担任组长，部署具体工作，并制定了创建工作计划。领导小组抓管理、抓创建、抓宣传，形成工作合力，组建了由社区共建单位、社区党员、居民代表等参加的志愿者队伍，在网格综治平安工作、城市精细化管理、各类普法宣传工作中尤为突出，社区形成了共建、共管、共创的工作局面。

二是凝聚社区力量共谋民主法治化。通过依靠和引导居民，真正推进民主法治化进程。2017 年在唐家湾镇换届工作组的正确指导下，会同社区严把环节、依法办事、稳步实施，开展各项换届工作。许多常年在外务工的户籍居民在"两委"换届选举时，也专门请假回来行使权利，为社区选

---

① 2019 年，一名外来务工谢先生来到附近租房，租赁合同期限未到，房东就断水断电，强行收回房屋。谢先生多次联系房东无果，遂找到调解员寻求帮助。调解员随即联了房东，了解到情况属实，并对房东进行劝解，经过一番努力后，房东同意继续履行租赁合同，恢复供水供电，待合同到期后是否续租再另行协商。

个好的带头人。最终选举出党委书记 1 人、党委委员 4 人，圆满完成了换届工作。

三是常态化提升社区法治环境。走进会同社区，随处可见错落有致的宣传横幅、普法宣传栏、LED 显示屏、墙面宣传画等，形成一道特色亮丽的法治宣传风景线。社区每年结合重要时间节点，针对居民自治、土地承包、环境保护等法律法规，邀请村居法律顾问、普法办工作人员组织开展相关的法治宣传教育活动共计 23 场，累计向居民派发相关法律宣传册子 3700 余份。社区内还专门设置"法治图书角"，近 150 本法律书籍可供居民免费阅读。真正做到"家家有本法律书，事事有法可参考"，为全民学法创造条件。

（三）以"德治"为引领，实现乡村治理有魂

德治是所有治理的基础，也是法治国家建设的一个有益补充和重要先导。习近平总书记指出，"培育和弘扬核心价值观，有效整合社会意识，是社会系统得以正常运转、社会秩序得以有效维护的重要途径"。会同社区有深厚的历史文化根基，在"三治联动"实践中以生动活泼的形式不断加强与创新德治，充分发挥道德的力量，有效引导居民树立正确的世界观、人生观和价值观，培育良好的乡风民风，用道德力量引领和提升文明素质和社会文明程度。

1. 以"讲故事"传播文化

会同社区委托北京师范大学、香港浸会大学联合国际学院（UIC）社会管理与研究中心，开展针对村居老人和青少年等特定群体的社会实践活动，以人民群众喜闻乐见的方式结合实际以德治村。一方面，通过对村居老人生命故事、光辉岁月故事的搜集整理，让当地老人回味自己经历的会同人生，将欢乐与泪水、酸甜与苦辣一一记录，传承属于会同人的历史文化。会同经济合作社不定期组织村里非遗传承人、小学退休校长、公益文艺爱好者讲述自己或身边的典型故事，引领村民崇德向善。另一方面，通过实践活动让本

村青少年了解古村历史文化，利用节假日向来自各地的游客讲解会同古村的历史故事，展现历史风貌，树立本村少年以村为荣的自信心和自豪感，也让他们敢说、会说会同的故事，让各地都能听到来自会同的声音。自开展活动以来，共举办7场讲解活动，参与游客超过300人。以真实生动的故事，以形象直观的方式，展示社会进步，传递社会正能量。

2. 以"立标杆"传承精神

会同社区经济不断发展，人才辈出，涌现出一批精英人士，在社区建设和治理过程中，他们为凝聚人心、促进和谐提供强大的正能量，为培育好家风、传承好家训，营造向上向善的氛围，为良好乡风民风的形成提供强大的精神动力。一是设置善行义举榜、好人榜和乡贤榜，评选优秀家庭代表，深入挖掘社区蕴含的先进事迹，充分发挥他们在社区的示范带动作用。目前，已有14个家庭获得"最美家庭"称号。二是建立"道德讲堂"，凝聚道德力量，开展以"专家学者讲政策、领导干部讲发展、老党员讲传统、致富能人讲经验、先进典型讲美德"为主要内容的宣传教育活动，至今已举行活动5场次，受众超过450人，每一次讲座都触及群众心灵，唤醒社会道德共鸣。三是沿袭会同"老人节"传统，在重阳佳节邀请全村老人共聚一堂品美食、观会演，弘扬尊老、敬老、爱老、助老的传统美德。

3. 以"品文化"陶冶乡风

会同社区以地方特色浓厚、群众基础深厚的优秀传统文化为载体，探索"文以载治"的基层治理生动实践，推进基层治理的有效运转。

一是注重开展特色文化活动。自2015年开始，会同社区每年国庆前后举办融合岭南古村、"大学小镇"①、原生态乡村特色的"会同艺术节"。艺

---

① "大学小镇"是指充分利用古村、古镇资源，塑造"科研创意小镇"。以会同古村整体保护开发为切入点，结合周边高尔夫球场、赛车场等文体设施以及大学园区科教资源，把高校建设与特色城市建设相结合，推进高校之间、高校与周边产业园区之间、高校与古镇古村之间的互动，促进产学研城的融合，使大学成为推动智慧型经济发展的动力。2013年完成《唐家湾大学小镇规划》，完成会同名村一期工程建设，2014～2015年启动二期工程。2014年启动UIC配套生活区建设，并规划1.1平方公里用地，建设以小镇为中心，以大学产业园、师生生活区及青年旅社分布包围的"大学小镇"。

术节期间，以村庄为舞台，举办脱口秀、创意游玩、作品展览、阅潮故事趴等创意主题活动近十场，让近两万居民和游客全面领略会同原生态岭南文化古村特色。这不仅是一个艺术节，更是一场中西合璧的人文艺术嘉年华。2019 年，"大学小镇·会同之旅"获评广东省美丽乡村精品线路，以艺术弘扬文明乡风，大大提升了群众的幸福指数。

二是注重培育乡土艺术风情。2007 年，会同社区利用原会同小学旧址改建成立"原创基地"，占地数千平方米。基地建成后，无偿提供给艺术家们作为交流、研讨、切磋、创作的场所①。画家的创作环境都是开放式的，游客或村民可以在一旁欣赏他们的绘画作品，村里喜爱画画的孩子也可以来学习。他们通过举办画家作品展，让广大居民了解会同画家村这个艺术群体多年的成果与探索。经过几年的发展，珠海会同原创艺术基地俨然成为现代社会的全新"文化亮点"。目前已有 20 多名画家入驻"画家村"，画室总数增加至 25 间，举办画家作品展 5 场次，展出国画、油画、水彩画、漆画等作品超过 400 幅。

三是注重保护古村历史文化。会同社区结合生态村居项目和新农村建设项目，以保护古村的历史风貌为前提，紧紧围绕"大学小镇"的建设思路，先后进行了会同古村 3 座祠堂修复活化、会同古村巷道石板铺设等建设项目，把会同古村打造成了具有浓厚历史文化特色的旅游景点。古村内除了碉楼、祠堂，还有规划严整、风格中西合璧、建筑质量上乘的栖霞仙馆和 40 多座具有岭南特色的民居。2013 年，唐家湾镇成功入选第一组中国古镇特种纪念邮票，邮票上的画面是我国著名邮票设计家史渊以会同古村颇具传统岭南特色的碉楼建筑——北碉楼为素材手绘而成，凸显了会同古村落的原始风貌，彰显了会同文化魅力。

---

① "这里非常安静，环境清幽，可以一下子进入创作的状态。"2009 年以来，画家燕子一直坚持在会同社区开展创作，认为古村的文化遗留同样能激发创作的灵感。

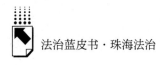

二 主要成效

（一）民为邦本，推进治理民主化、制度化

会同社区在坚持居民自治的基础上，以德治、法治为两翼，紧密社区"两委"班子关系，发挥社区党组织先锋模范作用，有效提高了社区管理水平，消除了不稳定因素。在党的领导和政府的指导下，制定了《社区党员联系群众制度》《社区居务公开制度》《社区重大事项决策制度》《会同社区居民自治制度》《党风廉政建设制度》等，不断完善和改进社区事务管理；2018 年以来共召开了 13 次居民议事会议，共商社区居民重要问题，有效提高基层治理的制度化、民主化、法治化程度。通过"民主法治社区"创建活动，推动基层组织自治机制更加健全，民主选举、民主决策、民主管理、民主监督更加完善。2017 年会同社区顺利获评"广东省民主法治社区"，目前，正在筹备参评全国民主法治示范社区和党风廉政建设示范社区。

（二）法安天下，保障民生更安全、更和谐

推进基层治理法治化，深化落实民主法治社区建设。会同社区建立了矛盾调解、纠纷排查、普法教育、社会帮教、强化巡逻五个工作机构，每月对社会治安重点地区及突出问题联合排查整治，成效明显。2014 年，会同社区越级上访人数、社会维稳重点人数降为零，重大刑事案件发案数降为零。社区邻里和睦，家庭和美，居民"自觉守法、遇事找法、解决问题靠法"的法治意识增强，上下形成了乐于奉献、一心建设美好家园的良好氛围，真正打造出一个村容整洁环境美、乡风文明身心美的"和谐会同"。

（三）德润人心，提升居民幸福感、获得感

会同社区在"三治联动"实践中利用榜样示范、道德引领，多活动多

载体多平台开展社区乡风文明建设，使村民在潜移默化中得到教育和感化。村规民约等发挥积极作用，遏制了互相攀比、铺张浪费的风气；村干部带头移风易俗，建设乡风文明，弘扬德孝传家，已经成为会同社区的新风尚。与此同时，从居民身边的困难问题着手，以增进民生幸福为出发点，切实让居民腰包鼓起来，精神生活更丰富，也让乡村环境更美。通过发展乡村旅游特色产业，解决居民本地就业问题，村集体股份分红已经从 2015 年每人约1000 元上升到 2019 年每人 5700 元；通过建设社区党群服务中心，开展儿童节游园、亲子烘焙、家长学堂、健康讲座等文化娱乐活动，居民的生活由单一枯燥转变为丰富多元，增强居民对辖区的认同感、归属感，提升居民自身的幸福感、获得感。

三　存在困难和问题

（一）乡村治理智能化有待提高

虽然会同社区在网格化管理上依托"数字高新"实现智能化，但在公共服务领域还有所欠缺。交通、教育、医疗、养老和文化等方面缺乏集资源整合、数据收集、服务供给于一体的智慧化服务平台或应用软件，乡村治理智能化、便捷化、精准化、专业化水平有待进一步提高。

（二）发挥与港澳同胞纽带作用有待加强

会同社区华人华侨特别是港澳同胞人数众多，资源丰富。由于会同社区缺乏为侨服务的创新机制，没有在港澳同胞和政府、社会组织、居民之间形成沟通联系的桥梁与纽带，加上港澳同胞长期离乡在外生活，对家乡建设缺乏浓厚的认同感和归属感，造成选择回乡投资、创业和发展的人并不多。

（三）部分村民法治意识相对淡薄

会同社区年龄分化现象严重，中老年村民平均文化程度较低，部分村民

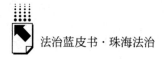

思想观念落后，封建迷信观念仍根深蒂固，造成对国家法律制度与传统法律文化认识差异。在遭遇困难时，村民理解和运用法律仍有困难，对法律没有信仰，也缺乏信心，依然倾向于用非法律方式，或者"和为贵、忍为上"的方式解决矛盾纠纷，使自己的合法权益受到损害。

四 未来展望

（一）着力打造乡村振兴战略样板

实施乡村振兴战略，是党的十九大作出的重大决策部署，是决胜全面建成小康社会、全面建设社会主义现代化国家的重大历史任务，这无疑也为高新区乃至珠海市的乡村发展提供了更多机遇和方向。高新区的乡村振兴工作涉及 14 个涉农社区，其中会同社区被列为全市 18 个乡村振兴战略样板村之一。按照"生产发展、生活宽裕、乡风文明、村容整洁、管理民主"的要求，会同社区将积极开展乡村振兴规划和建设工作，全力推进农村基础设施建设和城乡基本公共服务均等化。同时，在数字化、信息化、现代化这个新的时代背景下，依托高新区"数字高新"升级为"智慧高新"的工作计划，通过搭建一个信息资源有效整合的共享平台和智慧化的服务平台，满足人民群众对公共服务日趋个性化和多元化的需要；以"互联网＋"驱动社区治理，让更多的参与主体通过协商互动，共同参与社区公共事务，通过打造一体化社区治理和服务信息平台，推动传统治理向智慧治理转型升级，实现"最多跑一次""一键上报、一键办事、一键服务、一键督办、一键咨询"，全面提升社区治理效能。未来会同社区将规划建设成为传统生活气息浓郁、现代居住环境优美、智慧社区生活普及的岭南传奇村落。

（二）着力融入粤港澳大湾区建设大局

在港珠澳大桥通车、建设"粤港澳大湾区"的时代大背景下，会同社区将根据港澳同胞回归创业需求，开展创业培训、交流座谈会等；聚焦港澳同胞回乡投资需求，结合社区现有资源盘活工作，深入谋划一批传统优质项目和独具特色的新项目，营造浓厚的投资发展环境。在吸引港澳同胞回乡投资的同时，会同将充分借助侨资侨力，依托 UIC 国际学院的资源优势，引入港澳城市在志愿服务、社会治理等方面的先进经验，补齐社区治理工作中的短板，切实提升治理水平和实效；针对辖区内的港澳籍常住人员，整合政府管理、社会组织服务、居民自治、志愿服务等力量，充分发挥港澳常住人员在群众组织和社会组织中的作用，形成共同参与的基层社会治理工作格局，切实提升港澳同胞的融入感与获得感。

（三）着力打造"枫桥经验"升级版

当前，中国特色社会主义进入新时代，"枫桥经验"也不断被赋予符合新时代要求的新内涵。矛盾纠纷化解作为基层社会治理的基础性工作，也是新时代维护社会和谐稳定的第一道防线。会同社区将在传承和发扬"枫桥经验"的同时，积极构建"大调解"网络，一方面，依靠政府力量购买社会公共法律服务，推进社区矛盾调解工作，打通联系服务居民"最后一公里"，让居民享受优质便捷的公共法律服务；另一方面，通过建设社区工作职业体系，建立社区工作者岗位序列制度，创新社区工作者正向激励机制，促进社区工作专业化和职业化发展。会同将充分发挥调解队伍力量，调动网格员、法律顾问、法治宣传工作者等公共法律服务资源，最大限度把矛盾纠纷消除在萌芽状态，做到化解在当时、稳控在当地，努力实现"业务有界，调处矛盾纠纷无界"的大格局。

B.22
打造"法治先锋"公共法律服务联盟的成效与展望

珠海（国家）高新技术产业开发区管理委员会（唐家湾镇）综合治理局课题组*

摘　要： 公共法律服务体系建设是法治建设的一项主要内容，大力推进公共法律服务是维护民生利益、保障社会稳定发展的重要举措。珠海（国家）高新区管委会综合治理局通过先行先试，探索成立"法治先锋"公共法律服务联盟，借力高校导师、学生志愿者和社团、律师、社工组织等社会力量，实现资源共享，优势互补，提升完善司法行政职能，为辖区内群众、企业提供优质、便捷的公共法律服务，为大湾区建设营造法治化营商环境。

关键词： 公共法律服务　"法治先锋"　营商环境

一　背景

2019年1月15日，习近平总书记在中央政法工作会议上强调，政法机

* 课题组负责人：王建灵，中共珠海（国家）高新技术产业开发区委员会党委副书记；罗维雄，中共珠海（国家）高新技术产业开发区委员会党委委员、珠海市公安局高新分局局长。课题组成员：彭志斌、徐永富、傅智谋、莫若飞、杨兴兴、廖叶、谢青秀、江玲、孙伦。执笔人：莫若飞，珠海高新区唐家湾镇司法所所长；杨兴兴，珠海高新区唐家湾镇司法所科员；廖叶，珠海高新区唐家湾镇司法所人民调解员；谢青秀，珠海高新区唐家湾镇司法所人民调解员；江玲，珠海高新区唐家湾镇司法所人民调解员；孙伦，珠海高新区唐家湾镇司法所人民调解员。

关承担着大量公共服务职能,要努力提供普惠均等、便捷高效、智能精准的公共服务。要深化公共法律服务体系建设,加快整合律师、公证、司法鉴定、仲裁、司法所、人民调解等法律服务资源,尽快建成覆盖全业务、全时空的法律服务网络。这为我们落实司法体制改革、纵深开展公共法律服务体系建设提供了确切的指引。

珠海国家高新技术产业开发区(以下简称"高新区")于 1992 年 12 月经国务院批准成立,2015 年 9 月又获批建设国家自主创新示范区。作为珠海市经济发展的引擎之一和宜居宜业生态文明新区,高新区坚持经济与民生共进,产业与新城共建,发展与生态共抓,各项工作齐头并进,各项事业长足发展,取得良好成绩,2018 年全国高新区综合排名从 2014 年的第 41 位上升到第 24 位。区内高校林立,拥有高等院校 4 所,在校教师 3300 多人,在校学生约 6.4 万人。拥有全国首家国家高新区知识产权法庭和知识产权检察室,知识产权纠纷人民调解委员会于 2019 年成立运作。与此同时,公共法律服务工作水平也不断提高。唐家湾镇司法所于 2019 年被司法部授予"全国模范司法所"称号;唐家湾镇被评为"广东省法治文化镇";后环、东岸等 15 个社区获评"民主法治社区";罗西尼等 5 家公司被评为"广东省法治文化示范企业"。

但在多次调研中发现,高新区公共法律服务工作仍存在瓶颈。

一是服务资源整合方式有待优化。目前,珠海(国家)高新区管委会综合治理局(以下简称"综治局")负责统筹全区普法工作,各单位按照"谁执法、谁普法"要求开展行业性普法工作,司法所依托公共法律服务平台和村居律师开展基层公共法律服务工作,北师大珠海分校、北理工珠海学院等辖区高校分别建立学生社团开展各类法律实践活动,全区各类法律服务事务蓬勃发展,百花齐放;但同时,各类资源仍然没有实现完全互联互通,出现"孤岛"困境,公共法律服务全覆盖基础上厚薄不均的情况依然需要进一步解决。

二是社会力量参与公共法律服务程度有待提高。公共法律服务以机关、单位和高校为主,律师事务所、公证机关、仲裁机构等法律中介组织以及社

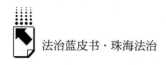

工组织、退休党员等参与度不高。

三是志愿者队伍建设工作有待加强。除各高校学生社团存在志愿者队伍的雏形之外，高新区尚未建立一支专门的公共法律服务志愿者队伍，各类普法力量开展服务依然以行政命令式、自上而下推动为主，志愿法律服务开展缺乏主动性和持续性。

为此，珠海（国家）高新区管委会（唐家湾镇）综合治理局、高新区普法办、珠海高新区唐家湾镇司法所、北京理工大学珠海学院民商法学院共同发起，成立高新区"法治先锋"公共法律服务联盟，通过区校合作机制，整合司法行政业务职能和高等院校、司法机关、法律服务机构、社会团体等法律资源，为辖区内群众提供优质、便捷的公共法律服务。在此基础上，撬动各类公共法律服务资源的整合优化，提升高新区法治政府建设工作水平。

二　主要做法

（一）组建"普法讲师团＋普法志愿者＋法治宣传团队"普法主力队伍

"法治先锋"公共法律服务联盟在探索整合各类法律服务资源时，强调"大平台、大综合"的服务理念，通过平台使各类法律服务资源在互融互通的基础上进一步整合优化。在探索过程中，我们集中力量依托高校、区直属各单位打造了3支专门的公共法律服务队伍，助推国家机关"谁执法、谁普法"普法责任制的进一步落实，深入开展"法律七进"服务。

1. 高新区普法讲师团

由区普法办牵头，按照"好中选优"的原则，在机关单位、社会组织、法律团体、高校中公开选聘专业素养高、热心公益、实践经验丰富的人员，优先选聘老党员、老干部、退休法官，组成35人的普法讲师团，根据"七五"普法规划要求和高新区法制建设的总体部署宣讲宪法、国家基本法律制度以及各领域的专业法律法规，深入开展法治讲座、法律援助、法律咨询等专业化服务，提高法制宣传的效率，扩大法制宣传的影响力和覆盖面。各位讲师分别进村居、进企业、进学校开展法制讲座,积极与群众互动,提供现场咨询服务,排忧解惑,说人民群众最想知道的法,讲人民群众最关心的问题,迄今为止共举办 64 场,参加人数 1.8 万余人次,为民工讨薪提供法律援助 25 次,解答法律咨询 896 次。

2. "法治先锋"普法志愿者北理工分队

"法治先锋"公共法律服务联盟按照"先建再完善"的原则,率先与北理工珠海学院合作,以北京理工大学珠海学院民商法律学院法律实践协会为基础,依托大学生社团,组建 30 人的普法志愿者北理工分队,成员主要以该校大二、大三法学专业类学生为主,吸收心理学、社会学社工专业的学生加入。该队伍主要负责与高新区各级公共法律服务平台对接,学生普法志愿者利用课余时间采用驻点模式协助各级公共法律服务平台提供志愿法律服务;并与司法所联合,充分发挥微博、微信、抖音、快手等新媒介宣传途径作用,探索开展普法剧、普法视频、普法抖音等群众喜闻乐见的新普法方式;与村居法律顾问共建,携手开展"法治动漫进校园""宪法进校园"以及每年一度的高新区"成长护航"暑期青少年普法等活动。截至 2019 年 12 月,累计走进辖区各大中小学开展"宪法进校园"活动 11 场,开展青少年暑期普法活动 17 场,禁毒、防邪教、防诈骗、国家安全教育等专题宣传活动 19 场,共发放宪法、"高新区'成长护航'青少年法律知识小贴士"等相关宣传资料 36800 余份,受教育学生 14000 余人次,解答学生疑问 5400 次以上,让法治宣传真正入耳、入脑、入心。

3. "谁执法、谁普法"法治宣传服务团队

高新区制定下发《高新区贯彻落实国家机关"谁执法谁普法"责任制实施意见》,明确了区相关部门的主体责任和重点内容,由区普法办统筹司法、行政执法部门、群团组织根据自身职能职责,在开展执法工作的同时开展普法教育活动,切身实地向人民群众宣传本部门执法涉及的法律法规,以通俗易懂的方式向人民群众讲清楚、说明白,使人民群众心中有法知法,进一步守法畏法,广泛传播法治精神。各部门联合组织普法宣传活动 60 次,向群众讲解发送普法小手册 15000 本。

（二）打造"社工＋律师＋导师＋志愿者"四合一公共法律服务工作模式

"社工＋律师＋导师＋志愿者"四合一工作模式是"法治先锋"公共法律服务联盟的一次有益探索，通过四种力量的对接互补，凝聚了社工社会力量，借助了律师专业力量，发挥了导师导向力量，集结了志愿者人才力量，促进了司法行政职能的完善，也促进了高校法律实践基地的落地生根。

1. 为法律服务中心组建驻点公共法律服务团队

高新区公共法律服务中心作为全区法律服务资源的关键枢纽，为群众提供包括法律援助、人民调解、法律咨询、安置帮教、普法宣传在内的一系列公共法律服务。2018 年，高新区率先在公共法律服务中心引入 3 家律师团队，在每周一、三、五下午为群众提供专业、客观、中立的法律服务，受到群众好评。2019 年，公共法律服务中心再次引进高校志愿者和高校导师两大普法资源，把律师的专业、社工的服务、学生的热情和高校导师的理论融为一体，进一步健全了无缝值班制度。当前，公共法律服务中心每天均由不同的服务队伍在窗口为群众提供服务，其他服务队随时接受调派。近三年来，高新区公共法律服务中心累计为困难群众、特殊群体开通法律援助绿色通道 135 次。

2. 为社区治理打造公共法律服务阵地

借鉴北理工民商法律学院法律实践协会丰富的社区活动经验，整合"法治先锋"普法志愿者北理工分队与社区法律顾问、专职人民调解员力量，将公共法律服务嵌入其中，探索社区法律服务治理新阵地。深入 17 个社区，为社区居民提供一站式法律咨询服务，解答居民各种法律问题。通过法律顾问、人民调解员、社区工作人员对志愿者进行面对面"传帮带"，带领其全程参与各项法律服务。开展入户走访活动 51 次；协助开展"四点半课堂"社区活动 43 次，服务学生 879 人次；化解因空调滴水、装修噪声等问题产生的邻里纠纷 16 件；调解因孩子教育问题、生活琐事等产生的婚姻家庭矛盾 18 件；协调因房屋租赁问题产生的租赁合同纠纷 16 件。

3. 为驻派出所人民调解工作注入新资源

近10年来，高新区驻派出所调解工作室受理量占全区调解案件量的比例平均在81%，最高达到91.53%（见图1），专职人民调解员时常超负荷运转。"法治先锋"公共法律服务联盟加入驻派出所调解工作室，不仅缓解了调解员供不应求的现状，同时稳固了人民调解工作阵地。对于重大矛盾纠纷和群体性事件，调解员、志愿者引导群众通过司法途径解决纠纷，稳定现场群众过激情绪，防止矛盾激化，并及时向上级司法部门请示，寻求最佳方案，促进案件妥善解决。志愿者将每月调解的案例汇总作为研究课题，导师为课题研究提供理论指导，并选出示范性、典型性案件作为每月授课主题，将法治实践引入理论课堂，又用理论指导实践。

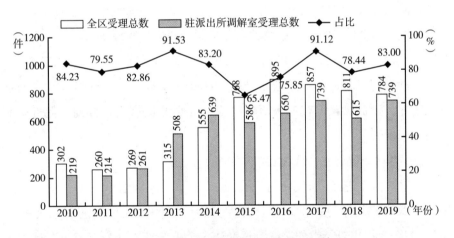

图1 2010～2019年高新区调解案件受理情况

（三）"精准化 + 普惠式 + 延伸性"全方位法治体验营造法治化营商环境

在粤港澳大湾区建设背景下，高新区民营企业蓬勃兴起，科技要素广泛聚集，区综治局、司法所在全市率先依托公共法律服务联盟为民营企业提供优质法律服务，引导企业坚持法治化发展道路，护航辖区民营经济高质量发展，助推民营企业参与全球顶级竞争。

1. 聚焦服务精准化，推进"法治体检"进企业

公共法律服务联盟积极创新服务方式，为民营企业开展"法治体检"专项工作。一是优化服务模式。开展园区调研 8 次，走访辖区企业 100 余家，发放"企业法治体检需求调查表"60 份，回收申请表 38 份，修改项目方案 4 次，采取企业申请、园区推荐、部门联评的方式，选出首期试点企业 12 家全面开展"法治体检"。二是把脉法律需求。先后 3 次召开民营企业法治化营商环境座谈会，及时了解民营企业生产经营和依法治理情况，收集和梳理企业发展过程中遇到的问题和困难，精准归纳民营企业在商业秘密保护、跨境法律冲突、产品侵权、合同审查等 15 个方面的法律需求。三是提供精准法律服务。考虑涉外型企业法律需求日益增多、初创型企业法律风险防范能力弱的现状，首批"体检"企业中初创型企业占 41.7%、涉外型企业占 33.33%。根据两类企业不同阶段的法律服务需求，量身定制"成长大礼包""创业大礼包"，帮助企业提高依法治企及风险防范能力。针对初创型企业股权纠纷处理难度大、涉及法律复杂的实际情况，专门把章程审查、投资协议审查列入服务内容，为企业提供法律咨询，促进企业依法健康发展。

2. 聚焦服务延伸性，助力化解法律风险

针对 6 家有进出口需求的企业，公共法律服务联盟创建了"法律咨询服务"微信群，专门提供跨境法律服务，由"一人候诊"变为"专家会诊"，为企业提出可行性的法律意见和建议。据统计，共为 8 家企业规避了法律风险，为辖区民营企业的良性发展、做大做强提供了实实在在的法律保障，为企业提出合理化法律建议，帮助企业解决生产经营中的矛盾纠纷。

3. 聚焦服务普惠式，优化法治化营商环境

公共法律服务联盟关注民营企业自身依法经营、合规管理，也聚焦民营企业法治环境、营商环境的培育优化。一是结合高新区高新技术企业众多的特点，整合区综治局、区科产局、区司法所和市知识产权保护协会资源，在工业园区、创新海岸等企业集中点开展"每月一主题"巡回法治宣讲活动，努力营造更加稳定、公平、透明的法治化营商环境。2019 年以来，共开展

普法宣传活动 15 场，参与人数 3100 余人次。二是通过座谈研讨、以案释法、法律咨询等开展社会面宣传，围绕企业用人、产权保护、税法改革等 8 个热点问题，做到"企业有所呼，服务有所应"，深化法律宣传教育，为企业提供全方位、全链条的法律服务，提升民营企业依法经营和依法维权能力。2019 年以来，接待咨询 429 人次，调解纠纷 89 宗，涉及金额 975.17 万元，促进企业依法管理、合法经营，为企业和经济发展营造良好的法治氛围。

三　主要成效

（一）法治思维凝聚共识，法治精神成为行动自觉

依托公共法律服务联盟，珠海高新区建立了重要节点和日常普法相结合、执法服务和普法宣传相融合、干部学法和群众学法同推进的良好机制，普法工作取得了显著成效，依法行政效能明显提升，在全区进一步营造了"学法、守法、懂法、用法"的社会氛围。一是增强了全民法治观念和法律意识。通过"法治先锋"联盟搭建的公共法律服务平台，为服务群众法律需求提供了实体支撑。高校学者、学生以及律师从业人员能够发挥自身优势，为辖区居民、企业提供法律咨询、法律援助，在服务过程中普及、宣传法律知识，让法律像阳光、雨露和空气一样，滋养和培育了公民的法律意识，提高了公民的法律素质，公民法治意识不断增强。据统计，2019 年第二季度高新区法律援助案件 26 件，同比增长 73%；法律咨询约为 368 人次，同比增长 27.8%。二是提高了领导干部的法治素养。"法治先锋"公共法律服务联盟充分利用了学校、律师事务所的人才优势，选派、推介法学专家、优秀律师为区管委会、司法、执法部门干部职工开展普法专题报告、提供法律事务咨询解疑服务，使领导干部真正掌握法律知识，从而不断提高运用法治思维和法治方式开展工作、化解矛盾、解决问题的实际能力。数据显示，2019 年全区就有 2630 多人次的领导干部参加了各种法制讲座，253 名

国家干部参加国家工作人员网上学法考试系统学习，年度参考率100%，合格率100%，优秀率99.6%，平均分达到98.92分。

（二）区校合作共建法律联盟，资源共享促进法治共建

"法治先锋"公共法律服务联盟善于向高校借智借力，推动区校在社会服务、人才实践、课题研究等方面的合作，对促进高新区与辖区高等教育资源的共建共享、发挥聚集效应具有重要意义。一是为公共法律服务联盟发展提供"区校合作"成功样本。实践证明，法学专业大学生在基层协助参与社会各项服务工作，充分发挥公共法律服务和师生实践调研的各自优势，为公共法律服务工作注入新鲜力量，为社区文明建设带来了崭新的风貌，对推进公共法律服务体系建设、探索打造高新区公共法律服务品牌、提升便民服务水平具有重要作用。区校合作的成功，为下一步区企合作、区社合作、区律合作等公共法律服务联盟的做大做强提供可复制、可推广的经验。二是为高校学生参与社会实践提供施展才华的空间。高校学生拥有丰富的专业知识和服务社会的热情，越来越多的群众对区校合作模式表示认同和欢迎。高校借助"法治先锋"公共法律服务联盟的实践平台，让更多高校学生利用课余时间参与社会实践，有助于大学生把所学理论与实践结合起来，把自身成才与社会需求结合起来，对学生实践能力的提升和复合型法律人才的培养起到了重要作用。这种区校合作模式不仅受到高校青睐，也受到越来越多群众的认可与欢迎。"四合一"创新模式运行以来，志愿者从一开始的不知所措到能够独立解答咨询，从调解纠纷过程的旁观者到积极的参与者，累计协助解答来访来电和群众法律咨询110余人次，协助调解纠纷案件69起。三是为法治社会建设提供丰富的专业人才储备。根据调查，高等院校专业教学普遍存在实践课程设置偏少、实习基地不足及实习时间短、师资不够、考评体系不健全等问题，部分法学、心理学毕业生专业水平欠缺，毕业后缺乏对口单位接收，就业率偏低。由政府牵头，与高校合作的"法治先锋"公共法律服务联盟，以高新区公共法律服务中心为实践平台，承担全区法律服务建设，不断充实全区法律人才储备，优化基层法律人才结构，锻造法治人才队

伍，为辖区各调解工作室配齐配强人民调解员，为高新区四大企业孵化器、园区服务中心输送法律专业人才，为合作律师事务所输送优秀实习生，实现用理论指导实践、用实践验证理论，形成优势互补、资源共享的公共法律服务大格局。

（三）法治联盟护航青少年成长，法治素养全面提升

面对目前青少年校园法治教育渠道单一、针对性不强、内容形式单调、普法效果不佳等问题，"法治先锋"公共法律服务联盟将学校、家庭、社会组织、政府单位等法治力量有机结合，组织开展一系列兼具趣味性、互动性、针对性的青少年普法活动，扩大青少年普法教育的覆盖面和影响力。2019 年以来，累计组织举办青少年普法活动 47 场，其中宪法专题宣传活动近 20 场次，共派发宪法、禁毒、扫黑除恶、青少年自我保护等相关宣传资料 30000 余份，受教育青少年达 14000 余人，工作取得良好成效。一是青少年普法教育渠道进一步拓宽。创新青少年普法路子，通过吸收专业律师、高校师生、社会组织等专业资源，构筑了政府主导、学校实施、家庭参与、社会力量协助"四位一体"的联动普法新机制，多渠道开展青少年普法宣传教育活动，在全区范围内形成青少年普法教育齐抓共管的良好局面，全方位护航青少年健康成长。二是青少年普法教育针对性进一步加强。重点关注辖区留守儿童、家庭困难儿童、单亲家庭儿童、未成年服刑人员以及服刑人员子女等特殊青少年群体的心理特征和法律需求，通过辖区内的公益性组织、社区居委会牵线搭桥，为他们开展针对性的普法教育，帮助这些特殊青少年群体在知识积累和思维观念形成的人生重要阶段接受法律教育，深植法治理念。三是青少年普法教育内容进一步丰富。充分发挥现有的各种青少年教育基地、活动营地和校外教育阵地的功能作用，不断丰富青少年普法内容，创新青少年普法形式，开展生动有趣的普法教育活动，调动青少年学法的积极性，带动更多的中小学生主动学法、切实知法、真心敬法、自觉守法、有效用法，提高青少年普法教育的实效性，有效预防和减少辖区青少年违法犯罪。

（四）理论研究发挥智力支撑作用，营商法治环境助力企业发展

依托公共法律服务联盟，促成企业与高校达成共建协议，借助高校智力开展企业法治体检工作，多方助力问诊，多平台研究把脉，多渠道智力支撑，打通了对接企业需求的法治服务环节，破解企业发展中的共性法律难题，助力企业化解法律经营风险，为建设粤港澳大湾区公共法律服务高地作出了示范，推动了粤港澳大湾区法治化营商环境建设。一是开创了企业法律服务新模式，补齐民营企业发展短板。"法治先锋"公共法律服务联盟从单一的"送法进企业"，转变为主动开展的"问诊把脉"法律服务，开创了民营企业与辖区高校全面对接法治需求的服务新模式。在粤港澳大湾区建设背景下，涉外型企业法律需求日益增多、初创型企业法律风险防范能力较弱，该服务模式补齐了多数民营企业不愿请、不会请、请不起律师的短板，为民营企业"走出去"提供可靠的法律服务支撑。二是为建设粤港澳大湾区公共法律服务高地作出了示范。以公共法律服务联盟为平台，推动高新区民营企业与北理工珠海学院法学院达成共建协议，发挥北理工专业教师的智力支撑作用，开展对政策性强、理论性强的法律问题专项课题研究，破解企业发展中的共性法律难题，为民营企业提供便利服务或法律指引，这一创新举措为建设粤港澳大湾区公共法律服务高地作出了示范。三是推动了大湾区法治化营商环境建设，为大湾区法治服务提供保障。在大湾区建设背景下，公共法律服务联盟积极推动法律服务工作融入大湾区发展，提升服务能力和水平，更好地发挥联盟在多元化解纠纷机制和公共法律服务体系中的重要作用，将服务越来越多的大湾区企业，助力营造粤港澳大湾区稳定、公平、透明、可预期的法治化营商环境。

四 未来展望

"法治高新"是高新区在法治社会建设工作中提出的宏伟目标。未来在高新区139平方公里的土地上，要实现公共法律服务便捷高效，各类法律资

源互融互通，群众法治素养不断提高，企业守法诚信，政府依法执法严明。"法治先锋"公共法律服务联盟就是在这个过程中的一次全新探索，希望通过工作的开展，能够做到以下几点。

1. 吸引更多的辖区高校共建，不断扩大服务影响

"法治先锋"公共法律服务联盟将进一步总结优化，在合作模式上向更多的辖区高校扩展，如中山大学珠海校区、北京师范大学珠海分校、北京师范大学—香港浸会大学联合国际学院等。容纳更多的律师事务所、公证机关、仲裁机构、社工组织、退休党员等资源，形成一个互融互通的"大综合"公共法律服务平台。

2. 提供更加优质的法律服务内容，不断延伸服务需求

在未来，"法治先锋"公共法律服务联盟的服务范围将探索向社区矫正等非传统法律服务领域延伸，对接机关、企业和群众的服务需求，不断提供更优质高效的服务内容。

3. 发挥联盟单位的主观能动性，不断创新活动方式

对处于政府培育阶段的法律服务联盟给予更大的政府财政与政策支持，探索政府每年固定预算支出，各联盟单位制订接地气、可执行的服务方案，发挥各联盟单位的主观能动性，更好地为群众服务。

改革开放40周年，高新区迎来了港珠澳大桥通车、粤港澳大湾区规划实施等重大历史机遇。高新区综治局将不忘初心、牢记使命，以习近平新时代中国特色社会主义思想为指导，不断提升公共法律服务水平，为法治建设提供更优质的服务和保障。

B.23
万山海洋开发试验区打造法治海岛升级版的实践

珠海万山海洋开发试验区课题组*

摘　要： 珠海万山海洋开发试验区处于粤港澳大湾区地理中心位置，为加强法治海岛建设，万山海洋开发试验区从"平台建设、依法行政、法律服务、法治宣传"等四个方面聚焦用力，营造共建共治共享社会治理格局，展示了法治海岛建设的实践与成效。面对法治海岛建设在工作机构和队伍、服务意识、法治化营商环境，以及法治引领平安建设等方面存在的问题，着眼新时代新要求新使命，明确以争创全省乃至全国法治政府建设示范单位为抓手，引领和带动法治海岛建设向更高水平迈进。

关键词： 法治海岛　共建共治共享　社会治理　万山区

珠海万山海洋开发试验区（以下简称"万山区"）地处珠江入海口，东邻香港，西接澳门，面向南海，处于粤港澳大湾区地理中心位置。拥有桂山岛、东澳岛、大万山岛、外伶仃岛、担杆岛、白沥岛、黄茅岛等105个大小岛屿，海域面积4500多平方公里，海岛陆地面积80多平方公里，

---

* 课题组负责人：叶真，中共珠海万山海洋开发试验区委员会书记。课题组成员：吕红珍、张社会、武永岗、徐秀洁。执笔人：武永岗，珠海万山海洋开发试验区管理委员会海洋统筹管理局副局长；徐秀洁，珠海万山海洋开发试验区管理委员会海洋统筹管理局科员。

岛岸线总长 289 公里。下辖桂山镇、担杆镇、万山镇 3 个建制镇、7 个行政村，常住人口 6000 多人，户籍人口 3000 多人。近年来，中共珠海万山海洋开发试验区委员会（以下简称"万山区党委"）和珠海万山海洋开发试验区管理委员会（以下简称"万山区管委会"）坚持以习近平新时代中国特色社会主义思想为指导，深入贯彻中央全面依法治国新理念新思想新战略，全面落实省委法治建设部署要求和珠海市委提出的各项任务，紧贴海岛实际，突出海域特点，始终坚持以人民为中心，坚持法治建设为了人民、依靠人民、造福人民、保护人民，以保障人民根本权益为出发点和落脚点，深入推进法治政府、法治社会建设，全力打造新时代法治海岛升级版。

一 万山区法治海岛建设的实践与成效

万山区党委、管委会坚持把法治海岛建设摆上重要议事日程，党政主要负责人认真履行法治建设第一责任人职责，各镇、机关各部门、驻岛各单位密切协作，突出在"平台建设、依法行政、法律服务、法治宣传"等四个方面聚焦用力，打好组合拳，有效提升了法治海岛建设水平，积极营造了共建共治共享社会治理格局，为海岛经济发展和社会和谐稳定提供了坚强的法治保障。

（一）完善公共法律服务网络，平台建设规范有序

1. 统一规范公共法律服务实体平台标识内容

万山区将区级公共法律服务中心与政务服务中心、综治中心进行一体化设计、人性化布局，既能有效整合公共资源，又能为群众提供一站式便捷服务。为打造镇、村"10 分钟公共法律服务圈"，3 个镇公共法律服务工作站和 7 个村公共法律服务工作室在全市率先按照公共法律服务实体平台建设的新要求和新标准，升级改造，统一规范外观、名称、标识。目前，区、镇、村三级公共法律服务实体平台均设有固定的办公场所和群众办事窗口，做到

制度上墙、服务项目公开、经费足额保障到位，实现了"小事不出村（社区），大事不出镇（街道），重大服务需求区级兜底"的社会治理目标，有效维护了海岛平安稳定。

2. 科学设置公共法律服务实体平台服务岗位

为让群众享受到便捷优质的法律服务，万山区公共法律服务中心设有法律援助、法律咨询、访调对接等服务岗位；各镇公共法律服务工作站均设置了人民调解、矫正安帮、法律咨询、法治宣传、法律援助等必要服务岗位；各村公共法律服务工作室均设置了法律咨询、人民调解、村（居）法律顾问等必要服务岗位，三级"公共法律服务网"内容齐全，基本满足群众公共法律服务需求。

3. 统筹实现公共法律服务线上线下有效对接

万山区的区、镇和村三级公共法律服务平台均有效对接广东法律服务网络平台、广东法律服务语音平台、"粤省事"小程序，实体平台、网络平台、热线平台三大平台实现互融共通。同时，为群众提供"线上30秒、线下30分"的专业法律服务，做到每日出勤率100%、工单办结率100%，实现"零投诉"的优质高效公共法律服务，进一步提升了广大人民群众的获得感和满意度。

（二）强化执法行为监督管理，依法行政合成高效

1. 健全多层次监督制度

进一步规范万山区管委会工作制度，制定管委会工作规则，构建职能科学、结构优化、廉洁高效、人民满意的服务型政府。推动区管委会健全依法决策机制，对涉及经济社会发展全局的重大事项决策，积极听取人大代表和政协委员意见；健全法律顾问制度，万山区管委会和各镇人民政府均配备了专业的律师担任政府法律顾问，同时，聘请专业律师与万山区7个村签订法律服务协议书，为群众提供专业法律意见和法律服务；建立"领导接访日"等制度，畅通群众监督的渠道，主动接受社会舆论监督和公众评议，不断提高群众对政府工作和社会事务的参与度，引导群众依法表达自己的合理诉

求。扎实推动对信访旧案积案难案的协调，将长期难以解决的案件全部纳入法治轨道，有效化解了多起重大复杂的信访积案。强化依法行政内部监督，组织制定重大决策终身责任追究、责任倒查制度及支持改革创新的容错机制，明确监督检查范围和责任追究方式，并将检查结果作为部门整改和绩效考核的重要依据。

2. 规范行政执法行为

为保护企业合法权益、优化经济发展环境，万山区进一步规范行政执法行为，加大关系群众切身利益的重点领域执法力度，重点查处危害安全生产、食品药品安全、自然资源和环境保护、社会治安等方面的违法案件，维护公共利益和经济社会秩序，防止执法扰民、执法扰企。做好广东省行政执法信息平台和行政执法监督网络平台对接工作，严格落实"双随机、一公开"抽查机制、"放管服"改革以及行政执法公示制度、执法全过程记录制度、重大执法决定法制审核制度"三项制度"等，切实保障人民群众的合法权益，维护政府公信力，营造更加公开透明、规范有序、公平高效的法治环境。

3. 创新行政执法方式

为解决海岛各执法力量单薄问题，万山区协调各镇公安派出所、市场监管、城市管理、综治、安全生产、渔政海监、边防海警等执法部门建立"平安巡查"联合执法常态化机制，由各镇党委、政府领导统一组织，每周开展不少于一次的"平安巡查"联合执法行动。在元旦、春节、五一、国庆等重大节日和国家重大活动等敏感时期，加大安全巡查力度和联合执法频次，建立联合执法"平安巡查"事项登记、问题整改、跟踪督办制度，做到巡查发现一个问题，整改一个问题，对长期难以解决的问题，启动专项调查研究和专项治理。强化科技运用，借助海岛"雪亮工程"①、"平安消防"

---

① "雪亮工程"：是以区、镇、村三级综治中心为指挥平台、以综治信息化为支撑、以网格化管理为基础、以公共安全视频监控联网应用为重点的"群众性治安防控工程"。它通过三级综治中心建设把治安防范措施延伸到群众身边，发动社会力量和广大群众共同监看视频监控，共同参与治安防范，从而真正实现治安防控"全覆盖、无死角"。

智慧信息平台①、"安全岛"一键报警系统②、"人脸识别"安全系统、网格化建设等信息化手段，为海岛安全保驾护航。近年来，万山区没有发生重大刑事案件和群体性扰乱社会治安事件，群众的安全感和幸福感很高。

4. 推进阳光政务建设

万山区不断完善区级门户网站建设和基础数据库建设，加强对政务信息、公共资源配置和行政处罚的裁量范围和幅度等重点领域信息的公开，推进区级各部门的信息互通和资源共享，有效增强行政行为的透明度。加强网上政务办事大厅工作队伍和业务建设，进一步深化"一门式、一网式"服务模式改革，实现"马上就办"和"最多跑一次"服务要求，打通政务服务"最后一公里"，为群众带来方便与快捷。2018 年 2 月，万山区首例监狱远程探视成功实现，充分实现就近亲情帮教，切实把远程会见便民、利民、惠民的民生措施落在实处。

（三）助力矛盾纠纷多元化解，法律服务便捷周到

1. 强化法治引领，积极开展矛盾预先排查

万山区坚持把矛盾纠纷排查作为基础性工作，3 个镇和 7 个村每周开展 1 次矛盾纠纷排查专项行动，对排查问题进行分层汇总的项目管理；万山区党委和管委会每月召开一次信访维稳分析研判会，对重点矛盾纠纷进行深入分析，研究对策。万山区本级和各镇、各村均逐级建立重大事项专职法律顾问审查制度；充分发挥法律顾问的作用，对辖区 1000 多家企业逐一进行法治体检，建立体检档案；重点关注海岛开发、美丽渔村建设可能引发的劳资纠纷和利益分配纠纷，提供个性化、多元化解决方案，从源头预防矛盾纠纷

---

① "平安消防"智慧信息平台：利用物联网、人工智能、虚拟现实、移动"互联网＋"等最新技术，配合大数据云计算平台、火警智能研判等专业应用，实现城市消防的智能化，是智慧城市消防信息服务的数字化基础，也是智慧城市智慧感知、互联互通、智慧化应用架构的重要组成部分。

② "安全岛"：为圆柱形报警器，安装在万山区海岛重点区域、公共区域，圆柱形报警器上有当地派出所报警电话、"一键报警"按钮、对讲机，群众遇到紧急情况时可按下按钮进行报警，当地派出所可以通过对讲机与报警群众进行沟通。

发生。建立完善重点人员信息台账，落实教育疏导稳控工作，采取针对性强的预防措施，做到信息通、情况准。对群众的来信来访和合理诉求则坚持以人为本，把为人民解困作为暖心工程，对困难的信访人员给予适当补助，切实强化源头治理。

2. 强化法治思维，扎实开展矛盾纠纷化解

万山区发挥人民调解组织的基础作用，把矛盾纠纷化解优先引入法治轨道。万山区3个镇、7个村均建立人民调解委员会，建立了包括派驻公安、医疗、劳动、教育、渔业、餐饮、旅游等多个领域的行业性人民调解组织，形成维护社会和谐稳定的"第一道防线"，努力实现"矛盾不上交"，打造新时代"枫桥经验"。发挥村居法律顾问的中立作用，创设"访前法律服务工作室"，以专业优势实现访调无缝对接，创新"一个注重、两个明确、三项机制"法律服务模式，即注重一个实效，择优组建专业律师服务团队；明确两个定位（明确律师角色定位、明确律师执业定位），增强信访维稳突出问题化解"第三方力量"；健全三项制度（健全律师参与信访工作体系、完善律师来访接待制度、构建信访沟通协作机制），有效推进信访难题化解①。实现法律效果、政治效果和社会效果的有机统一。该服务模式在珠海法治实践创新项目评比中获评"基层法治优秀项目"。

3. 强化法治为民，加大法律援助解难帮困

2017年，为打造区、镇、村三级法律援助"立体化"综合服务体系，万山区正式挂牌成立区法律援助处，拓展法律服务援助对象范围，将全区低保户、优抚对象、退伍特困人员等近60人纳入服务范围；创新"律师上岛服务"模式，针对海岛群众提出的法律援助申请，安排人员上岛接受申请，并于当日完成审批；与信访、劳动等多部门建立无缝衔接联动机

---

① 例如，张三因对法院判决其房屋买卖纠纷的结果不满，屡次上访表达诉求，考虑到张三案件已两审终结并发生法律效力以及其家庭实际困难，万山区加强与中级法院、市政法委、市信访局的沟通协调，综合运用司法救助和社会救助方式，切实为张三解决了面临的困境，最终使这一历史积案得到了很好解决。

制，充分发挥法律服务柔性社会治理的职能和优势，有效维护困难群众的合法权益。

（四）创新法治文化阵地建设，法治宣传喜闻乐见

1. 推动多层次多形式民主法治创建

结合海岛众多且分散的实际，万山区在桂山镇、担杆镇、万山镇三个镇开展一镇一特色"律道"、法治文化主题公园和青少年法治教育实践基地建设，将法治文化元素和法治宣传融入广大基层群众日常休闲娱乐和青少年课外学习，充分发挥法治文化的引领、熏陶作用。全方位开展民主法治创建工作，2018 年，万山区 3 个镇、7 个村已 100% 达到省级法治创建标准，提前完成 2020 年全省达标的工作目标，并进一步深化巩固创建成果，保持创建工作常态长效。

2. 健全普法宣传教育常态化机制

为深入开展法治宣传教育，万山区严格落实国家工作人员学法用法制度，积极开拓党员法治教育"新方法、新途径"，从领导干部"关键少数"做起，开创"海岛夜读"模式，解决海岛干部因长期驻岛导致业余活动单一、渔民党员集中教育难等问题。实施宪法宣誓制度，彰显宪法尊严和权威，强化对宪法和法律的敬畏之心，并将之内化为对宣誓人的道德约束和法律约束。严格落实"谁主管谁负责、谁执法谁普法、谁服务谁普法"责任制，进一步深化主管部门与各行业部门在基础法律、专业法律宣传实施方面的分工合作。积极推动宪法精神进企业、进农村、进机关、进校园、进社区、进军营、进网络，推出"送法进海岛""送法上渔排""送法进流动渔船"的宣传新模式。同时，推动形成海岛码头、海岛餐厅、海岛宾馆等公共场所的法治宣传常态化模式。

3. 突出重点时节法治文化联合宣传

万山区结合节日主题开展法治宣传活动，在"3·15"国际消费者权益日、"4·15"中国全民国家安全教育日、"4·26"世界知识产权日、"6·26"国际禁毒日、"12·4"国家宪法日等重要时间节点进行法治宣传。由区、镇主要领导担任法治宣传员，在桂山岛、外伶仃岛、东澳岛、万山岛

四个人员集中的海岛开展联合宣传教育活动，通过现场有奖知识问答、派发宣传小礼品，寓教于乐，渔民群众喜闻乐见。由司法行政工作人员、律师、法律专家组成的普法讲师团，定期开展不同主题的法治宣传讲座，积极营造遵法学法守法用法的社会氛围。

二 万山区法治海岛建设面临的问题

万山区法治建设工作取得明显成效，但还存在一些短板和薄弱环节。

（一）机构和队伍建设有待进一步加强

万山区共有公务员 200 名，其中 40 周岁以下的 57 人，法学类专业毕业人员 47 人。海岛法治工作机构和队伍建设力量薄弱，领导干部法治意识有待进一步增强，运用法治思维和法治方式开展工作能力不强，法律专业人才不足，特别是缺乏专业强、干劲足的年轻干部，干部队伍整体水平不高，解决问题能力亟待提升。

（二）服务意识和理念有待进一步强化

万山区地理位置特殊，海岛分散的地理情况导致社会治理点多面广，治理难度较大。海岛常住人口中渔民、老年人较多，法治建设缺乏创新，很多时候把治理当管理，单打独斗、居高临下的"管理"情况需要改变，社会治理体系和治理能力需要进一步提升，特别是要加强对特殊人群的关注，更好地维护人民群众的利益。同时，由于海岛旅游资源丰富，旅游产品不断更新推出，旅游业持续升温，流动性人口不断增加①，安全风险加大，旅游消费矛盾纠纷增多。对于如何强化上岛游客的主人翁意识，目前措施办法不多，海岛工作人员服务游客意识和理念也需要进一步增强。

---

① 万山区 2019 年共接待游客 62.4 万人次，增长 23.6%，过夜旅客 53.9 万人次，增长 22.9%。

（三）法治化营商环境有待进一步优化

万山区海域港澳籍流动渔民多，处理涉港澳法律事务能力有待加强，特别是在联合打击偷渡行为、跨境犯罪活动等方面需要加大力度，建立社会治安联动机制，强化矛盾排查预警和案件应急处置合作；由于海岛土地性质属于国有，历史形成的产权案件有待解决；粤港澳区际司法协作、法律服务交流合作需要进一步加强。

（四）法治引领平安建设力度有待进一步加强

当前，经济发展进入转型期，美丽渔村更新改造步伐加快，农村集体产权制度改革深入实施等，引发各类利益群体诉求，矛盾利益问题叠加。全区上下一手抓突出问题整治、一手抓社会治理创新，平安建设取得了一定成效，但是面对群众信访不信法、不愿通过司法途径解决涉法诉求的问题，政府依法治理、依靠法治解决矛盾问题的意识不强、措施办法不够。比如，某企业在开发东澳渔村过程中，导致相邻房屋受损，该房屋是村民李四于2016年卖给非本村人员王五，土地权属登记在李四名下。企业愿意承担重建或者加固维修的责任，但王五坚持重建房屋，要求政府相关部门突破现行法律政策规定，办理权属变更，并多次阻挠东澳渔村建设工程施工，导致渔村建设进度停滞不前，其他村民意见很大。而政府相关职能部门宣传、解释不到位，对违法行为打击、制止不力，运用法律武器解决问题的能力不强。依法治国是一场深刻的社会变革，任重而道远。

三　万山区法治海岛建设的设想与展望

展望未来，万山区将扎实做好全面依法治区八大工程①、20 项行动项

---

① "八大工程"是指：实施党领导法治建设工程、实施宪法学习宣传工程、实施法治政府建设工程、实施法治社会建设工程、实施法治化国际化营商环境建设工程、实施粤港澳大湾区法治服务保障工程、实施公共法律服务建设工程和实施法治人才队伍建设工程。

目①工作，并积极响应党中央、国务院关于法治政府建设决策动员、深入开展法治政府建设示范创建活动，树牢"四个意识"，坚定"四个自信"，坚决做到"两个维护"，紧紧围绕法治广东建设总目标，不断把法治政府建设和法治社会建设向纵深推进，全力打造新时代法治海岛升级版，不断满足海岛渔民群众对美好生活的法治需求。

（一）坚持人才为本，全面提升依法治理能力

万山区党委、万山区管委会将积极探索法治人才培养的途径办法，全方位提升依法治理工作能力和水平。通过抽调法学专业公务员和社会购买服务的方式，加强法治工作队伍专业化建设，优化法治工作队伍知识结构、年龄结构；邀请专家和法律顾问定期组织开展法治业务培训和依法行政、法律知识培训，全面提高法治工作队伍的业务能力、职业素养和专业水平，确保法治工作者信念过硬、政治过硬、责任过硬、能力过硬、作风过硬；深入推进法律顾问制度，增聘律师事务所律师作为区法律顾问，充分发挥法律顾问在万山区党委、万山区管委会科学决策、民主决策、依法决策中的参谋智囊作用；继续发挥一村一顾问参与重大决策、规范性文件起草的积极作用；组建万山区律师库和律师服务团队，为全区处理化解信访维稳疑难问题提供专业法律咨询和专项法律服务；加强基层法治工作队伍建设，有计划地发展壮大基层队伍力量。

（二）坚持机制创新，持续深化"放管服"改革

加快推进行政许可和公共服务事项统一申办受理标准的编制工作，在已

---

① "20项行动项目"是指：加强各级党委对法治建设的领导；提高领导干部运用法治思维和法治方式谋划推动工作的能力和水平；在各级党政机关全面推行法律顾问、公职律师制度；推进"宪法进万家"；加快法治政府建设、推进行政执法标准化、信息化、规范化；全面推行行政执法公示、执法全过程记录和重大执法决定法制审核制度；完善司法建议、检察建议办理反馈纠偏机制；打造新时代"枫桥经验"；预防和化解社会矛盾机制建设；深入推进社会治安综合治理；创新流动人口参与社会治理机制；深化"综治中心＋网格化＋信息化"建设；全面深入法治建设"四级同创"活动；建设社会主义法治文化；推进法治化国际化营商环境制度建设；推进政务服务便利化；加强粤港澳大湾区法治服务保障；推进公共法律服务标准化建设；加强涉外法律服务；实施法治建设人才培养计划。

完成的党群、人力资源、经济、社会事业、财金、建设、安监、民政、食品药品监管、市场监管 10 个部门 1092 项事项的梳理工作基础上，继续积极梳理行政许可和公共服务事项的受理范围、申请条件、申办材料、办理时限以及受理条件、裁量标准等申办受理要素，为推广一门式综合服务提供清晰指引。整合了人力资源、社会事业、公共建设 3 个部门业务的综合窗口受理试点工作初见成效，逐步推行"前台综合受理，后台分部门审批，综合窗口统一出件"的业务办理模式，群众根据固化的受理条件提前准备好办事资料，可有效减少来回跑动的次数。升级优化网上办事大厅门户，推出了手机版、自助终端等多种接入渠道，为群众提供随时随地的办事服务，实现政务服务线上线下无缝对接。持续开展"减证便民"行动，做好落实工作，修改办事指南，优化办事流程，通过网站、电子公示栏等方式进行告知与信息共享，确保事项取消落实到位。创新政府服务管理方式，积极开展法律援助证明事项告知承诺制试点工作。

（三）坚持制度保障，大力优化法治化营商环境

准确把握大湾区建设的总体要求、目标定位、重点任务，对于万山区而言，就是在严格遵循中央顶层设计，落实好省、市关于推进粤港澳大湾区建设的要求，大胆创新路径、方法、措施，主动融入、对接、服务粤港澳大湾区，主动加强与港澳的执法合作、司法协作和法律服务交流合作，深入推进与港澳休闲旅游、海洋科技、海洋生物和海洋生态等各方面的交流合作，共同推动海洋产业特色发展，切切实实把《粤港澳大湾区发展规划纲要》各项任务落到实处。

（四）坚持突出重点，全面加强法治政府建设

积极响应中央、国务院关于法治政府建设决策动员，以法治政府建设示范创建活动为抓手，以特色工作的示范创建为突破口，争创全省乃至全国具有创新性、引领性、典型性的亮点工作，不断深入推进法治政府建设。在抓好加大行政执法力度、强化事中事后监管、持续深化"放管服"改革、健

全科学民主依法决策、进一步规范行政执法行为、推进行政执法信息化、加强行政执法保障等常规工作的同时，重点加强对行政权力的制约和监管，制定重大决策终身责任追究、责任倒查制度及支持改革创新的容错机制，明确监督检查范围和责任追究方式，并将检查结果作为部门整改和绩效考核的重要依据。利用12315、12345、举报热线、邮箱等畅通反映执法扰民、执法扰企等问题的渠道。

（五）坚持法治引领，扎实推进平安海岛建设

完善涉及国家安全的刑事、民事、行政、经济法律法规和相关党内法规，做到打击犯罪、化解矛盾有法可依、有规可循。不断完善各类法律法规，为平安建设提供有力的法律武器和依据。把社会治安综合治理包含的打击、防范、教育、管理、建设、改造等各方面工作纳入法治轨道。各级国家机关、社会团体、企业、事业单位依法办事，不断提高公民学法、知法、守法，运用法律武器同各种违法犯罪行为作斗争的水平。

（六）坚持服务为先，不断增强群众获得感幸福感

坚持人民主体地位，构建为了人民、依靠人民、造福人民、保护人民的法治体系。以保障人民权益为出发点和落脚点，逐步建立起完备的法律规范体系、高效的法治实施体系、严密的法治监督体系、有力的法治保障体系、完善的党内法规体系，形成科学立法、严格执法、文明司法、全民守法的局面，增强人民群众的获得感、幸福感、安全感。大力发展休闲渔业，多渠道促进渔民转产增收，发展壮大渔村集体经济。推进人居环境整治攻坚行动，完成"三清三拆三整治"任务。推动外伶仃岛海底电缆建设前期工作。推动实现海岛用电与市区同网同价。降低海岛工商业和群众用水用电负担。拓展航线、加密航班，推动陆岛交通客运公交化，落实交通补贴，使市民享受优惠票价。探索海岛特色学校办学模式。建立完善的海岛医疗卫生紧急救援机制。完成万山居家养老服务站建设。完成全国慢性病综合防控示范区创建工作。继续深入开展扫黑除恶专项斗争。持续深入开展重点领域、重点诉求

群体社会矛盾专项治理工作。全面落实安全生产责任制，加强食品药品安全监管，加强地质灾害防治工作，保障海岛安全稳定。加快智慧海岛建设，建设全方位、全覆盖、无死角的智慧平台系统。

（七）坚持安全第一，守护粤港澳海域安全

一是各方参与协作，织密国家安全情报网络。建立与海关、边检、海警等涉海洋行政管理部门，以及港澳流动渔民办事处和海岛驻军的多部门联动协作机制，保持密切沟通联络，定期通报情况；组建100%全覆盖的区、镇、村三级国家安全人民防线建设小组，织密横到边、纵到底的安全网络；定期组织参观学习、开展讲座培训，提升党员干部和涉密人员的情报收集能力。二是广泛宣传发动，筑牢国家安全思想防线。深入推进国家安全宣传进企业、进农村、进机关、进校园、进社区、进军营"六进"活动；突出"4·15"全民国家安全教育日等重要时间节点宣传声势；结合海岛渔民的生产生活习惯，创新推行晚间家访、下排探访、上船拜访的"三访"工作法，加强海岛各类船只登记、走访、巡查和宣传，发展渔民信息联络员，拓宽情报搜集渠道，有效排查危害国家安全隐患。三是坚持综合治理，强化国家安全精准管控。突出重点人员摸底排查，制订重点人员走访方案，依托公共法律服务平台，采取聘请专职律师和工作人员相结合、普通排查和重点排查相结合模式，对重点人员逐一进行走访，建立信息台账，落实教育疏导稳控工作，采取有针对性的预防措施。突出海岛海域巡查监控，重点对有人居住岛屿的码头、家庭旅馆、出租屋、娱乐场所等人员密集场所和临海临崖区域、建筑工地、临建板房和无人岛进行巡查，对海岛海域进行全方位巡查摸排。突出科技智能手段运用，利用海岛视联网监控系统、"人脸识别"系统和一键报警系统三大职能系统，建起一个整体的远程网络安全监控体系，为国家安全特别是政权安全、制度安全提供有力的法治和科技支撑。

B.24
珠海社会心理服务体系建设实践与思考

中共珠海市委政法委员会社会建设室课题组[*]

摘　要： 珠海始终把推进社会心理服务体系建设作为营造共建共治共享社会治理格局的重要举措来抓，在加强顶层设计、构建工作体系、开展危机干预、加强重点人群服务、心理健康人才队伍建设等方面，进行了一系列探索和实践，初步形成了具有珠海特色的社会心理服务工作格局，为各地加强社会心理服务体系建设提供参考经验。未来，珠海将进一步加强社会心理服务制度保障，推动心理健康多方联动，打造特色心理服务项目，规范心理健康服务行业管理，提升社会心理服务工作水平，以期更好地推进社会心理服务体系建设。

关键词： 社会心理服务体系　共建共治共享　社会治理

　　加强社会心理服务体系建设，培育自尊自信、理性平和、积极向上的社会心态，是党的十九大报告明确提出的一项重要任务，也是珠海市贯彻落实习近平总书记对广东工作提出的"四个走在全国前列"要求中"营造共建共治共享社会治理格局走在全国前列"的重要举措。近年来，珠海市突出加强社会心理服务体系建设统筹规划，建立健全社会心理服务平台网络，着

＊　课题组负责人：李玉东，中共珠海市委政法委员会副书记。课题组成员：姜铁均、胡昆、杜娟、丁焕松。执笔人：胡昆，中共珠海市委政法委员会社会建设室主任；丁焕松，中共珠海市委政法委员会社会建设室职员。

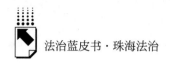

力加强重点人群心理健康服务，不断探索社会心理服务疏导和危机干预规范管理措施，努力推动社会心理服务体系建设走在全国前列。

一　珠海社会心理服务体系建设背景

随着现代社会生活节奏不断加快，竞争压力明显加剧，个体心理问题及其引发的社会问题引起社会各界广泛关注。据国家卫生健康委员会疾病预防控制局公布的数据，截至 2017 年底，全国 13.9008 亿人口中精神障碍患者达 2.4326 亿人，总患病率高达 17.5%；严重精神障碍患者超 1600 万人，发病率超过 1%。这些数据表明，现代人的心理健康问题不容乐观。一方面，心理行为异常和患精神障碍的人数每年都在增加，个人心理失控引发的恶性案件频频发生，严重影响和危害社会稳定和公共安全；另一方面，社会心理服务体系还不完善，相关政策法规尚不健全，服务和管理能力相对滞后，社会心理疏导和干预机制还有待加强。可以说，推进社会心理服务体系建设刻不容缓。党的十九大提出，加强社会心理服务体系建设，培育自尊自信、理性平和、积极向上的社会心态。特别是 2018 年两会期间，习近平总书记在参加广东代表团审议时，要求广东在营造共建共治共享社会治理格局上走在全国前列。为深入贯彻落实党的十九大和习近平总书记视察广东重要讲话精神，加强社会心理服务体系建设，珠海以心理健康服务重点难点问题为突破口，着力构建覆盖珠海城乡的社会心理服务体系，努力推动心理健康服务工作走在全国全省前列，在社会心理服务体系制度设计、基层心理服务平台建设、各类心理健康服务、重点人群心理健康服务、人才队伍建设等方面取得了初步成效。

二　珠海开展社会心理服务体系建设的主要实践

（一）注重顶层设计，加强社会心理服务统筹规划

当前，珠海正处于经济社会快速转型期，由个体心理问题及其引发的社

会问题日益严重，社会心理服务体系政策法规不健全等问题也越发凸显。面对社会心理服务体系建设制度短板，市委政法委以问题为导向，坚持谋划调研先行，通过出台相关政策统筹推进全市社会心理服务体系建设工作。一是强化顶层推动，理清发展思路。由市委政法委牵头，组织专家成立联合课题组，对全市心理健康服务工作情况开展基础调研，并组织相关人员赴国内其他城市考察学习社会心理服务体系建设工作，为构建具有珠海特色的社会心理服务体系打好基础。二是加强制度设计，明确发展路径。2018 年底，珠海市委、市政府制定出台《关于在营造共建共治共享社会治理格局上走在全省前列行动方案》，把构建社会心理服务体系作为珠海市营造共建共治共享社会治理格局的重点工作和创新项目来抓，并率先在广东省以市委、市政府名义出台《关于推进珠海市社会心理服务体系建设的意见》，明确未来三年全市社会心理服务体系建设的路线图。三是抓好统筹推进，开展协同联动。加强心理服务体系建设工作领导，成立珠海市社会心理服务体系领导小组，建立协调联动机制，构建党委领导、政府负责、社会协同、公众参与、法治保障的社会心理服务工作体制，统筹推进社会心理服务体系建设。四是推动交流合作，建设服务阵地。强化与国内有较强专业性和较大影响力的专业机构合作，在建设标准化心理服务阵地、培养专业化心理服务人才队伍、搭建大数据心理服务平台和开展多元化心理服务活动等方面进行探索，提升珠海市社会心理服务水平。

（二）突出试点先试，推进心理健康服务体系建设

我国社会心理服务体系建设正处于起步阶段，珠海市委政法委在组织各区开展试点工作基础上，以构建心理服务体系为目标，以服务基层群众为突破口，因地制宜稳步推进社会心理服务体系建设。一是开展心理服务工作试点探索。分别在香洲区、金湾区、高新区开展社会心理服务试点，把心理服务送到群众身边。其中，香洲区投入 150 万元启动"126 个社区心理辅导室"项目，在 9 个镇街 14 个社区设立社区心理辅导室，服务覆盖 126 个社区。金湾区以"社会工作＋"为抓手，推动司法、信访等单位扎实开展社

会心理服务试点工作。高新区开展专业心理咨询师培训，为居民提供专业心理服务，咨询服务遍布 16 个社区。二是搭建基层心理健康服务平台。依托区、镇（街道）、社区（村）三级综治中心建设心理咨询室，推动社会组织和社会工作者、心理咨询师入驻，开展心理健康知识宣传教育和心理咨询、心理疏导服务。三是扩大精神心理门诊覆盖面。在公立医院、民营医疗机构、社区卫生服务中心等多家医疗单位开设精神心理门诊，部分社区卫生服务中心增设心理咨询服务点，由经过心理咨询培训后的社区医生对来访者做初步评估和筛查，情况严重的转诊至上级医疗机构。四是推进精神心理专科医联体建设。由珠海市慢性病防治中心牵头，整合优势资源，联合全市 18 家医疗单位共同成立"精神心理专科联盟"（市直医院 4 家，驻珠海医院 4 家，区级医院 6 家，民营医院 4 家），推行精细化管理和标准化建设，健全和完善防治服务体系，为身心疾病、心理疾病患者和严重精神障碍患者提供优质的医疗资源。

（三）强化教育预防，大力发展各类心理健康服务

心理健康是人的全面素质发展中的重要组成部分，也是影响社会和谐发展的重大社会问题。珠海市卫生健康部门注重抓好日常宣传教育，提升居民心理健康意识，着力增强危机干预能力。一是加强社会面心理健康宣传教育。充分利用门户网站、微博、微信公众号等新兴媒体平台，广泛宣传普及心理健康知识，培养良好的社会心态。同时，结合"世界精神卫生日"等主题活动，通过开办讲座、电台访谈、社区义诊等活动，不断提升居民心理健康意识，引导心理异常人群主动寻求专业心理咨询和治疗。二是开通心理热线咨询服务。市总工会、团市委、市妇联分别以"工友驿站"心理咨询服务热线、"12355"青少年服务热线和"12338"妇女热线为服务平台，为职工、异地务工人员、青少年学生、妇女等群体提供免费心理咨询和心理疏导服务，帮助他们正确面对人生挫折和困难，科学释放负面情绪。此外，市级首条心理援助热线也已开通。三是重视心理危机干预和心理援助。珠海市慢性病防治中心专门成立了"珠澳心理危机干预服务

队""珠海市突发事件心理危机干预救援队",在突发事件发生时,开展有序、高效的个体危机干预和援助队伍的专业化、系统化建设,为两地个人、集体提供及时的心理危机干预和心理援助,探索大湾区社会心理服务模式。

(四)坚持服务民生,做好重点人群心理健康服务

社会心理服务体系建设关系到广大人民群众的幸福安康,是实现社会和谐稳定的基础性和源头性工程。珠海市以青少年学生、严重精神障碍患者及其家属、社区戒毒人员、涉法涉诉信访人员等重点人群为主要对象,不断完善心理服务机制,大力预防和减少极端案/事件发生。一是加强青少年学生心理健康服务。针对应考中学生需求,开设高考心理疏导门诊,常态化开展"自护教育""中高考减压"等校园心理服务活动,为中学生消除心理压力。二是强化严重精神障碍患者及其家属心理服务。以推进基本公共卫生服务为抓手,重点加强严重精神障碍患者日常管理,为患者及家属提供心理支持和心理疏导,有效防止个人极端案/事件发生。三是开展面向特殊人群的心理健康服务。实施社区戒毒人员心理康复项目,引入"心桥工程"驻戒毒所援助项目,科学帮助戒毒人员心理脱毒。香洲区、金湾区积极推动社区矫正心理帮扶项目,为社区矫正人员提供情绪疏导、行为矫治、家庭和社区关系修复等服务。四是强化涉法涉诉信访人心理危机干预救助。对于案件办理中需要进行多次心理危机干预措施的,2018 年底修订的《珠海市国家司法救助资金使用管理办法》规定给予司法补充救助。五是关注妇女家庭婚姻心理健康。市妇联重点关注妇女家庭婚姻心理健康,特别是将心理服务融入婚姻家庭纠纷人民调解委员会工作,创新珠海特色维权调解"三三"工作法①。2019 年还在斗门区莲洲镇成立了"舒心驿站"心理咨询室,帮助有需求的妇女儿童解决心理困扰,改善家庭关系,促进家庭和睦。自 2017 年

---

① "三三"工作法包括三"一"与三"事":三"一"指第一时间方便群众找得到,第一时间发现家庭纠纷矛盾苗头,第一时间把问题解决在萌芽状态;三"事"指事先预防、事中调解、事后跟踪。

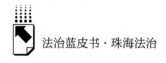

12 月市婚姻家庭纠纷人民调解委员会成立以来，截至 2019 年底，共受理婚姻家庭纠纷调解 151 宗，成功率达 98.7%。

（五）实施专业培训，抓好心理健康人才队伍建设

无论是心理服务行业从业人员的数量，还是服务的质量，现有状况均难以满足人民群众的需求，珠海市卫生部门和有关单位把人才队伍建设作为一项长期系统工程来抓，想方设法缓解当前心理健康人才不足的问题。一是组织精神科基层医师转岗培训。珠海市卫生部门先后组织开展两期基层医生精神科转岗培训班，通过较为系统的理论学习、临床实习、社区实践等培训，使学员能掌握精神病学、临床心理学的基本理论知识、临床技能和社区服务，达到精神科医师岗位的基本要求。二是举办中美叙事治疗培训。为缓解心理咨询与治疗专业人员长期缺乏的状况，市慢性病防治中心与市医师协会精神卫生分会共同举办中美叙事治疗培训项目，目前已经形成初、中、高级系统培训体系，为市心理服务专业队伍的培养和督导奠定了良好的基础。三是举办"青年社会组织学堂"。注重提高社工队伍心理服务专业化水平，团市委每月举办"青年社会组织学堂"，邀请内地及港澳督导专家授课，为社会工作者提供包括心理健康教育在内的专业辅导，提高社会工作者综合服务能力。四是发挥专业社会组织作用。市卫生健康部门发起成立"珠海市精神心理卫生协会"，开展心理健康服务专业人才培训，培养高素质人才队伍，促进社会心理服务行业的能力提升和协调发展。

三 珠海市推进社会心理服务体系建设面临的挑战

对照党的十九大报告要求和新时代人民群众对社会心理服务需求的期待，珠海市社会心理服务工作还存在很多短板和不足，加强社会心理服务体系建设任重而道远。

一是体制机制不完善。部分单位对加强社会心理服务体系建设工作不重视，全市尚未建立起上下联动、运转协调、全面覆盖的社会心理服务工作机制，社会心理服务促进社会心态稳定、人际关系和谐和提升公众幸福感等方

面的作用尚未完全发挥。

二是经费保障不足。相对于珠三角其他城市，珠海用于购买社会服务的总体资金量有一定的差距，其中用于专门购买心理服务的资金更是少之又少，而且很多项目因为经费限制导致难以持续。

三是心理服务零散。社会心理服务工作缺乏统筹协调，各职能部门需求没有得到整合，造成服务碎片化和资源浪费。

四是专业能力不强。珠海的社会心理服务市场尚未发育，人才流失率较高，部分心理咨询师在取得资格证后缺乏系统的专业训练，实操能力弱，解决心理危机的能力差，整体行业发展水平不高。

五是行业监管缺位。心理咨询行业性质是属于医疗行业还是服务行业，目前尚存在较大争论，对心理咨询行业和从业人员的监管也有较大漏洞，还未形成规范性的管理制度。

四　加强社会心理服务体系建设展望

良好的社会心态是社会发展稳定的重要前提，也是加强和创新社会治理的社会心理基础。迈入新时代，社会心理服务的内涵更为丰富，不仅是传统意义上的卫生健康服务工作，而且是作为营造共建共治共享社会治理格局的重要内容被纳入社会治理范畴。我们要站在建设平安中国、健康中国和加快营造共建共治共享社会治理格局的高度，进一步深化认识、转变观念，将社会心理服务体系建设作为贯彻落实习近平新时代中国特色社会主义思想和党的十九大精神的重要工作来抓，主动适应人民群众对社会心理服务工作的新期待新要求，以更高水平、更高层次推进社会心理服务体系建设，努力形成党委领导和政府、市场、社会、公众、家庭共建共治共享的社会心理服务工作格局，提高社会治理水平，促进公民身心健康，维护社会和谐稳定。

（一）完善政策法规，加强社会心理服务制度保障

充分利用珠海经济特区立法权和设区的市立法权双重优势，加强社会心

理服务制度体系建设，以法治引领、推动社会心理服务体系建设。一是加强社会心理服务立法。立足于珠海实际，在开展社会心理健康服务试点的同时总结前期工作经验，并广泛听取专家学者以及相关部门单位意见，率先将实践过程中行之有效的做法通过地方立法或政府规章的形式予以固化，明确全市社会心理服务工作的总目标和根本原则，对社会心理服务工作的主体、内容、范围、程序、方式和责任作出相应法律规定，强化全市社会心理服务体系建设的法治保障。二是建立健全社会心理服务管理机制。明确社会心理服务工作责任主体，清晰界定政府职能部门和社会心理服务机构的职责和义务，加强统筹协调和监督指导。探索将心理健康服务专业人员和机构纳入统一的管理体系，制定社会心理服务人才准入标准和心理健康服务机构以及从业人员的登记、评价、信息公开等工作制度，促进社会心理服务工作的制度化和规范化。三是加强社会心理服务体系建设保障。研究出台加强社会心理服务体系建设的相关制度和管理办法，建立健全服务平台搭建、人才队伍培养、社会机构扶持、专项经费保障和工作绩效考核等制度机制，构建一整套社会心理服务工作管理体系。尤其要加大财政经费的投入力度和政策支持，确保社会心理服务各项工作按计划开展。

（二）构建工作体系，推动心理健康服务多方联动

社会心理服务体系建设是一个多部门合作、全社会参与的事业，必须整合现有的社会心理服务资源，形成合力、分工合作，协同做好工作。一是加强社会心理服务工作领导统筹。发挥珠海市社会心理服务体系领导小组的作用，以及市区两级政法委、卫生健康部门的主要作用，加强与教育、民政、公安、司法等相关职能部门的沟通协调，建立健全与社会心理服务体系相适应的协调联动机制和人、财、物保障制度。二是打造社区心理服务平台网络。在摸清底数和提升现有心理服务室专业水准的基础上，以镇（街道）、村（社区）为主体，依托各级综治中心，继续在全市推进心理服务室建设，广泛开展心理知识宣传与普及、心理咨询与辅导、心理疏导与干预等心理服务工作，形成纵向到底、横向到边的全市社会心理服务网络，全面夯实社会

心理服务体系建设的基层基础。三是扶持培育专业社会组织。坚持社会化发展方向，出台扶持社会心理服务机构发展的相关政策，鼓励和支持有条件的企业或个人申办社会心理服务专业机构，发展和壮大社会心理服务的社会专业力量。以社区居民需求为导向，通过政府购买服务的方式，将心理服务公益项目交由优质社会组织或机构承接，使其成为提供社会心理服务的重要力量。四是完善社会心理志愿服务机制。引导和鼓励学校、医疗机构、心理咨询机构等专业人才，作为志愿者参与社会心理服务，建立心理服务志愿者信息数据库，优化志愿者进入、考核、奖惩与退出机制，开通线上线下公益咨询服务平台。

（三）强化创新驱动，打造珠海特色的心理服务项目

社会心理服务是一项实践性和创新性都很强的工作，没有现成经验和模式可以借鉴，要结合珠海实际，因地制宜打造具有本土特色的心理服务项目，以项目推动全市社会心理服务体系建设。一是加强公益项目合作。与中社社会工作发展基金会等专业机构加强合作，争取"心关爱·进百城"社会心理服务体系建设公益工程项目落地珠海，特别是要在建设标准化基地、搭建大数据心理服务平台、培养专业化心理服务人才队伍、开展多元化心理服务等方面下功夫，加快构建具有珠海引领示范效应的社会心理服务体系。二是实施多元化心理服务项目。在全面加强心理服务健康宣传教育的同时，以儿童青少年、老年人、妇女、残疾人等重点人员和流浪乞讨人员、长期信访人员、社区矫正人员、社会面吸毒人员、易肇事肇祸严重精神障碍患者等特殊人群为主要对象，大力开展心理咨询和心理治疗服务，特别是要通过向社会心理机构购买服务等形式，鼓励和扶持社会化心理健康服务机构发展，针对不同服务对象，探索建立心理健康教育、心理热线服务、心理评估、心理咨询、心理治疗、精神科治疗等一体化心理危机干预和心理援助服务模式。三是打造本土特色项目。在目前已有一些项目的基础上，力争打造具有珠海特色的心理服务项目，以特色带全面、以特色促发展。例如，探索在珠海违法犯罪人员羁押场所建立统一的心理干预平

台，由政法委牵头，组织公安、司法行政、教育、法院、检察院等部门，建立统一的心理矫治服务机构和队伍，在看守所、戒毒所等场所设立矫治服务站，对存在心理问题的特殊群体，由政府组织开展心理健康服务等。

（四）培养专业能力，规范心理健康服务行业管理

开展社会心理服务、进行心理疏导和危机干预具有很强的专业性，必须加强心理科学研究和行业管理，才能更好地为公众提供专业和规范的社会心理服务。一是加强心理健康理论实践研究。一方面，充分利用珠海现有高校资源，探索与北师大珠海分校心理学系等开展教学实践活动，在委托心理学系专家针对珠海市社会心理服务体系建设开展课题研究的同时，设立教学实践点，通过开设讲座和个案辅导等方式提供心理健康服务，助力全市社会心理服务建设水平的提升。另一方面，争取与国内知名智库和研究机构合作，组织心理学、社会学、管理学等学科专家开展跨学科和系统性研究，通过组建专家督导团队，从制度设计到人才队伍、服务模式、运行机制建设以及示范项目打造等方面进行全程跟踪督导，为珠海社会心理服务工作提供理论支撑和智力支持。二是加大专业人才培养力度。适应构建和谐社会需求，加强与高校合作，推动形成以学历化人才为培养主渠道的体制和业界公认的培养目标、培养过程标准，为珠海社会心理服务体系建设提供后备专业人才。同时，组织市区乡镇领导干部和各级各部门社会心理服务体系建设工作专干、社会工作者、志愿者等相关工作人员的培训，提高思想认知和社会心理服务能力。三是提升心理服务专业能力。当务之急是要尽快建立新的职业资格制度，探索建立统一的社会心理服务专业人才职业培训考试、资格认定、注册执业、资格年检和督导体系，健全人才培养使用各环节管理做法，形成高校培养、行业组织认证、政府准入的职业管理模式。四是发挥行业协会枢纽作用。充分发挥市精神心理卫生专业协会枢纽作用，加强心理健康服务机构的自律、监督和管理，积极探索建立心理健康服务行业技术标准，全面促进心理服务行业规范发展，推动专家科研团队建设，加强专业人才队伍培训，促进珠海社会心理服务行业健康发展。

（五）发挥区位优势，提升社会心理服务工作水平

珠海要充分发挥毗邻港澳的区位优势，认真学习和吸引港澳社会心理服务的成熟做法，特别是借鉴港澳在职业人群心理健康服务、社会工作者心理服务知识运用以及临终关怀、残障人士心理服务等方面丰富的实践经验，提高社会心理服务工作能力和水平。既要抢抓粤港澳大湾区建设的重大机遇，发挥珠海毗邻港澳的区位优势和珠澳作为大湾区重要一极的作用，搭建三地合作平台和协作机制，促进学术和机构交流，深化与港澳地区在社会心理服务领域的合作，为珠海推进社会心理服务工作提供支持。也要寻求与港澳专业心理服务机构开展合作，积极利用和引入港澳心理服务社会机构、社会组织和社工队伍资源，参与珠海社区心理服务工作，推动珠海社会心理服务工作的制度创新、项目创新与实践创新，提高全市社会心理服务工作专业化水平。

B.25
珠海市建设健康城市的探索与实践

珠海市卫生健康局课题组*

摘　要：　《粤港澳大湾区发展规划纲要》提出"塑造健康湾区"的战略目标，作为湾区城市中唯一的健康城市试点，珠海面临巨大的机遇与挑战。为进一步加强整体健康服务体系建设，珠海市以提高人民健康水平为目标，以体制机制改革为动力，着力推动普及健康生活、优化健康服务、完善健康保障、建设健康环境、发展健康产业、培育健康人群、塑造健康文化、构建健康社会等方面工作，全方位、全周期保障群众健康，为珠海经济特区"二次创业"提供坚强保障。

关键词：　健康城市　健康产业　健康服务

美丽珠海声名远播，坚持绿色发展，生态环境优良，先后获得"国际改善居住环境最佳范例奖"等一系列荣誉称号。在珠海众多的城市名片中，国家卫生城市是其中最闪亮的"金字招牌"之一。1992年，珠海成为全国首批国家卫生城市，28年来先后4次顺利通过复审。为继承和发扬国家卫生城市创建成果，推动健康福祉惠及广大市民，珠海市于2010年正式启动

---

* 课题组负责人：柴宏亮，珠海市卫生健康局副局长；何造雄，珠海市健康城市和家庭发展指导服务中心主任。课题组成员：郑剑辉、曲珊、黄利群、高良成、熊东、章婉。执笔人：高良成，珠海市爱国卫生运动委员会办公室副主任科员；章婉，珠海市健康城市和家庭发展指导服务中心工作人员。

对健康城市建设工作的探索与实践，2016年被纳入全国健康城市试点城市名单，成为广东省唯一入选的城市（见图1）。

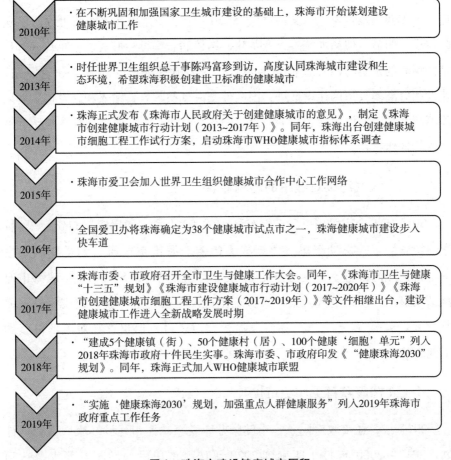

2010年 · 在不断巩固和加强国家卫生城市建设的基础上，珠海市开始谋划建设健康城市工作

2013年 · 时任世界卫生组织总干事陈冯富珍到访，高度认同珠海城市建设和生态环境，希望珠海积极创建世卫标准的健康城市

2014年 · 珠海正式发布《珠海市人民政府关于创建健康城市的意见》，制定《珠海市创建健康城市行动计划（2013~2017年）》。同年，珠海出台创建健康城市细胞工程工作试行方案，启动珠海市WHO健康城市指标体系调查

2015年 · 珠海市爱卫会加入世界卫生组织健康城市合作中心工作网络

2016年 · 全国爱卫办将珠海确定为38个健康城市试点市之一，珠海健康城市建设步入快车道

2017年 · 珠海市委、市政府召开全市卫生与健康工作大会。同年，《珠海市卫生与健康"十三五"规划》《珠海市建设健康城市行动计划（2017~2020年）》《珠海市创建健康城市细胞工程工作方案（2017~2019年）》等文件相继出台，建设健康城市工作进入全新战略发展时期

2018年 · "建成5个健康镇（街）、50个健康村（居）、100个健康'细胞'单元"列入2018年珠海市政府十件民生实事。珠海市委、市政府印发《"健康珠海2030"规划》。同年，珠海正式加入WHO健康城市联盟

2019年 · "实施'健康珠海2030'规划，加强重点人群健康服务"列入2019年珠海市政府重点工作任务

图1　珠海市建设健康城市历程

一　影响全市人民健康的主要问题

随着社会经济的飞速发展和人民生活质量的持续提升，交通拥堵、环境污染、精神压力、缺乏锻炼、不良饮食及作息等问题逐渐凸显，影响珠海市人民健康的主要因素如下。

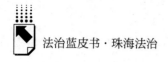

（一）传染病控制形势依然严峻

目前全市丝虫病、疟疾等寄生虫病已消除，霍乱、狂犬病等急性传染病近十年无病例报告发生，艾滋病疫情 2019 年呈平稳势态，疫苗可预防疾病防控成效明显。但诸如流感、登革热、结核病、病毒性肝炎、手足口病等传染性疾病的预防与治疗仍任重而道远。珠海毗邻港澳，随着"一带一路"建设和粤港澳大湾区建设推进，国内外交流日益频繁，输入和新发传染病风险不断增加，如埃博拉、寨卡病毒、中东呼吸综合征、高致病性禽流感等潜在危险依然存在。

（二）大气污染对健康的影响显著

2018 年末全市民用机动车保有量达 69.93 万辆，同比增长 11%①。随着车辆持续增多，机动车尾气逐渐成为影响珠海市空气质量的重要因素之一。目前珠海市首要空气污染物为 O_3，其次是 PM 2.5。2018 年珠海市监测结果显示，全市空气污染对人群总死亡人数及儿童呼吸系统疾病发病率有显著影响②。虽然全市整体空气质量相对较好，但仍存在对人群健康的不利影响。

（三）健康教育工作亟待提升

2017 年，经市政府同意，市健康办印发《珠海市建设健康城市行动计划（2017～2020 年）》，明确到 2020 年珠海市居民的健康素养水平达到 29%以上，成人吸烟率控制在 23%以下。根据 2019 年珠海市居民健康素养监测调查，珠海市居民的健康素养水平为 24.06%，成人吸烟率为 20.44%，这与工作目标要求仍有差距。有效开展面向市民的健康教育工作是提高珠海市居民健康素养水平、降低吸烟率的重要手段。目前珠海市

---

① 数据来源于《2018 年珠海市国民经济和社会发展统计公报》。
② 数据来源于《2018 年珠海市空气污染对人群健康影响监测项目技术报告》。

仅有一家市级健康教育专业机构，各区（功能区）、镇（街）健康教育专业机构缺失，各行业健康教育网络建设水平不均衡，基层健康教育工作能力亟待提升。

二　珠海建设健康城市的总体思路

打造健康城市，珠海有明确的目标和思路。珠海牢固树立创新、协调、绿色、开放、共享的发展理念，以"保障和促进人的健康"为宗旨，实施"将健康融入所有政策"策略，着力打造"健康生态、健康生活、健康保障"三大体系，按照"突出健康、项目管理、持续改进、协调发展"工作主线，围绕"一个工程、三个阶段、六大重点、八项内容"工作思路，实施36项重点行动，不断完善城市规划、建设和管理，不断改善自然环境、社会环境和健康服务，满足广大市民健康需求，积极倡导"让健康成为一种习惯"，提高珠海市人民群众的健康素养和健康水平，实现城市与人的健康协调发展。

（一）珠海健康城市的建设目标

到2020年，公共政策充分体现健康理念，覆盖城乡居民的基本医疗卫生制度进一步完善，健康服务体系完善高效，人人享有基本医疗卫生服务和基本体育健身服务，基本形成结构合理、富有特色的健康产业体系，居民健康素养水平持续提高，人民群众主要健康指标达到国内先进水平，建成粤港澳大湾区乃至全国领先的健康城市。

到2030年，促进全民健康的制度体系更加完善，健康领域发展更加协调。人民健康水平持续提升，全民身体素质显著增强，人民群众主要健康指标向国际先进水平迈进，人均预期寿命保持在83岁以上。主要健康危险因素得到有效控制，全民健康素养大幅提高，健康生活方式全面普及，影响健康的环境问题得到有效整治，食品药品安全得到有效保障，健康综合防治策略和干预措施进一步完善。健康服务能力大幅提升，优质高效的整合型医疗卫生服务体系和全民健身公共服务体系逐步健全，健康人力资源支撑保障能力显著提高，全周期的健康保障体系更加完善，健康科技创新平台体系进一步健全，健康服务质量和水平显著提高。健康产业规模显著扩大，建立覆盖全生命周期、内涵丰富、结构合理、特色鲜明的健康服务业体系，打造一批健康服务知名品牌和融合发展的健康服务产业集群，健康服务业成为推动珠海市经济社会持续健康发展的重要产业。促进健康相关政策法规体系进一步健全，健康领域治理体系和治理能力基本实现现代化。

（二）三大体系

健康城市，体现的是以生态文明、以人为核心的城市发展理念，就是要促进人民健康与经济社会、自然生态协调发展。具体到珠海，主要是健康生态、健康生活和健康保障三大健康体系建设。构建健康生态体系，就是通过实施健康环境建设工程、公共安全保障工程、健康人文塑造工程、健康社会促进工程、对外交流合作工程等，持续提升人民健康水平，全民身体素质显著增强，2030年人均预期寿命保持在83岁以上；构建健康生活体系，就是通过健康生活普及工程、公共卫生提升工程、重点人群关怀工程、健康服务智慧工程等，健全医疗卫生服务体系和全民健身公共服务体系，提升城市健康服务能力和居民健康综合素质；构建健康保障体系，则是通过医疗服务提质工程、医药体制改革工程、健康人才培育工程、健康科技创新工程、健康产业发展工程等，为健康城市提供支撑。

（三）一个工程、三个阶段

实施创建健康城市细胞工程。在全市社区、机关、学校、医院、宾馆、餐厅、景区（景点）、商场、市场、家庭等区域推行，为健康城市建设打下坚实基础。健康城市细胞工程分三个阶段稳步推进。

第一阶段：规范化阶段（2017～2019年）。2017～2019年，全面完成社区、机关、学校、医院、宾馆、餐厅、景区（点）、商场、市场、企业、家庭等健康单元的规范化创建工作。

第二阶段：巩固提升阶段（2020~2022年）。2020~2022年，在规范化创建的基础上，进一步修订完善健康单元标准，对健康城市细胞工程工作提出新的要求，全面提升工作质量。

第三阶段：创新特色阶段（2023~2025年）。2023~2025年，在全面提升健康城市细胞工程质量的基础上，创新探索常态化机制，探索出特色细胞工程建设新做法，在适应和引领新常态中做出新作为。实施不断完善的渐进式动态星级细胞单元评定工作。

（四）六个重点

把健康融入医、食、住、行、动、学六大领域，打造健康珠海。

1. 医

做好医疗保障服务。全面深化医药卫生体制改革，形成成熟定型的分级诊疗制度。到2020年，全民医保体系健全，基本医保与大病保险、医疗救助、疾病应急救助等制度有效衔接，个人卫生支出占卫生总费用比例控制在25%以下。高血压、糖尿病、脑卒中等慢性病患者实现健康管理全覆盖。居民健康档案规范化电子建档率达到90%以上。建立一套完整的各类人群健康教育体系，围绕已建成的10分钟医疗卫生服务圈，着力推进健康医院和健康卫生服务站点建设。推进医养结合，完善养老服务体系。

2. 食

进一步完善"三级机构四级网络"监管体系。推进小餐饮示范店、省餐饮服务食品安全示范单位（示范店）和保健食品经营企业示范单位创建，创特色"文明餐桌食品安全示范街""文明餐桌食品安全示范单位"活动，优化食品消费环节秩序。推进"明厨亮灶"。落实"从农田到餐桌"食品安全全过程监管，实行"集中屠宰、冷链配送、生鲜上市"。健全食品药品检验检测体系和食品安全追溯体系，倡导多样化的合理营养膳食，加大食品安全科普知识宣传力度，引导市民养成良好的健康安全饮食和消费习惯。推进健康市场、健康餐厅建设。加强饮用水安全保障。加强供水水源保护，强化供水设施和供水管网建设。

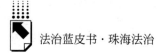

3. 住

建设高标准的健康宜居环境，围绕健康社区建设，不断完善和优化生活配套设施建设，提高环境卫生基础设施建设水平。建立垃圾无害化处理设施和良好的垃圾分类管理制度，大力实施居住环境的绿化、美化、亮化、人性化建设，不断加强健康社区的健康文化宣传教育。广泛开展卫生创建活动，深入推进卫生村镇建设。开展健康宾馆建设，不断改善和提高宾馆软硬件服务水平。

4. 行

完善现代化城市交通体系和道路管网配套设施建设，加大快速公交建设力度，完善人行道、健康步道、盲道、自行车道等慢行系统建设，健全轨道交通、公交车、出租车、公共自行车、水上巴士"五位一体"公交体系，关爱残障人士，完善残障人士公共出行设施建设。做好公共场所母婴设施的建设与管理。加强交通安全宣传教育，提升服务质量和水平，实现出行便利化。

5. 动

倡导全民健身运动，促进全民健身与全民健康的深度融合，着力完善市、区、乡镇（街道）、行政村（社区）四级群众身边的全民喜闻乐见、便捷的健身设施网络和城市社区10分钟健身圈、乡村10里健身圈，新建居住区和社区体育设施覆盖率达到100%。强化体育健身的宣传和普及工作，使广大市民健身意识和行为得到普遍提升，经常参加体育锻炼人口比例达40%以上。

6. 学

引导公众形成科学的健康价值观和健康消费观，并使之成为可传承延续的城市核心价值观。普及科学就医理念和健康管理理念。大力开展形式多样的健康教育、科普宣传活动，引导群众积极参与，营造良好的社会氛围。推进健康学校建设，加强学校的健康教育，使学生从小养成良好的健康生活方式，同时，发起小手牵大手行动，推动生活习惯改变，建设健康家庭。深入开展全民健康生活方式行动和全民健康促进行动。完善健康教育和科普知识体系建设，充分发挥传统媒体、新媒体及社会各界参与的宣传引导作用，在全社会倡导良好的健康生活方式，改变不健康生活观念。加强重点人群干预，实现由注重疾病管理向健康管理的转变，持续开展控烟宣传教育，建设无烟环境。用新的健康产业的成果推动和完善健康生活的普及。

（五）八项内容

根据世界卫生组织的指标体系、国内外建设健康城市经验和珠海实际，实行"政府主导、部门协调、社会动员、全员参与"工作机制，围绕"将健康融入所有政策"策略，重点推进健康环境、健康生活、健康服务、健康保障、健康产业、健康人群、健康文化、健康社会等八大领域建设。

三 珠海建设健康城市的主要做法

（一）强化政府主导，建设健康工作体系

珠海市牢固树立"全市一盘棋"思想，成立了建设健康城市领导小组，将健康城市健康村镇建设纳入各区党政领导班子年度考核指标，先后制定了《珠海市建设健康城市行动计划（2017～2020年）》《"健康珠海2030"规划》等一系列计划规划，将"实施'健康珠海2030规划'，加强重点人群健康服务"列入2019年市政府重点工作任务，制订《"健康珠海2030"规划》任务分工表，注重发挥市建设健康城市领导小组各成员单位的作用，在顶层设计、政策落实中持续加强统筹协调，保障健康珠海战略目标的有效推进。完善健康工作网络，优化整合人员队伍，2016年底成立珠海市健康城市和家庭发展指导服务中心，在市疾病预防控制中心成立公共卫生与健康研究所，各区也相应成立了建设健康城市领导小组、设立办公室，重点围绕医、食、住、学、动、行等六个重点领域，有序推进健康城市建设工作。

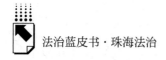

（二）科学组织实施，健全工作联动

为科学、系统地制定符合珠海市实际的健康城市发展战略及发展规划，2015 年由市健康办委托遵义医学院珠海校区对世界卫生组织（WHO）列出的健康城市 12 类 338 项指标进行基线调查，采用居民抽样调查、机构调查、社区调查、现场调查和文献调查相结合方法，历时一年，对珠海市基本情况全面进行分析、整理，形成调研分析报告。结合基线调查结果，组织挑选、研究与本地实际情况密切相关的指标，用以指导和评价珠海健康城市工作的效果和成效，并在今后的工作中进行周期性效果评估，达到持续改进目的。打造健康城市，需要全市各部门全方位发力，把"健康"真正融入城市建设、运行的所有方面。珠海市坚持"融健康入万策"，将实施《"健康珠海 2030"规划》纳入市重点工作任务，将健康城市建设主动贯穿于全市的规划建设、市容环境、医疗卫生、交通安全、质量安全、社会服务等重点工作，将健康城市建设与文明城市复牌、国卫成果巩固相结合，将健康细胞工程列为市十件民生实事之一，纳入卫生村镇、全民健康促进行动示范项目、文明村居（单位）和慢性病示范区等建设，相互促进、相互推动。注重发挥民主党派、工商联、群团组织和社会组织的作用，凝聚更多力量共建健康城市。为探索体医结合创新发展方式，提升全民健身服务水平，市卫生健康局联合市文化广电旅游体育局举办珠海市社会体育指导员和健康生活方式初级指导员培训班，培训试行"一培双证"，既是健身教练，又是健康生活方式指导员，推动珠海市全民健身与全民健康深度融合，对培训和储备指导科学健身的健康人才队伍起到了积极作用。

（三）营造健康氛围，推进健康细胞工程建设

珠海市在全市开展健康生活方式倡导、健康教育和健康促进、全民健身促进、烟草危害控制和心理健康素质提升行动，健全健康教育体系，倡导个体健康责任理念，提高全民身体素质。通过公立医院、公共卫生服务体系以

及各类志愿者群体持续开展健康知识宣传服务活动，扩大健康核心理念传播覆盖面，逐渐提高居民健康知识知晓率和健康行为形成率。并以公共媒体为主，新媒体为辅，在全市重点商圈、重要位置和主要公交线路上投放公益广告，让健康意识深入人心。同时，珠海市将健康城市健康村镇建设专题培训纳入全市干部教育培训班次年度计划，通过举办珠港澳健康城市论坛、开展健康细胞单元分类培训，邀请全国知名的专家学者来珠海授课，切实提高领导干部的健康城市建设理念和能力，为共建健康湾区提供科学理论支撑。为扎实开展健康城市细胞工程建设工作，珠海市采用"培育示范、以点带面、逐年扩大、全面达标"的方法，对 11 类健康细胞单元实行星级评定及动态管理，实行"以奖代补"制度，对被评为三星至五星级的单位给予经费补助。

四　珠海健康城市建设成效

经过近十年的生动实践，珠海健康城市建设稳步推进，健康城市细胞工程建设正在这座城市的每一个角落展开。

（一）健康生活广泛普及，健康环境持续改善

珠海市积极开展健康生活方式倡导、健康教育和健康促进、全民健身促进、烟草危害控制、健康素质提升行动，普及健康文明，带动群众健康生活，目前全市社区体育公园数量已达 216 处，城市人均体育场地面积达 3 平方米①，建设绿道 1290 公里②，有效形成"城乡居民 10 分钟体育健身圈"和遍布城区的健康步道，经常参加体育锻炼人口比例达 50%③，有效提高了群众生活品质。为改善健康环境，全市开展蓝天碧海、饮用水安全保障和环境卫生优化行动，坚守"蓝天白云、绿水青山"。2018 年珠海市全年空气质

---

① 数据来源于珠海市文化广电旅游体育局 2018 年 12 月 31 日统计数据。
② 数据来源于珠海市住房和城乡建设局 2018 年 12 月 31 日统计数据。
③ 数据来源于珠海市文化广电旅游体育局 2018 年 12 月 31 日统计数据。

量优良天数 325 天，质量达标率 89%，PM2.5 年均浓度同比下降 10%，空气质量保持在全国前列①。全市生态建设和环境保护意识明显增强，多年来未发生突发环境事件，危险废物、辐射环境等总体安全可控。2016 年 6 月，珠海市创建全国生态文明示范市领导小组办公室喜获"中国生态文明奖——先进集体"，成为广东省唯一获此殊荣的城市。

（二）健康服务持续优化，健康保障逐步完善

开展医疗卫生能力整合提升、社区健康干预、疾病预防控制能力升级、中医药健康服务发展和健康智慧服务行动，全市有效形成"10 分钟医疗圈"和"10 分钟急救圈"。推进基本公共卫生计生服务均等化，实现人人享有基本医疗卫生服务，人均基本公共卫生服务经费从 2011 年的 25 元/人提高至 2018 年的 63.6 元/人，13 类基本公共卫生服务和 6 类重大公共卫生服务项目已全部落实。开展医药卫生体制创新、全民社会保障、全民医疗保障和药品供应保障行动，完善多层次全民医疗保障体系，全面推进医保支付方式改革，率先在全省实现全民医保待遇均等化。目前，城乡居民基本养老保险覆盖率 100%，基本医疗保险参保率 98%，城镇登记失业率 2.28%，缴费 1 年以上的参保人住院费用最高支付限额提高至 72 万元。

（三）健康产业融合发展，健康人群逐渐形成

珠海市大力开展健康产业培育扶持、健康管理机构培育和中医药文化产业培育行动，促进健康产业规模化、多样化、特色化发展。2018 年 7 月，投资约 18 亿元、建筑面积达 27.8 万平方米的珠海国际健康港在金湾区正式开港。珠海三角岛运动休闲码头一期工程等重大产业项目成功签约，签约金额达 25.8 亿元。2019 年 4 月，《横琴国际休闲旅游岛建设方案》获国务院正式批复，全市健康旅游休闲产业发展势头良好。为持续提升居民健康水

① 数据来源于珠海市生态环境局《2018 年珠海市环境质量状况》，《珠海特区报》2019 年 6 月 5 日，第 10 版。

平，珠海市开展母婴安康、学校健康、医养结合、残疾人康复服务和职工健康促进行动，重点对妇幼、老年人、残疾人、流动人口、低收入人群等实施针对性的干预措施。2018 年，全市人均期望寿命达到 82.60 岁①，超过全国、全省平均水平②；2018 年，婴儿死亡率、5 岁以下儿童死亡率、孕产妇死亡率分别为 2.45‰、2.84‰、10 万分之 9.79，与全国、全省平均值相比，珠海市居民主要健康指标保持较高水平。

（四）健康文化日趋浓厚，健康社会和谐发展

开展健康文化价值普及、医疗卫生人文构建和幸福家庭文化塑造行动，引导公众形成科学的健康价值观和健康消费观。将健康文化建设纳入城市文化建设体系，加快引导形成关注健康、追求健康的社会氛围。2018 年，珠海市开展群众健康文化活动 2000 场次，建成"数字农家书屋"共316 家，全市各村居综合文化中心和数字农家书屋覆盖率达 100%，形成主城区"10 分钟文体休闲生活圈"。珠海市开展健康城市细胞工程创建、基本公共服务质量提升和公共安全保障行动，把健康作为经济社会政策的重要目标，落实"将健康融入所有政策"的理念。推动"平安珠海"创建，成为全国首个以镇街为单位每天发布综合平安状况量化指标的地级市。深入推进健康细胞工程创建，截至 2018 年底，全市建成区级健康细胞单元 2305 个、市级健康细胞单元 221 个，达到三星级以上标准的健康细胞单元 51 个，被世界卫生组织健康城市合作中心命名的健康单位及健康社区 9 个。

---

① 全市人均期望寿命计算公式：$HALE_x = \dfrac{1}{l_x}\left[\sum\limits_{x}^{w} L_i \times (1 - YLDr_i)\right]$，HALE 为健康期望寿命，$l_x$ 表示简略寿命表中 x 岁时尚存的人数；L_i 表示 $x - x + 5$ 岁组存活的人年数；w 表示最后一个年龄组；$YLDr_i$ 表示第 i 年龄组的 YLD。

② 2018 年全国人均期望寿命平均值：77.0 岁。公布于《2018 年我国卫生健康事业发展统计公报》。

2017 年广东省人均期望寿命平均值：77.2 岁。公布于全省卫生与计划生育工作会议（2018 年 1 月 16 日）。

五 珠海健康城市建设的挑战与展望

随着健康城市建设的持续推进，越来越多的市民群众体会到健康的价值，健康生活理念成为共识，文明健康的生活方式逐渐养成，建设健康城市、追求健康生活已成为重要的民生诉求。当前，随着珠海城市发展进入湾区时代，《粤港澳大湾区发展规划纲要》提出"塑造健康湾区"的战略目标，作为湾区城市中唯一的健康城市试点城市，珠海面临巨大的机遇与挑战。2020 年是全国首批健康城市建设试点市的收官之年，争取在全国 38 个试点城市中脱颖而出，使珠海市成为全省乃至大湾区内首个全国健康城市示范市，将是今后的一项重要工作任务，也是"健康中国"新时代赋予我们的历史使命。建设高水准的国家健康城市，只有起点、没有终点，我们将持之以恒、坚持不懈地把这项工作做下去。根据珠海健康城市建设规划目标，到 2020 年，珠海将实现人人享有基本医疗保障，人人享有基本养老保障，人人享有 10 分钟医疗卫生服务圈，人人享有 10 分钟体育健身圈，人人享有安全环境，人人享有安全食品，人人享有清洁空气，人人享有洁净饮水。建设健康城市各项指标处在全国前列，健康城市建设工作达到国内先进水平。

蓝图已经绘就，逐梦唯有笃行。在走向幸福路上，珠海将一如既往，继续将人民健康放在首要发展位置，紧紧围绕珠海健康城市建设的规划目标，从满足人民日益增长的美好生活需要出发，将健康融入各项决策，让健康成为习惯，坚持城乡统筹、文明引领的策略，充分发挥建设健康城市对民生福祉保障的积极作用，努力创造属于全体市民的健康生活，让珠海乃至大湾区居民在健康获得感、幸福感、安全感上更加充实、更有保障、更可持续！

Abstract

In 2019, Zhuhai Municipal Government had firmly seized the historical opportunity brought about by the development of the Guangdong-Hong Kong-Macao Greater Bay Area and the opening to traffic of the Hong Kong-Zhuhai-Macao Bridge, focused its attention on the overall arrangement for the development of the Guangdong-Hong Kong-Macao Greater Bay Area and the regional characteristics of Zhuhai Special Economic Zone, adhered to the comprehensive leadership of the Communist Party of China in the construction of the rule of law, taken the rule of law as the guidance in institutional innovation, comprehensively incorporated Hong Kong and Macao elements into social governance, and strived to build Zhuhai into an ecological city ideal for living, working and travelling, as well as a safe city and a healthy city.

In 2019, Hengqin Free Trade Zone, by drawing on the international business experiences of Hong Kong and Macao, had developed an institutional system and a supervision mode that conform with internationally accepted rules, and an economic development cooperation system compatible with the business environment in Hong Kong and Macao. With the technological support of "Internet +", the government environment in Hengqin has become more efficient and cleaner; guided by the system of policies and administrative regulations that supports innovation and encourages openness, the market environment in Hengqin has become more standardized and open; in the exploration of a social governance pattern featuring joint construction, joint governance and sharing, Zhuhai Municipal Government has strived to create a Zhuhai version of the "Fengqiao Experience" in a new era and gained some new innovative social governance experiences in such fields as digital urban management, property city, community governance, and rural revitalization that are of guiding and demonstrative significance to the whole country; and judicial organs in the city has made bold innovations in trans-regional judicial cooperation, and incorporated Hong Kong

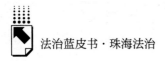
and Macao elements into mediation, arbitration and lawyer's services, so as to provide high-quality, efficient and convenient legal services and safeguards for the integrated development of the Guangdong-Hong Kong-Macao Greater Bay Area and for enhancing the overall competitiveness of the region.

This volume of the blue book analyzes the overall situation of development of the rule of law in Zhuhai in 2019, gives a comprehensive summarization of the development of the rule of law in the city from the perspectives of the legislation by people's congresses, judicial safeguards, the development of the Guangdong-Hong Kong-Macao Greater Bay Area, the rule of law safeguard for business environment, safety construction, and law-based grassroots governance, and looks into the future prospect of the explorations carried out by Zhuhai Municipal Government in the coordinated and law-based governance in the Greater Bay Area under the guidance of the 13 institutional principles of the "Governance of China".

Contents

I General Report

Abstract: In 2019, Zhuhai Municipal Government had firmly seized the historical opportunity brought about by the development of the Guangdong-Hong Kong-Macao Greater Bay Area and the opening to traffic of the Hong Kong-Zhuhai-Macao Bridge, focused its attention on the overall arrangement for the development of the Guangdong-Hong Kong-Macao Greater Bay Area, and the regional characteristics of Zhuhai Special Economic Zone, adhered to the comprehensive leadership of the Communist Party of China in the construction of the rule of law, taken the rule of law as the guidance in institutional innovation, comprehensively incorporated Hong Kong and Macao elements into social governance, and strived to build Zhuhai into an ecological city ideal for living, working and travelling, as well as a safe city and a healthy city. In the future, Zhuhai Municipal Government will be guided by the 13 institutional principles of the "Governance of China", take the rule of law as the core value to seek consensus, give full play to the role of Hengqin as a carrier and platform, further advance the institutional construction and opening up, promote the linkage of rules between Zhuhai, Hong Kong and Macao, construct a social governance and legal service community of the Greater Bay Area, promote the cross-border and cross-city supply of public products between Zhuhai, Hong Kong and Macao, actively explore the road of law-based governance in the Greater Bay Area, and contribute the Zhuhai experience to the "Governance of China".

Keywords: the Rule of Law in Zhuhai; Institutional Innovation; Advancing together in a Coordinated Way

II The Legislation of the People's Congress

B. 2 Guiding and Promoting through Legislation the Construction of Ecological Civilization

Project Team of Legislative Affairs Commission of the Standing Committee of the People's Congress of Zhuhai Municipality / 035

Abstract: Zhuhai is a city famous in the world for its good ecological environment and this achievement is inseparable from legislative safeguard. By fully utilizing the "legislative powers of special economic zones" and "the legislative power of districted cities" and giving full play to its role as "legislative test field", Zhuhai Municipal People's Congress has carried out pilot work on and achieved good results in improving and standardizing the ecological legislative institution and work mechanism, and gained useful experiences in the construction of ecological civilization and related legislative ideas and institutions, which have become a major characteristic of local legislation in Zhuhai and are of exemplary significance to the improvement of local legislation in China.

Keywords: Ecological Civilization; Local Legislation; Environmental Protection

III   Judicial Protection

B. 3   The Practice of the People's Court of Xiangzhou District in the Judicial Protection of Intellectual Property

Project Team of thePeople's Court of Xiangzhou

District, Zhuhai Municipality / 048

Abstract: To service the economic development in the Guangdong-Hong Kong-Macao Greater Bay Area and help Zhuhai Municipal Government to create a law-based business environment, the People's Court of Xiangzhou District has given full play to the institutional advantage of the "three-in-one" mechanism for the trial of IP cases, proceeded from the actual conditions and characteristics of IP trial work, adhered to the work idea of "protecting innovations through the protection of IP", carried out innovations on the adjudicative system for IP cases in such aspects as improving the trial institutions and mechanism, strengthening the protection of famous brands, fully applying rules of evidence, litigation protection measures, severely punishing the crime against intellectual property, and improving the diversified IP dispute resolution mechanism, while at the same time introducing the people's assessor's system, advancing judicial openness, strengthening the team building, comprehensively enhancing the capacity for the trial of IP and promoting social innovation and development. In the future, the court will rely on the construction of intelligent court to further improve the linkage and coordination mechanism, strengthen social governance service, purify the IP market environment, develop the synergy of IP protection, and create through a professional team the Xiangzhou mode of trial

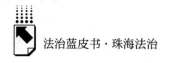

of IP cases.

    Keywords：Trial of IP Cases；Judicial Protection；Encouraging Innovation

B. 4   Explorations by the Court of Jinwan District in Establishing the First Environmental Injunction System in Guangdong Province   *Project Team of the People's Court of Jinwan District*，*Zhuhai Municipality* / 063

    Abstract：The People's Court of Jinwan District, Zhuhai Municipality has established the first environmental junction system in Guangdong Province to provide institutional safeguard for the environmental protection in the city. Environmental junction has the advantages of immediately stopping violations of environmental law and preventing the expansion of environmental damage, raising the efficiency of environment protection, saving the cost of administrative law enforcement and judicial cost, and being conducive to the supervision over administration by law. In view of the complexity and specialization of environmental cases, the court needs to take into comprehensive consideration such factors as the seriousness of the environmental damage, the subjective culpability of the respondent, and causal relationship in deciding whether the conditions for the issuance of environmental junction are met, be more cautious in issuing the environmental injunction, and at the same time improve the professional quality and trial skill of judges.

    Keywords：Environmental Justice；Injunction；Protection of Ecological Environment；the People's Court of Jinwan District

B. 5　The Zhuhai Practice of Initiation of Public Interest

　　　Litigation by Procuratorial Organs

　　　　Project Team of the People's Procuratorate of Zhuhai Municipality / 073

Abstract: In recent years, the procuratorial organs in Zhuhai City have given full play to their role of "representatives of public interest", focused their efforts on such fields as the protection of the ecology, the environment and natural resources, food and drug safety, transfer of the right to the use of state-owned land, and protection of state-owned property, and successfully initiated a number of public interest litigations in accordance with law, thereby upholding state interest and the public interest of society, and contributing to the exploration of innovative social governance mode, deepening administration by law, and speeding up the construction of a law-based government. On the other hand, procuratorial organs in Zhuhai are still faced with some problems in the practice public interest litigation, including insufficient public participation, concentration of the scope of cases, lack of a work mechanism, and lag in personnel training, and need to further expand external publicity, improve work mechanism, broaden the scope of supervision, and strengthen team-building, so as to better promote procuratorial public interest litigation.

Keywords: Procuratorial　Public　Interest　Litigation; Prelitigation Procuratorial Suggestions; Zhuhai Practice

B. 6　Enhancing the Efficiency of Law-Based Social Governance

　　　through Procuratorial Suggestions

　　　　—*Taking the People's Procuratorate of Doumen District of*

　　　　Zhuhai Municipality as a Sample

　　　　　　　　　　Project Team of the People's Procuratorate of

　　　　　　　　　　Doumen District, Zhuhai Municipality / 083

Abstract: In light of the existing problems in the implementation of procuratorial suggestions, the People's Procuratorate of Doumen District of Zhuhai Municipality has taken procuratorial suggestions as an important mechanism for enhancing the efficiency of law-based social governance, continuously explored the innovation of the content and method of procuratorial suggestions, and attached importance to both the multi-fields nature and the extensiveness of procuratorial suggestions and giving full play to the role of procuratorial suggestions, thus enabling procuratorial suggestions to become a highlight of the construction of "Safe Doumen" and "Law-based Doumen" and an embodiment of procuratorial responsibility.

Keywords: Procuratorial Suggestions; Bringing under the Rule of Law; "Safe Doumen"; Construction of a Law-Based Doumen

B. 7　Investigation Report on the Implementation of the System of Imposing Lenient Punishments on Those Confessing to Their Crimes and Accepting Punishments by the Procuratorial Organs in Zhuhai

—*From the Perspective of the Case-handling Practice of the People's Procuratorate of Hengqin District, Zhuhai City*

The People's Procuratorate of Hengqin District, Zhuhai Municipality / 094

Abstract: In recent years, procuratorial organs in Zhuhai have actively yet prudently applied the principle of imposing lenient punishments on those confessing to their crimes and accepting punishments, accumulated certain experiences and achieved good results in accurately and timely punishing crimes, strengthening judicial safeguarding of human rights, optimizing judicial resources, improving the quality and efficiency of litigation, perfecting the multi-level criminal procedure system, and demonstrating the vitality of the system. In light of the problems encountered in the work, the Procuratorate of Hengqin District has focused its efforts on improving the duty lawyer system, the mechanism for safeguarding the rights and interests of crime victims, and expanding the scope of application, so as to create a "Hengqin Sample" of implementation of the system of imposing lenient punishments on those confessing to their crimes and accepting punishments and provide new experience to judicial organs in the whole province and in the whole country.

Keywords: the System of Imposing Lenient Punishments on Those Confessing to Their Crimes and Accepting Punishments; the Procuratorate of Hengqin District; Social Governance

Ⅳ   The Development of the Guangdong – Hong Kong – Macao Greater Bay Area and Legal Protection of Business Environment

B. 8   The Zhuhai Practice of Servicing and Safeguarding Economic and Social Development through the Rule of Law: from the Perspective of the Development of the Guangdong-Hong Kong-Macao Greater Bay Area

Project Team of the Political and Legal Affairs Commission

of the Party Committee of Zhuhai Municipality / 106

Abstract: Since the Eighteenth National Congress of the Communist Party of China, the Party Committee of Zhuhai Municipality has taken Xi Jinping's Thought on Socialism with Chinese Characteristics in a New Era as its guidance, seized the major historical opportunity brought about by the opening to traffic of the Hong Kong-Zhuhai-Macao Bridge and the promulgation of Outline of the Development Plan of the Guangdong-Hong Kong-Macao Greater Bay Area, and strived to create a new situation of reform and opening-up and socialist modernization construction. It has steadily advanced the construction of democracy and the rule of law, and effectively raised the level of modernization of governance system and capacity. After entering into a new era, it has further highlighted the guiding, regulatory and safeguarding role played by the rule of law, endeavored to create a better law-based international business environment in Zhuhai, and to enable the city to make a "second startup" and once again play a leading role in the country in the reform and opening-up.

Keywords: the Guangdong-Hong Kong-Macao Greater Bay Area; Social Governance; Rule of Law Safeguard; Private Economy

B. 9　The Reform of the Bidding and Tendering System in Zhuhai: Practice, Experiences and Explorations

Project Team of Government Services and Data
Management Bureau of Zhuhai Municipality / 118

Abstract: In recent years, Zhuhai Municipal Government, by establishing and perfecting market regulations and institutions and actively cultivating and establishing various platforms of factor market, has adopted reform measures with Zhuhai characteristics in the three main business areas of bidding for construction projects, government procurement, and purchasing by invitation to bid for material service of state-owned enterprises, thereby constructing a new-type regulatory mechanism and promoting the application of the credit system in the three main business areas. Through these reform measures, it has innovated cooperative service mode, implemented pilot program on financing through government procurement contract, regulated the behavior of material service procurement of state-owned enterprises, marketized the allocation of public resources, continuously cleansed the bidding and tendering environment, markedly reduced transaction cost, and realized the leapfrog development of the reform of the bidding and tendering system in Zhuhai.

Keywords: Bidding and Tendering; Institutional Reform; Experience and Exploration

B. 10　The Judicial Practice of Zhuhai Courts in Servicing

the Development of the Guangdong-Hong Kong-Macao

Greater Bay Area

Abstract: Since the implementation of the strategy of developing the Guangdong-Hong Kong-Macao Greater Bay Area, the two levels of courts in Zhuhai have given full play to their adjudicative functions, adhered to reform and innovation, and continuously improved the mechanisms for the fight against crimes and resolution of disputes; innovated the mechanism for the trial of IP cases, bankruptcy cases and administrative cases, strived to overcome difficulties in the execution of judgments and build a law-based business environment in an all-round way, improved the commercial trial mechanism, promoted the construction of the Center for the Ascertaining of Laws of Portuguese-speaking Countries and Macao SAR, advanced the diversified resolution of international commercial disputes, raised the efficiency of trans-regional judicial cooperation, improved the quality of litigation service, and endeavored to build a mechanism for open and transparent judicial practice and legal culture and to provide high-quality judicial safeguard for the development of the Guangdong-Hong Kong-Macao Greater Bay Area. In the future, courts in Zhuhai will make further efforts in deepening the cooperation between Zhuhai, Hong Kong and Macao, improving the pluralistic dispute resolution mechanism, and perfecting the mechanism for ensuring the unified application of laws.

Keywords: the Guangdong-Hong Kong-Macao Greater Bay Area; Judicial Safeguard; Courts in Zhuhai

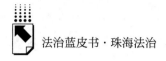法治蓝皮书·珠海法治

B. 11   Exploration by the Court of Hengqin New District in Servicing
         the Development of the Guangdong-Hong Kong-Macao
         Greater Bay Area

Project Team of the People's Court of Hengqin
New District, Zhuhai Municipality / 143

Abstract: In recent years, the People's Court of Hengqin New District, Zhuhai Municipality has kept pace with the national development strategy, continuously enhanced its capacity for servicing the central task, made major explorations in such fields as specialized trial, diversified dispute resolution mechanism, capacity for judicial service, and judicial cooperation and exchange, thereby creating a stable, transparent, predictable, and law-based business environment for the development of the Guangdong-Hong Kong-Macao Greater Bay Area. However, the court is still faced with some problems and difficulties in such aspects as the quality and efficiency of trial, dispute resolution capacity, and exchange and cooperation with Hong Kong and Macao. In the future, the court needs to take multiple measures to further raise the quality and efficiency of trial, improve the diversified dispute resolution mechanism, and strengthen the building of judicial personnel team, so as to provide strong impetus for the development of the Greater Bay Area.

Keywords: Judicial Service Safeguard; Specialized Trial; Diversified Dispute Resolution Mechanism; Judicial Cooperation and Exchange

B. 12   The Zhuhai Practice of Innovative Development of
         Financial Arbitration

Project Team of Zhuhai Arbitration Commission / 152

Abstract: In order to deal with financial disputes in a rapid and efficient way and further enhance the capacity for servicing financial development, Zhuhai

Arbitration Commission has made bold innovations in the arbitration practice, adopted special rules on financial arbitration, established mechanism for the quick arbitration of financial borrowing cases, constructed online platform to deal with online financial disputes through online arbitration, developed financial mediation, and promoted the linkage and coordination between mediation and arbitration and between mediation and litigation, so as to deal with financial disputes in a rapid and efficient way, and raise the level of specialized arbitration service.

Keywords: Financial Arbitration; Online Arbitration; Arbitral Mediation

Abstract: In recent years, lawyers in Zhuhai have actively fulfilled their social responsibilities, enthusiastically participated in the construction of the law-based government, provided safeguard for enterprises in the Greater Bay Area in the implementation of the major national strategy of building the Belt and Road, helped enterprises to prevent investment risks abroad, strengthened the personnel exchange and established talent highland and created the first NGO IP Cooperation Alliance in the Greater Bay Area, established the first " Belt and Road " Commercial Mediation Center in the province, and contributed to the construction of multi-space-time public legal service network system in Zhuhai. Some projects participated by Zhuhai lawyers have been in a leading position in the province, even in the whole country, and Zhuhai lawyers have become an important social force in the construction of the rule of law and economic development in the Greater Bay Area.

Keywords: Social Responsibility; Construction of the Rule of Law in the Greater Bay Area; Public Legal Network

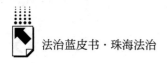
V Safety Construction

B. 14 The Zhuhai Practice of and Exploration in Safety Construction

Project Team of Political and Legal Affairs

Commission of Zhuhai Party Committee / 173

Abstract: In recent years, Zhuhai Municipal Government has continuously raised the level of the socialized, law-based, intelligent and specialized safety construction, promoted the refinement of social governance, actively carried out explorations in social cooperation, public participation, intelligent governance, and the construction of a three-dimensional prevention and control system, and created a social governance pattern of joint-construction, joint governance and sharing. In the future, Zhuhai Municipal Government will make further innovation in law-based governance, cooperative governance, intelligent governance, and scientific governance, and continue to explore a governance mode that is both suited to its own development needs and able to contribute to the governance of the Greater Bay Area.

Keywords: Joint Construction, Joint-Governance and Sharing; Social Governance; Safety Construction; the Zhuhai Practice

B. 15 Exploration in Constructing a Law-Based Public Security

System and Comprehensively Improving the Quality

of Law Enforcement Service against the Background

of the Development of the Greater Bay Area

Project Team of Zhuhai Public Security Bureau / 184

Abstract: In recent years, Zhuhai Public Security Bureau has focused its attention on the theme of "ruling the country by law" and taken the lead among public security organs in the whole country in putting forward the strategic concept and the work objective of constructing a "law-based public security system", made strict, standardized, fair and civilized law enforcement the general requirement of its work, adopted a law-based approach to transforming abstract theories and requirements on the reform of the public security system into concrete operable reform practices, actively promoted local public security legislation, innovated the public security law enforcement mechanism, and made new breakthroughs in speeding up public security administrative approval, improving the quality of public security management, raising the efficiency of public security service, and upgrading the cooperation between Guangdong, Hong Kong and Macao in police affairs, thus comprehensively improving the law enforcement capacity and quality of public security organs in the whole city. In the future, Zhuhai Public Security Bureau will make continuous efforts in constructing the rule of law, creating a law-based public security system, and providing comprehensive service and safeguard for the development of the Guangdong-Hong Kong-Macao Greater Bay Area.

Keywords: Law-Based Public Security Work; the Guangdong-Hong Kong-Macao Greater Bay Area; Law Enforcement Service

B. 16   The Practice of and Explorations in Promoting the Leapfrog Development of the Police Command System in Zhuhai

Project Team of Zhuhai Public Security Bureau / 198

Abstract: In recent years, Zhuhai Public Security Bureau has firmly seized the opportunities of the development of the Guangdong-Hong Kong-Macao Greater Bay Area and the construction of new intelligent police system to advance in a deep-going way the construction of standardized, professional, and intelligent public security command system in Zhuhai City in a new era by taking the mechanism, technology and work-style of police command as the starting point, thus upgrading the public security command work and providing a strong support for the creation of a safe social environment in the city. In the future, Zhuhai Public Security Bureau will further strengthen the 110-led joint social response system, the police command regional cooperation system, and the intelligence and command interaction and integration system, so as to promote the leapfrog development of the police command system.

Keywords: Police Command; Leapfrog Development; Efficiency Enhancement

VI   Social Governance under the Rule of Law

B. 17   The Zhuhai Practice of Bringing Social Governance
        under the Rule of Law

Joint Project Team of the Office of the Commission on Ruling the
City by Law of the Party Committee of Zhuhai Municipality and
the Judicial Bureau of Zhuhai Municipality / 207

Abstract: "The rule of law" and "governance by law" are the two keywords frequently mentioned in the Decisions of the CPC Central Committee on Major Issues Concerning Upholding and Improving the System of Socialism with Chinese Characteristics and Promoting the Modernization of China's Governance System and Capacity. This report explores the question of how to create a governance pattern of joint-construction, joint-governance and sharing in Zhuhai from the point of view of the approaches to bringing social governance under the rule of law.

Keywords: Social Governance; the Rule of Law; the Zhuhai Practice

B. 18   Practice of and Reflections on the Innovative Urban and
Rural Community Governance in Zhuhai

Project Team of the Civil Affairs Bureau of Zhuhai Municipality / 218

Abstract: In recent years, Zhuhai Municipal Government has, in accordance with the arrangements for social governance work made by the Central Government and Guangdong Provincial Government, improved the urban and rural community governance system, innovated the relevant institutions, strengthened social participation, invigorated mass organizations, raised the efficiency of administration and quality of public service at the grassroots level, strived to complete "the last kilometer" of implementation of the Party's lines, principles and policies, and initially formed an urban and rural community governance pattern with Zhuhai characteristics. In the future, Zhuhai Municipal Government will actively integrate itself into the development of the Guangdong-Hong Kong-Macao Greater Bay Area, build the two main platforms of grassroots management and grassroots service, promote the "downward movement" of social governance forces to the grassroots level, improve the self-governance rules of rural villages and urban communities, and take the lead in the whole province in the creation of the society governance pattern of joint-construction, joint-governance and sharing.

Keywords: Urban and Rural Community Governance; Joint-Construction, Joint-Governance and Sharing; the Zhuhai Mode

B. 19   The Reform Practice of Carrying out Urban Governance
through the Application of the Idea of Comprehensive
Management

The Project Team on Zhuhai Digital Urban Management / 227

Abstract: Zhuhai Digital Urban Management System has applied the idea of comprehensive management in its top-level design to carry out active explorations on the urban governance work, established digital "big urban management" platforms at the municipal and district levels, continuously innovated urban governance mode in such aspects as the inspector system, grid management, urban emergency response, and performance appraisal of various departments, opened up the channels of public participation in urban management, created the one-stop convenience service supermarket "Urban Housekeeper", realized full coverage of urban and rural areas by the functions of digital urban management system, effectively solved difficult problems in and raised the efficiency of urban management, and created the Zhuhai mode of refined and high-quality urban governance. In the future, Zhuhai will seize the opportunity of intelligent urban construction, take grid management and socialized service as its direction of development, give full play to the advantages of modern information technology, and speed up the development of an urban governance capacity compatible with economic and social development in the city.

Keywords: Urban Governance; Digital Urban Management; Big Data Platform; the Zhuhai Mode

B. 20 Investigation Report on the Innovative Urban Governance in Hengqin New District

Project Team of the Comprehensive Law Enforcement

Bureau of Hengqin District, Zhuhai Municipality / 239

Abstract: In recent years, the Government of Hengqin New District has highlighted the core idea of social governance, namely taking the people as the subject of governance, focused its efforts on enhancing the people's sense of participation and sense of security, made bold explorations and active innovations, treated the whole city as a community and all the public areas and all kind of resources in the city as a "big property", applied market mechanism and adopted the integrated mode of "professional service + intelligent platform + administrative force" to carry out full-process "management + service + operation" of public space, public resources and public projects in urban area, strived to build Zhuhai into a "star city" characterized by refined management, satisfying services, and efficient operation and to promote the transition of urban governance mode from that of "the government taking charge of everything" to that of "governance by citizens themselves".

Keywords: Urban Governance; Innovative Governance; Property City; Hengqin New District

B. 21 Creating a New Rural Governance Pattern of "Coordination Between Self-Governance, the Rule of Law and the Rule of Virtue"

Project Team of the Bureau of Comprehensive Management
of Tangjiawan Town of the Administrative Committee of
Zhuhai National Hi-tech Industrial Development Zone / 249

Abstract: Huitong Community in Tangjiawan Town of Zhuhai National Hi-tech Industrial Development Zone is an old revolutionary base area as well as a famous home town of overseas Chinese in Zhuhai. In recent years, Huitong Community has continuously innovated community governance mode, actively explored approaches to joint-construction, joint-governance and sharing by multiple organizations, and by taking self-governance as the basis, the rule of law as the foundation, and the rule of virtue as the priority, realized the complementarity of advantages, positive interaction and addictive effect between the three governance modes, effectively maintained the rural social order, resolved grassroots conflicts, improved public services, enhanced the residents' sense of security, sense of gain and sense of happiness, and developed a new rural governance pattern of "coordination between self-governance, the rule of law and the rule of virtue". In the future, Huitong Community will endeavor to integrate itself into the

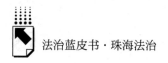

development of the Guangdong-Hong Kong-Macao Greater Bay Area and create an upgraded version of "Fengqiao Experience" in rural revitalization.

Keywords: Coordination between Self-Governance, the Rule of Law and the Rule of Virtue; Rural Governance; Rural Revitalization; Huitong Community

B. 22　Establishing the "Rule of Law Pioneer" Public Legal Service Alliance: Achievements and Prospect

Project Team of the Bureau of Comprehensive Management of Tangjiawan Town of the Administrative Committee of Zhuhai National Hi-tech Industrial Development Zone / 264

Abstract: The public legal service system is a major content of the construction of the rule of law and vigorously advancing public legal service is a major measure for safeguarding the people's livelihood and social stability and development. In recent years, the Comprehensive Management Bureau of Tangjiawan Town of the Administrative Committee of Zhuhai National Hi-tech Industrial Development Zone has carried out pilot work on the establishment the "Rule of Law Pioneer" Public Legal Service Alliance, and relied on such social forces as volunteers from universities and mass organizations, lawyers, and social work organizations to realize resource complementarity and advantage sharing, promote the improvement of judicial administrative functions, provide high-quality and convenient legal services to residents and enterprises, and create a law-based business environment in the Greater Bay Area.

Keywords: Public Legal Service; Public Legal Service Alliance; Business Environment

B. 23 The Practice of Wanshan Marine Development Pilot Zone in Building an Upgraded Version of Law-based Island

Project Team on Wanshan Marine Development

Pilot Zone of Zhuhai City / 276

Abstract: In recent years, Wanshan Marine Development Pilot Zone of Zhuhai City, which is located at the center of the Guangdong-Hong Kong-Macao Greater Bay Area, has focused its work on "platform construction, administration by law, legal services, and publicity of the rule of law", thereby creating a governance pattern of joint-construction, joint-governance and sharing and demonstrating the practice and results of the construction of a law-based island. Faced with the problems in the construction of a law-based island with respect to organization and personnel, service consciousness, law-based business environment, and guidance of safety construction by the rule of law, the Pilot Zone has focused its attention on the new demands and new missions of the new era, and established the goal of making itself into a demonstration unit in the construction of a law-based government in the whole province, even in the whole country, and playing a leading and guiding role in the construction of a higher-level law-based island in China.

Keywords: Law-Based Island; Joint-Construction, Joint-Governance and Sharing; Social Governance; Wanshan District

B. 24 Practice of and Reflections on Constructing the Public Psychological Service System in Zhuhai

Project Team of Social Construction Office of the

Political and Legal Affairs Commission of the Party

Committee of Zhuhai Municipality / 289

Abstract: Zhuhai Municipal Government has always treated the construction of the public psychological service system as an important measure for creating the social governance pattern of joint-construction, joint-governance and sharing. In recent years, it has made a series of explorations in strengthening the top-level design, constructing the work system, carrying out crisis intervention, servicing key groups of people, and building the team of psychological health personnel, thereby establishing a preliminary public psychological service pattern with Zhuhai characteristics and gaining useful experiences in strengthening the public psychological service system in the whole country. In the future, Zhuhai Municipal Government will further strengthen the institutional safeguard for the public psychological service system, promote the multi-lateral coordination in public psychological service, create characteristic psychological service programs, standardize the administration of the psychological service industry, and raise the level of the public psychological service work, so as to better promote the construction of the public psychological service system in China.

Keywords: Public Psychological Service System; Joint-Construction, Joint-Governance and Sharing; Social Governance

B. 25　The Zhuhai Practice of Constructing a Healthy City

Project Team of the Health Bureau of Zhuhai Municipality / 300

Abstract: Since the strategic objective of "creating a healthy Bay Area" was put forward in the Outline Development Plan for the Guangdong-Hong Kong-Macao Greater Bay Area, Zhuhai, as the only pilot city for the construction of a healthy city in the Greater Bay Area, is faced with huge opportunities as well as challenges. To further strengthen the construction of the overall health service system, Zhuhai Municipal Government has taken the improvement of the people's health as the goal and institutional reform as the motive force, focused its efforts on popularizing healthy life-style, optimizing health services, perfecting health safeguards, creating a healthy environment, developing the health industry, cultivating the healthy population, shaping the health culture, and building healthy society, so as to provide all-directional and full-cycle safeguard for the people's health and a strong guarantee for the "second startup" of Zhuhai Special Economic Zone

Keywords: Healthy City; Health Industry; Health Service

社会科学文献出版社

皮 书

智库报告的主要形式
同一主题智库报告的聚合

❖ 皮书定义 ❖

皮书是对中国与世界发展状况和热点问题进行年度监测，以专业的角度、专家的视野和实证研究方法，针对某一领域或区域现状与发展态势展开分析和预测，具备前沿性、原创性、实证性、连续性、时效性等特点的公开出版物，由一系列权威研究报告组成。

❖ 皮书作者 ❖

皮书系列报告作者以国内外一流研究机构、知名高校等重点智库的研究人员为主，多为相关领域一流专家学者，他们的观点代表了当下学界对中国与世界的现实和未来最高水平的解读与分析。截至2020年，皮书研创机构有近千家，报告作者累计超过7万人。

❖ 皮书荣誉 ❖

皮书系列已成为社会科学文献出版社的著名图书品牌和中国社会科学院的知名学术品牌。2016年皮书系列正式列入"十三五"国家重点出版规划项目；2013~2020年，重点皮书列入中国社会科学院承担的国家哲学社会科学创新工程项目。

权威报告·一手数据·特色资源

皮书数据库
ANNUAL REPORT(YEARBOOK)
DATABASE

分析解读当下中国发展变迁的高端智库平台

所获荣誉

● 2019年，入围国家新闻出版署数字出版精品遴选推荐计划项目
● 2016年，入选"'十三五'国家重点电子出版物出版规划骨干工程"
● 2015年，荣获"搜索中国正能量 点赞2015""创新中国科技创新奖"
● 2013年，荣获"中国出版政府奖·网络出版物奖"提名奖
● 连续多年荣获中国数字出版博览会"数字出版·优秀品牌"奖

成为会员

　　通过网址www.pishu.com.cn访问皮书数据库网站或下载皮书数据库APP，进行手机号码验证或邮箱验证即可成为皮书数据库会员。

会员福利

● 已注册用户购书后可免费获赠100元皮书数据库充值卡。刮开充值卡涂层获取充值密码，登录并进入"会员中心"—"在线充值"—"充值卡充值"，充值成功即可购买和查看数据库内容。
● 会员福利最终解释权归社会科学文献出版社所有。

数据库服务热线：400-008-6695
数据库服务QQ：2475522410
数据库服务邮箱：database@ssap.cn
图书销售热线：010-59367070/7028
图书服务QQ：1265056568
图书服务邮箱：duzhe@ssap.cn

▲社会科学文献出版社 皮书系列
SOCIAL SCIENCES ACADEMIC PRESS (CHINA)

卡号：432512795186
密码：

S 基本子库
SUB DATABASE

中国社会发展数据库（下设 12 个子库）

整合国内外中国社会发展研究成果，汇聚独家统计数据、深度分析报告，涉及社会、人口、政治、教育、法律等 12 个领域，为了解中国社会发展动态、跟踪社会核心热点、分析社会发展趋势提供一站式资源搜索和数据服务。

中国经济发展数据库（下设 12 个子库）

围绕国内外中国经济发展主题研究报告、学术资讯、基础数据等资料构建，内容涵盖宏观经济、农业经济、工业经济、产业经济等 12 个重点经济领域，为实时掌控经济运行态势、把握经济发展规律、洞察经济形势、进行经济决策提供参考和依据。

中国行业发展数据库（下设 17 个子库）

以中国国民经济行业分类为依据，覆盖金融业、旅游、医疗卫生、交通运输、能源矿产等 100 多个行业，跟踪分析国民经济相关行业市场运行状况和政策导向，汇集行业发展前沿资讯，为投资、从业及各种经济决策提供理论基础和实践指导。

中国区域发展数据库（下设 6 个子库）

对中国特定区域内的经济、社会、文化等领域现状与发展情况进行深度分析和预测，研究层级至县及县以下行政区，涉及地区、区域经济体、城市、农村等不同维度，为地方经济社会宏观态势研究、发展经验研究、案例分析提供数据服务。

中国文化传媒数据库（下设 18 个子库）

汇聚文化传媒领域专家观点、热点资讯，梳理国内外中国文化发展相关学术研究成果、一手统计数据，涵盖文化产业、新闻传播、电影娱乐、文学艺术、群众文化等 18 个重点研究领域。为文化传媒研究提供相关数据、研究报告和综合分析服务。

世界经济与国际关系数据库（下设 6 个子库）

立足"皮书系列"世界经济、国际关系相关学术资源，整合世界经济、国际政治、世界文化与科技、全球性问题、国际组织与国际法、区域研究 6 大领域研究成果，为世界经济与国际关系研究提供全方位数据分析，为决策和形势研判提供参考。

法律声明

"皮书系列"（含蓝皮书、绿皮书、黄皮书）之品牌由社会科学文献出版社最早使用并持续至今，现已被中国图书市场所熟知。"皮书系列"的相关商标已在中华人民共和国国家工商行政管理总局商标局注册，如 LOGO（🖐）、皮书、Pishu、经济蓝皮书、社会蓝皮书等。"皮书系列"图书的注册商标专用权及封面设计、版式设计的著作权均为社会科学文献出版社所有。未经社会科学文献出版社书面授权许可，任何使用与"皮书系列"图书注册商标、封面设计、版式设计相同或者近似的文字、图形或其组合的行为均系侵权行为。

经作者授权，本书的专有出版权及信息网络传播权等为社会科学文献出版社享有。未经社会科学文献出版社书面授权许可，任何就本书内容的复制、发行或以数字形式进行网络传播的行为均系侵权行为。

社会科学文献出版社将通过法律途径追究上述侵权行为的法律责任，维护自身合法权益。

欢迎社会各界人士对侵犯社会科学文献出版社上述权利的侵权行为进行举报。电话：010-59367121，电子邮箱：fawubu@ssap.cn。

社会科学文献出版社